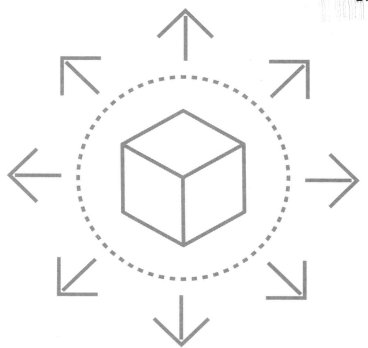

新时代中国包装产业高质量发展研究

XINSHIDAI ZHONGGUO BAOZHUANG CHANYE
GAOZHILIANG FAZHAN YANJIU

唐未兵等　著

中国财经出版传媒集团

经济科学出版社
Economic Science Press

图书在版编目（CIP）数据

新时代中国包装产业高质量发展研究/唐未兵等著.
—北京：经济科学出版社，2019.10
ISBN 978 - 7 - 5218 - 0773 - 8

Ⅰ.①新… Ⅱ.①唐… Ⅲ.①包装工业 - 工业发展 -
研究 - 中国 Ⅳ.①F426.84

中国版本图书馆 CIP 数据核字（2019）第 175683 号

责任编辑：刘战兵
责任校对：靳玉环
责任印制：李 鹏

新时代中国包装产业高质量发展研究
唐未兵 等著
经济科学出版社出版、发行 新华书店经销
社址：北京市海淀区阜成路甲 28 号 邮编：100142
总编部电话：010 - 88191217 发行部电话：010 - 88191522
网址：www.esp.com.cn
电子邮件：esp@ esp.com.cn
天猫网店：经济科学出版社旗舰店
网址：http://jjkxcbs.tmall.com
北京季蜂印刷有限公司印装
710 × 1000 16 开 17.25 印张 280000 字
2019 年 10 月第 1 版 2019 年 10 月第 1 次印刷
ISBN 978 - 7 - 5218 - 0773 - 8 定价：68.00 元
（图书出现印装问题，本社负责调换。电话：010 - 88191510）
（版权所有 侵权必究 打击盗版 举报热线：010 - 88191661
QQ：2242791300 营销中心电话：010 - 88191537
电子邮箱：dbts@esp.com.cn）

前　　言

　　党的十九大报告指出，中国特色社会主义进入了新时代，这是我国发展的新的历史方位。新时代我国经济发展的基本特征，是由高速增长转向高质量发展。高质量发展，集中体现了坚持以提高发展质量和效益为中心，是为了更好地满足人民日益增长的美好生活需要的发展，是体现新发展理念的发展。

　　包装产业是与国计民生密切相关的服务型制造业，在国民经济与社会发展中具有举足轻重的地位。进一步提升我国包装产业的核心竞争力，巩固世界包装大国地位，推动包装强国建设进程，是新时代我国包装产业发展新的历史方位。由包装大国向包装强国迈进，关键就是要实现规模发展向高质量发展的转型。为了更好地促进新时代我国包装产业的高质量发展，湖南工业大学组织精干力量，以专题研究的形式开展了系列研究，本书就是系列研究的阶段性成果。本书共分七章，分别围绕新理念与包装产业生态系统构建、国家战略布局与包装产业结构调整、包装产业两化深度融合与集成创新、服务型制造与包装产业发展新举措、宏观经济与中小包装企业成长性、包装强国评价指标与建设路径、国家政策与包装产业发展七个专题展开研究。

　　党的十八大以来，以习近平同志为核心的党中央顺应时代和实践发展的新要求，坚持以人民为中心的发展思想，鲜明地提出要坚定不移贯彻"创新、协调、绿色、开放、共享"的新发展理念。坚持"创新、协调、绿色、开放、共享"五大新发展理念，构建包装产业生态系统，是加快新时代包装产业高质量发展的重大课题。第一章主要研究了五大发展理念与包装产业生态系统构建。在分析了包装产业生态系统的关键环境要素和生物种群，以及五大发展理念与包装产业生态系统建设契合性的基础上，对包装产业生态系统建设进行现实考察，诊断目前我国包装产业生态系统建设存在的问题。最后，提出了构建适应五大发展理念的包装产业生态系统的五大措施，具体包括：以全面创新为驱动，打造包装产业生态系统的技术内核；以充分协调为通道，坚持包装产业生态系统的平衡发展；以绿色环保为准绳，培养包装产业生态系统的"两型"品质；以开放互动为基调，促进包装产业生态系统"强心健体"；以共享共建为出发点，夯实包装产业生态系统的共生基础。

新时代包装产业高质量发展，必须顺应现代化经济体系建设的内在要求，根据国家战略布局，推进包装产业结构的转型升级。第二章主要研究了国家战略布局中的包装产业结构调整。本章在系统分析我国包装产业现状的基础上，提出了国家战略下包装产业结构调整策略。包装产业结构的调整优化，主要是采取措施促使其布局结构、供需结构和组织结构合理化与高级化。我国包装产业目前主要集中分布于长江三角洲城市群、珠江三角洲城市群、京津冀城市群，以及海峡西岸城市群。这一分布局面是由于这些地区已形成完善的产业集群，包装产业作为大消费行业的配套产业，也会在这些地区聚集，但由于知识产权保护不力，大多数企业仍处于低水平研发，应加大知识产权保护力度，促进企业向高水平研发升级，并引导产业向中西部重点城市群转移，以促进其合理分布。

新时代包装产业高质量发展要跳出粗放式规模发展的老路，寻找新动能，探索新路径。工业化与信息化深度融合（以下简称"两化融合"）的集成创新发展战略是包装产业发展的新动能，是中国包装产业高质量发展的新路径。第三章重点研究了包装产业两化深度融合与集成创新。本章基于 2008～2017 年各省区市的面板数据，对两化融合集成创新推进包装产业发展进行了实证分析。分析发现，两化融合对理想水平的偏离呈现波动性特征，反映出工业化与信息化投入水平的提高并不必然带来两化融合水平的提高。因此，继续推进两化融合是包装产业发展必须坚持的方向，要加强两化融合的协调性和规划性，提高融合的稳定性，并因地制宜制定差异化融合政策。本章还从创新系统主体出发，研究了集成创新对创新系统绩效的影响。最后，本章提出了加快两化深度融合和集成创新推进包装产业发展的建议，主要包括：推动技术体系创新，强化基础研究的支撑作用；通过强化原始创新能力，推动关键领域新突破；优化整合创新布局，促进区域包装产业新增长；推进包装产业军民融合发展，促进创新良性互动；壮大产业创新主体，引领行业发展新局面；建立包装行业科技创新领军人才制度，着力打造高技能人才队伍，促进包装产业教育进行适应行业创新的改革。

　　《中国制造2025》提出要"加快制造与服务的协同发展，推动商业模式创新和业务创新"，从"生产型制造"向"服务型制造"转变是新时代包装产业高质量发展的重要内容。第四章主要探讨了中国包装产业如何通过制造业服务化，实现产业转型和绩效提升。本章首先探讨了服务型制造的概念、特征、动因、发展阶段和理论基础，并详细阐述了包装产业的服务型制造特征以及包装产业新定位确立的意义。然后，基于中国包装印刷上市公司数据，分别从总体、规模差异两个层面对包装行业服务型制造水平进行了详细考察。最后，深入分析了新定位下包装产业发展的创新路径与典型模式，并给出了适应新定位的包装产业发展策略。当前包装企业实现服务化具有个性化定制模式、互联网平台化模式、信息增值模式、一体化包装服务模式、供应链管理模式、研发设计服务模式六大典型模式。包装企业要实现向服务型制造成功转型，必须从自身产品特点和客户需求、自身核心能力和服务模式以及业务模式创新出发。

中国包装产业的主要特点是中小包装企业的发展。中小包装企业在扩大就业、活跃市场、收入分配、社会稳定和国民经济结构布局等方面起着重要的作用。中小包装企业能否具有较高的成长性，在一定程度上是影响新时代包装产业高质量发展的关键因素。第五章重点研究了宏观经济与中小包装企业的成长性。本章首先从主营业务收入、利润总额以及出口交货值三方面分析了2008~2013年我国中小包装企业总体发展现状，并从行业小类分布、地区分布和企业注册类型分布三个角度剖析了我国中小包装企业分布情况。接着，引入突变级数法的企业成长性评价模型，构建了中小包装企业成长性评价体系，选用中国工业企业数据库中2009~2012年44家中小包装企业进行成长性实证评价，并构建了计量模型，选用2008~2013年我国中小包装企业数据对其成长性的影响因素进行实证检验。结论显示，外在影响因素中宏观经济运行情况和产业环境对我国中小包装企业的成长性产生了显著影响，内在影响因素中企业盈利能力、企业规模和企业营运能力均对我国中小包装企业的成长性产生了正向的影响作用。最后，从宏观经济政策层面和微观企业层面两个角度提出了增强中小包装企业成长性的对策。宏观经济政策层面对策包括建立完善的中小包装企业金融服务体系、建立健全的中小企业社会化中介服务体系以及建立完善的中小包装企业创新服务体系等；微观层面的对策包括提升中小包装企业的管理能力、提高中小包装企业的技术创新能力以及有效扩大中小包装企业的企业规模等。

由包装大国迈向包装强国，是新时代我国包装产业发展的战略目标。第六章回顾了我国包装强国战略的提出与发展，界定了包装强国的内涵和特征，并在借鉴其他领域强国评价经验的基础上，建构了包括规模发展、创新发展、绿色发展三个维度以及八个指标的包装强国评价指标。鉴于包装行业统计数据不全，本章选择了进出口总额、研发投入强度、单位 GDP 能耗三个指标对中国与美国、德国、日本和韩国四个主要包装强国进行了对比分析。分析发现：中国包装行业出口规模总体远远大于进口规模。分子行业比较，纸包装行业、玻璃包装行业、金属包装行业、塑料包装行业和竹布包装行业进出口贸易顺差巨大，但包装机械行业对德国、日本和韩国都存在较大的贸易逆差，说明高端包装设备仍然有较大的国外依赖度；中国包装行业上市公司平均研发投入强度在 2010～2016 年间逐步由 2.21% 上升到 2.65%，包装行业研发强度总体呈加强趋势，但从国家间研发投入强度比较来看，尽管中国研发投入强度由 2010 年的 0.9% 快速上升到了 2014 年的 2.08%，但与美国、德国、日本和韩国等包装强国相比，仍存在较大差距。根据世界银行数据比较中国与美国、日本、德国和韩国四个主要包装强国的单位 GDP 能耗发现，中国单位 GDP 能耗远远高于主要包装强国。最后，本章提出了推进我国包装强国建设的主要路径，具体包括：重点扶持包装机械产业发展，继续巩固规模优势；努力提升产业研发投入强度，切实推进自主创新；系统构建循环发展产业体系，加快推进绿色发展；建立健全包装产业统计制度，推进包装强国建设评价。

　　新时代包装产业高质量发展，离不开国家政策的助推，全方位的改革举措影响和制约着包装产业高质量发展。第七章重点从供给侧结构性改革、生态体制改革、科技体制改革和财税金融体制改革四个方面探讨了国家政策举措与包装产业发展的关系。供给侧结构性改革是经济改革的主线，是推动经济发展质量变革、效率变革、动力变革，提高全要素生产率的战略性改革。包装产业供给侧存在着产能过剩、供需结构失衡、僵尸企业、成本快速上涨制约其健康发展等问题。注重产品市场细分、提高产品质量、注重产品创新、推进服务创新是包装产业供给侧结构性改革的重点。生态体制改革的主要任务是推进绿色发展。包装产业庞大，资源能源利用率低，环境污染比较大，环保投入不够，生产设备还不能完全满足绿色生产的要求。做好生态设计、推广清洁生产、建立包装废弃物回收利用体系、推广绿色包装材料、加强绿色人才的培养和加强企业的绿色管理，是推进包装产业绿色发展的重点内容。科技体制改革的任务是要加快建设中国特色国家创新体系，全面强化创新对建设现代化经济体系的战略支撑。包装产业发展存在研发投入资金不足、企业规模普遍较小、科技创新规模效应不明显、创新人才缺乏、核心竞争力不强、品牌效应不明显等问题。与高校科研院所加大产学研合作力度、加快科技成果转化、做好品牌建设、加大研发资金投入和包装人才培养是包装企业创新发展的重要任务。财税金融体制改革对包装产业发展影响重大。新增值税政策、环境保护税和新三板资本市场对包装企业发展有着重要影响。包装企业要进行合理的纳税筹划，采用节能环保设备和先进的生产技术，实现服务智能化，降低人工成本，加强对员工培训，并积极推动包装中小企业在新三板上市。

作为服务型制造业，包装产业覆盖面特别广，与其他产业有着密切的产业关联度，是我国现代化经济体系的重要组成部分。新时代包装产业高质量发展是一个关系到我国现代化经济体系建设进程的重大课题。受制于研究资料的缺乏与研究水平的不足，本书还仅是一次抛砖引玉的尝试。希望更多的研究人员来关注这一重大课题，也希望更多的研究力量加盟这一重大课题的研究，研究永远在路上。

目 录

第一章

理念更新：新理念与包装产业
生态系统构建

第一节　包装产业生态系统概述

一、产业生态系统

自然生态系统是指在特定地区内一切互相作用的生物及其环境组成的功能整体。这是英国植物学家坦斯利（Tansley）1935 年在《植被的概念和术语的使用》中首次提出的概念。他认为在自然生态系统中，生产者、消费者和分解者通过长期的相互作用，三者结成了复杂的食物网，物质和能量在其中能得到有效利用和流动，有效地保障了系统稳定持续的进化与发展。此后，坦斯利提出的生态系统概念得到进一步充实和具体化。

1989 年，弗勒施和盖洛普罗斯（Frosch and Gallopoulos）将生态系统概念迁移到产业分析当中，首次提出了产业生态系统概念。在他们看来，可以仿照自然生态系统的生成原理，在生产者（类似于植物）、消费者（类似于动物）、分解者（类似于微生物、真菌、原生动物、小型无脊椎动物等异养生物）以及清除者（类似于秃鹫等）之间构造物质循环过程，从而形成企业之间的共生关系，建立产业生态系统。在产业生态系统中，每个企业通过物质流和能量流，与相关企业产生关联，从而构成了一个协调的复合大系统。通过资源的合理循环利用，减少工业系统的发展对生态环境的影响①。在弗勒施和盖洛普罗斯之后，又有一些学者试图对产业生态系统进行重新定义。例如，兰伯特和布恩斯（Lambert & Boons，2002）将产业生态系统定义为由企业间的设备共享、废弃物集中处理和废弃物、多余能量的交换等工业共生关系构成的系统组织。有研究者从产业生态系统目标的角度给出了定义，定义包括三个方面："第一，生产过程中对生态环境损害最小；第二，社会经济效益最大；第三，废弃物多层次利用。"② 不难看出，研究者们对产业生态系统内涵的不同理解源于各自研究侧重点的不同，但是这些定义都强调产业生态系统是对自然生态系统物质循环和能量循环过程的模仿，要求在企业之间实现废弃物的交互利用和集中处理，突出企业之间的生态关联，以实现产业发展对生态环境影响的最小化。

二、包装产业生态系统及其构成

包装产业生态系统是一种特殊的产业生态系统，符合一般性产业生态系统的定义与属性要求。所以要准确定义包装产业生态系统，首先就需要深刻理解产业生态系统的内涵。综合参考许多研究者对产业生态系统内涵的阐述，本书将包装产业生态系统界定为：能够对包装产业可持续发展产生直接或者间接影响的各类要素组成的共生集合。在这个共生集合中，以包装企业、材料供应商、用户为核心的各类参与主体在各类因素的影响和外部环境的制约下有机结合起来，并相互作用而形成了类似自然生态系统的产业生态系统，包装产业生态系统是包装产业赖以生存和发展的载体。仿照自然生态系统原理来构建包装产业生态系统是一种新型产业建设思路。从理论上来说，这种思路有助于包装产业生态系统内形成物质和能量循环，减少资源消耗和废弃物的排放，提高生态效率，同时也为包装产业的可持续发展提供探索途径。

按照生态学的基本原理，包装产业生态系统主要由两部分构成：包装产业外部环境与包装产业生物群落。包装产业生态环境即指以包装产业为中心，对产业生存和发展起制约、刺激和调控作用的环境因子集合，如包装产

---

① Frosch R. A., Gallopoulos N. E.. Strategies for Manufacturing [J]. Scientific American, 1989, 261（3）：144 – 152.

② 袁增伟、毕军：《产业生态学》，科学出版社 2009 年版。

业的相关政策、市场需求、经济情况等都是产业环境要素的一部分。包装产业生物群落是产业生态系统的核心组成。它是由相互间存在物质、能量和信息沟通的组织种群所形成的整体，如包装企业、客户、供应者、生产者以及流通者等参与实体。

三、包装产业生态系统的关键环境要素

在影响包装产业生态系统的环境要素中，最为关键的是宏观经济环境、产业法律法规、自然资源与环境和社会文化。

（一）宏观经济环境

从一般意义上讲，任何产业形成的生态系统都将受到宏观经济形势的影响，这些影响或强或弱，或正或负。包装产业尤其如此。由于绝大多数有形商品都需要包装，包装物往往被定义为其他行业产品的一个组成部分，没有包装的产品一般不可能顺利完成从生产到流通再到消费的全过程，由此可见包装产业与其他商品制造业有着密切的技术经济联系。不难理解，包装产业虽然有自己的独立性，但是更大程度上属于国民经济的辅助性产业，所以基本上会保持与制造业整体经济形势同周期运动。如果社会经济形势向好，商品消费需求扩张，商品制造业繁荣，会带动包装产业的兴旺；反之，制造业的衰退将势必给包装产业的发展带来不利影响。

（二）产业法律法规

产业法律法规是由国家制定的，用以规范和管制产业实践，引导产业发展方向，推动产业结构升级，提升产业组织活力和协调产业空间配置格局，从而使国民经济健康可持续发展的制度安排。相关产业法律法规直接作用于包装产业生态系统，定义了包装产业生态系统中生物群落的产业行为空间，在很大程度上决定着包装产业生态系统的演化格局。

（三）自然资源与环境

包装产业的发展与自然资源、环境的联系十分紧致。首先，自然资源是包装产业发展的物质基础。包装产业属于一次性自然资源耗费型产业，资源耗费量巨大。例如，包装产业对自然资源中森林要素的依赖性比较强，因为

目前纸包装材料仍然占有较大比例，而纸质材料又主要来自要消耗大量森林资源的原木浆；木材包装同样需要使用大量的木材；金属包装需要消耗大量铁皮、铝材、锡、铜等金属矿产资源；玻璃包装需要开采大量石英砂、硼砂、硼酸、重晶石、碳酸钡等无机矿物资源；塑料包装的材料则直接来自石油、煤等自然资源。由此看来，包装产业生态系统需要大量自然资源的输入才能维持，因此对自然资源的依赖性非常强。其次，自然环境是包装产业输出物的承载者。大量包装物属于一次使用产品，生命周期短，具有很强的易碎性，而且难以处理和分解，所以废弃率高、废弃时间长。加之包装物流向的特点是分散、零乱和广泛，深入生产、流通和消费的各个细节，回收处理更是困难重重。由于这些原因，包装产业生态系统将向自然环境输出大量废弃物和包装垃圾，给自然环境造成巨大压力。如果不能有效控制，这些废弃物和包装垃圾将给自然环境带来不可修复的伤害，极大地损坏经济社会的可持续发展与人类的生存空间。

（四）社会文化

社会文化是经过长期历史而形成的由价值观念、行为方式、道德规范、审美观念及风俗习惯等构成的总体。社会文化对人们的需求偏好、消费观念和购买行为有着深远的影响，因此在某种程度上决定着产品包装的设计方向与制造方式。与包装产业生态系统息息相关的社会环境因素主要是公众对商品包装的价值取向。消费者对商品包装的材质、色彩、式样都有自己的态度和偏好。当然，随着社会的发展，人们对待商品包装的价值取向也在不断发生变化，这些变化为包装产业生态系统持续地注入了变革的动力。

四、包装产业生态系统的生物种群

产业生物群落是产业生态系统的核心组成。在包装产业生态系统中，它是指在一定时空范围内栖居，相互之间存在物质、能量和信息沟通的组织与个人的集合，它主要包括包装行业、供应商群体、用户群落、分解者种群以及其他参与实体。

（一）包装行业

包装企业是指主要从事商品包装物设计研发和生产制造的经济单元。而大量生产同类包装产品、具有相同工艺过程或提供同类服务的包装企业组合形成具体的包装行业,如纸包装行业、塑料包装行业、金属包装行业等。在包装产业生态系统中,包装行业属于核心种群。包装行业的主要功能就是在商品生产、流通和消费过程中为保护产品原始形态和性质,方便储运,促进销售而提供所用容器、外壳和辅助物,或者在为达到上述目的的过程中施加一定带有技术方法的操作活动。包装行业所提供的包装物对广大商品而言具有保护与盛载、储运与促销、美化与传达信息、卫生与环保、循环与再生利用、成组化与防盗功能,能有效提高商品的有用性,提高商品的附加值。包装行业中的包装企业基本上属于中间企业,即以其他基础性企业生产的产品为物质投入要素,所生产出的包装物又作为其他最终企业生产商品的投入要素。

（二）供应商群体

在包装企业的上游,有大量为包装企业提供产品和服务的供应商,主要包括包装材质供应商、包装设计服务商、包装印刷服务商、包装设备供应商以及物流供应商等。其中包装材质供应商主要为包装企业提供原始的包装材质,例如木材、纸、塑料、玻璃、金属以及其他特种包装材质。由于可能同时向其他行业的企业提供产品,所以这些包装材质供应商往往兼有其他产业生态系统生物种群的身份。包装设计服务商主要向包装企业提供包括包装造型设计、结构设计、色彩设计以及功能设计等方面的服务。包装印刷服务商主要提供装饰性花纹、图案或者文字的印刷服务,以此传递产品信息,增加包装艺术内涵,提高产品整体形象。包装设备供应商向包装企业提供能够完成全部或部分产品包装过程的设备,这些设备可以满足特定的生产要求,极大提高包装效率,减轻劳动强度,因此能适应规模化制造的需要。物流供应商在包装企业和客户之间提供产品位移服务,提高空间对接效率。从包装产品供应链的角度来看,上游供应商也是包装产业生态系统极其重要的生物种群。值得注意的是,当下我国包装企业较为强调包装产品的全案供给能力,所以供应商与包装企业这两种产业生物种群之间日益交叉,甚至在纵向一体化后合并成同一种群。

（三）用户群落

包装产业与一般制造业相比有自己的独特性。它的产业链条较长、具有很强的渗透性、与其他制造业的关联度比较大，例如食品、药品、农产品、纺织品、工业品等制造业的发展都无法离开包装产业，因此包装产业生态系统中下游用户群落分布相当宽泛。可以说，只要生产有形产品的企业都离不开商品包装，因此都是包装企业的下游用户。包装产业生态系统的用户群落跨越多种产业，涵盖很多企业。从这个意义上讲，由于用户群落的数量众多，包装产业生态系统与其他产业生态系统的一个不同之处在于容量巨大，覆盖范围广阔，可谓无所不包。尽管如此，包装产业生态系统的用户群落仍然有比较集中的行业，例如医药、食品饮料、日化、家电、化工等行业。近些年来，快递物流业由于迅猛发展也很快成为包装产业生态系统中最富有增长潜能的用户群落。

（四）分解者种群

在包装产业生态系统中，分解者主要把包装企业及其供应者和用户产生的副产品或者包装废物进行处置、转化、回收与循环利用，如治污企业、垃圾处理厂、废物回收公司与资源再生公司等。包装废弃物一般是指失去对内装货物的保护功能而被丢弃的包装容器及材料，如塑料袋、瓦楞纸箱、纸盒、玻璃瓶、金属罐、竹木箱等。实践表明，包装产业生态系统对环境所造成的污染主要来自包装废弃物对环境造成的污染，因此如何缓解包装废弃物所带来的环境污染是建设包装产业生态系统面临的重大问题。而分解者种群在包装行业与生态环境之间建立了保护阀，它们可以利用包装废弃物重新加工成材料，可以在很大程度上节约原生资源，降低能量消耗，减少对环境的污染。例如，"有证据表明，当回收废铁、废铝罐与废纸后处理再造成钢材、铝材和纸时，所节约能源的比例、空气污染降低的比例是相当惊人的"[①]。但是在包装产业生态系统中，包装废弃物还具有数量大、发展迅速、生命周期短、分布广泛、回收难度大等特点，所以包装产业生态系统要体现生态效率，分解者的作用极其关键。

（五）其他参与实体

在包装产业生态系统中，还存在几类重要的参与实体。首先是政府及其

---

① 《包装废弃物的回收与再利用》，安全管理网，http：//www.safehoo.com/Env/Tech/solid/201109/198808.shtml。

相关的管理部门，它们对包装产业生态系统施加法律规制、发展指导、政策激励、管理监督等多种作用，以保证包装产业生态系统沿着正确和可持续发展的路径进化。其次是行业协会。目前中国包装联合会是包装产业生态系统中最高级别的行业协会，是经国务院批准成立的国家级行业协会之一。"中国包装联合会下设 21 个专业委员会，在全国各省、自治区、直辖市、计划单列市和中心城市还设有地方包协组织，拥有近 6000 个各级会员，并与世界上 20 多个国家和地区的包装组织建立了联系与合作关系。"[1] 中国包装联合会现已成为政府与包装行业之间的纽带，在行业规划、技术服务、信息咨询、沟通协调、管理监督等方面发挥了重要作用，也在很大程度上拓展了包装行业的自律功能。再次是科研院所和设有与包装相关专业的高校。目前全国已有近 300 所高校可以承担与包装相关的本科、硕士和博士人才教育，这些高校和科研院所主要为包装产业输送专业人才和提供智力支持。最后是银行、中介服务机构等参与实体，前者为包装行业注入资金，后者为包装行业提供咨询、信息、人才等服务。

五、包装产业生态系统

在传统的包装行业中，包装企业将从环境中攫取的资源转化成各种产品的包装物，并将多余的副产物排放到环境中，其生产的绝大多数包装物也在用户使用后被丢弃。所以包装企业在向社会贡献经济价值的同时，也带来了严重的负面生态影响。虽然目前针对包装产业实施了一系列环境管理措施，可以在一定程度上缓解包装产业给资源与环境带来的损害，但是这些措施仍然难以从根本上实现包装产业与资源、环境的协调。解决之道还是要借助生态学理论来构建更高层面的包装产业生态系统。该系统如图 1-1 所示。

包装产业生态系统是一个由包装企业为核心的经济单位群落，其构造原理是对自然生态系统中生物新陈代谢过程尤其是物质流与能量流运动规律的模拟。包装产业生态系统之所以能有效降低资源输入和废物排放的强度，最为关键的是存在一种类似于自然生态系统的循环体系。在这个循环体系中一个单元产生的副产品和"废物"成为另一个单元的"食物"而被消化吸收，并被转换成可以重新投入某种生产的经济资源。由于体系中各个单元之间相

---

① 《联合会简介》，中国包装联合会，http：//www.cpta.org.cn/articleList.html？id=1&level=1。

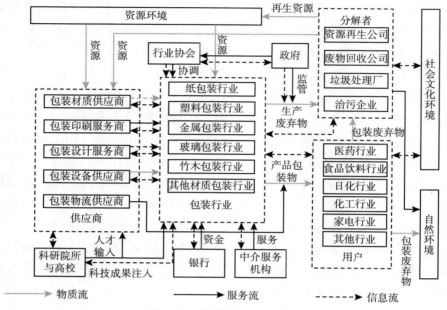

图 1-1 包装产业生态系统

互利用副产品和废物，强化了彼此之间物质与能量交往，所以能够有效减少包装产业生态系统向环境攫取资源和排放废物的程度。从理论上说，包装产业生态系统可以在协同环境质量和经济效益的基础上，利用产业结构功能优化实现产业整体经济效益、社会效益和生态效益的最大化。当然，包装产业生态系统与一般产业生态系统一样，也是远离平衡状态的开放体系，并遵循系统耗散结构原理，所以其中的物质与能量只有通过多层次利用才能减少体系的熵值，从而实现包装产业与资源、环境的和谐共存。

第二节 新理念深度契合包装产业生态系统建设

一、新理念：五大发展理念

2015 年党的十八届五中全会强调，实现"十三五"时期发展目标，破解发展难题，厚植发展优势，必须牢固树立并切实贯彻"创新、协调、绿色、开放、共享"的发展理念。此次会议提出的五大发展理念是"认识新常态、适应新常态、引领新常态，保持经济社会持续健康发展"的新思路、新举措①。这五大发展理念就是本章所讲的"新理念"。五大发展理念是一个完整的体系：创新发展是动力，协调发展是方法，绿色发展是方向，开放发展是战略，共享发展是归宿②。五大发展理念也是一个相互联系的统一整体，具有内在的逻辑结构，每一发展理念在其中具有不同的地位和作用：创新发展处于核心地位，具有本体论的意义，解决的是"何为发展"的问题；"协调发展、绿色发展、开放发展"本质上是统筹兼顾的方法，是一种关于从总体上指导整个经济社会发展的方法论，解决的是"怎样发展"的问题；共享发展具有价值论的意蕴，指明了发展的价值取向，解决的是"发展为谁"的问题③。

五大发展理念不仅具有很强的实践性、继承性和创新性，而且具有鲜明的问题导向性、战略性、纲领性和引领性，因此从总体上说，它们是对新时期发展理论和发展实践的新发展④。五大发展理念一经提出，便显示了其强大的生命力和指导功能。

在理论研究方面，许多研究者以五大发展理念为视角或者框架，创新性地研究了多元化的社会经济问题，极大地丰富了五大发展理念的理论内涵。例如胡鞍钢等（2016）从五大发展理念出发，分析了我国如何应对跨越中等收入陷阱的五大挑战⑤。詹新宇等（2016）基于五大发展理念，对中国省际经济增长质量进行了重新测度与评价。李春根（2016）在五大发展理念的指导下探讨了新时期的扶贫工作。还有一部分研究者在五大发展理念的视域下分析了某些产业的转型升级与持续发展问题，因此在具体产业领域的研究中完成了对五大发展理念的多位映射和功能拓展。

在经济实践上，全国各地都自觉践行五大发展理念，以生态环境为本，

---

① 《中共中央关于制定国民经济和社会发展第十三个五年规划的建议》，载《人民日报》，2015 年 11 月 4 日。

② 秦宣：《五大发展理念的辩证关系》，载《光明日报》2016 年 2 月 4 日。

③ 彭冰冰：《论"五大发展理念"的内在逻辑结构》，载《观察与思考》2016 年第 4 期，第 44~49 页。

④ 朱宗友、张继龙：《国内关于"五大发展理念"研究述评》，载《社会主义研究》2016 年第 3 期，第 151~160 页。

⑤ 根据作者的分析，五大挑战分别指全要素生产率挑战、城镇化挑战、生态环境挑战、被动依附型挑战和不平等挑战。

模仿自然生态系统的运行方式，加快各类产业改造与升级，不断推动传统经济向生态经济转型。与此同时，很多地区在生态园、生态城市与生态区域三种空间层面上进行不断的实践探索，开始让"创新、协调、绿色、开放、共享"的发展理念在产业升级、环境整治、生态建设等关键环节落地生根。

二、新理念深度契合包装产业生态系统的建设

从内涵来看，新的五大发展理念与包装产业生态系统建设高度契合。这种契合充分体现在五个方面：一是包装产业生态系统内涵建设的关键在于"创新"；二是包装产业生态系统均衡建设的手段在于"协调"；三是包装产业生态系统可持续建设的方向在于"绿色"；四是包装产业生态系统加速建设的出路在于"开放"；五是包装产业生态系统和谐建设的要旨在于"共享"。

（一）包装产业生态系统内涵建设的关键在于"创新"

包装产业生态系统在本质上属于一种意义被拓展的包装行业，它纳入了用户、分解者等非包装行业主体，因而注重包装行业主体与非包装行业主体之间的生态协作。包装产业生态系统虽然强调生态功能，但是其经济产出功能仍然是基础。毋庸置疑，虽然涵盖范围更为宽泛，但是整个包装产业生态系统经济产出功能仍然由包装行业决定，即包装产业生态系统建设的核心势必在包装行业，包装行业的转型升级能为包装产业生态系统新型"食物"的生产提供可能，因此它对包装产业生态系统内涵建设的意义是不言而喻的。

包装行业的转型升级同样离不开创新驱动，所以其中关键问题是如何通过产业创新，提升包装产业的质量与效益，使包装产业真正步入内涵式发展的道路。在科技日新月异的当今社会，各产业都在抓住新常态转型升级的时机，积极探索技术进步途径和内涵发展道路，努力打造更高级别的产业版本。就包装行业的服务性而言，由于其是社会经济及其持续发展不可缺少的配套服务产业，所以包装行业必须以自身的内涵发展来应对其他产业的内涵发展，必须紧跟关联产业技术变迁的步伐，把创新作为行业发展的第一动力，塑造出更为先进的产业形态，以积极响应其他产业技术与产品的更新换代，同时为服务新的行业领域做好充分准备。从包装行业对生态环境造成的

压力来看，包装产业必须走内涵式发展道路，通过不断推出新技术、新工艺、新设计、新材料、新产品与新模式，转型升级成为资源节约型和环境友好型产业。包装行业的内涵发展要依托包装企业的"强筋健骨"。包装企业"强筋健骨"的关键仍然在于创新，尤其是科技创新。科技创新有助于增加包装企业产品的附加价值，提高企业的经济效益。科技创新是推动包装企业技术跃迁、产品换代升级的不竭动力。依托科技创新，包装企业能不断向生产经营的广度和深度拓展，优化企业的产品结构和产品质量，提高产品的市场占有率。科技创新同时是包装企业获取核心竞争力的最大源泉。从现实情况来讲，我国包装企业迫切需要借助科技创新的力量来打造企业品牌，提升企业的整体形象，并形成企业独特的产品特色和技术气质。当然，科技创新更是我国包装企业增强国际竞争力和抗风险能力、迎接经济全球化严峻挑战和建设包装强国的制胜法宝。

（二）包装产业生态系统均衡建设的手段在于"协调"

包装产业生态系统中各单元和板块之间的相互作用必须保持均衡，这样整个系统才能稳定发展。由于包装产业生态系统失衡对社会经济系统和生态环境的影响巨大，所以包装产业生态系统必须高度重视均衡建设。均衡建设的主要手段就是"协调"。包装产业生态系统要构建良好的产业生态，优化产业结构，实现均衡发展，重在协调好几个方面的关系：一是协调包装行业内部各包装企业之间的关系，形成既在合作中竞争，又在竞争中合作的"竞和"关系；二是在市场交易关系的基础上，协调包装行业与上游供应商以及下游制造业用户之间的关系，形成完整流畅的供应链和价值链；三是协调各地区包装行业之间的关系，以适配国家产业空间发展战略意图，实现包装产业空间分布的均衡，平抑包装行业生态影响的空间强度；四是在包装行业内部协调规模、质量与效益之间的关系，让包装企业学会平衡企业的经济责任、社会责任与生态责任；五是协调包装行业与分解者之间的关系，在两者之间建立长期稳定和更为紧密的合作关系，以提高包装产业生态系统内部物质闭路循环水平，降低包装行业废弃物排放强度。协调这些关系的根本目的是在包装产业生态系统内部形成"产业共生"，让系统内部各经济单元在产品供给、资源节约和环境保护方面展开多方位、多渠道的合作。包装产业生态系统在发展过程中若能注重上述关系的协调，就能补短板、强整体、破制约，促进各区域、各领域和各方面的协调发展，增强发展的平衡性、稳定性、包容性和可持续性。

（三）包装产业生态系统可持续建设的方向在于"绿色"

随着全球范围内环境压力加大和环境立法控制不断加强，对于包装产业生态系统来说，可持续发展问题变得越来越突出。解决这一问题的一条关键出路在于大力发展"绿色包装"。从理论上讲，绿色包装一般可以降解腐化、循环使用或者再生利用，在产品的整个生命周期中对人体及环境造成的公害较少或者不造成公害。也就是说，绿色包装产品的整个生命周期均符合节约资源投入和保护生态环境的要求，这些要求具体表现为减量、无毒无害、易回收使用、可焚烧或降解、可循环利用等。绿色包装相对于传统包装而言最大的特点是将环境保护的原则贯穿于包装产品整个生命周期的始末，即要求从包装产品的设计开发、原材料采购、材料加工、制造产品、产品使用、废弃物回收处理直至循环再生的全过程均不应该对环境及人体构成伤害。绿色包装将对包装设计、生产工艺、加工机械和转换印刷等环节形成变革要求，从而会引发整个包装产业链的大变革。

绿色包装对包装产业生态系统可持续建设的意义是极其明显的，它可以缓解资源危机和环境污染防治压力，有效降低包装产业生态系统的环境影响。众所周知，如今资源与能源在高度的消耗下变得日益短缺，生态环境也不堪重负，这种趋势迫切要求社会的各类产业要积极实施绿色发展战略。包装产业生态系统要步入持续发展的道路，当务之急就是对现行包装产业链进行"绿色化"改造。例如，传统的塑料包装物由于用量巨大、含有有毒物质并难以降解，是"白色污染"的首要源头。如果按照绿色包装的思路，就可以开发、推广、采用可降解、可回收甚至是可食用的新型塑料包装。这些新型塑料包装材料与传统材料相比，对生态环境造成的危害将大为减少。当然，包装产业链的绿色化还包括绿色材料、绿色运输、绿色设备、绿色管理、绿色工艺等，这些手段都可以实现资源能源的优化利用和环境污染最小化的目的，从而有效地缓解资源危机和环境污染防治压力。

（四）包装产业生态系统加速建设的出路在于"开放"

实践表明，随着全球化进程的深化，一国经济与世界经济相互深度融合的趋势是不可阻挡的，也是不可逆转的。2001 年加入世界贸易组织后，我国融入全球化发展的进程开始提速，经济发展的活力不断增强。我国包装产业生态系统的建设步伐明显滞后于发达经济体，同时本身仍然存在难以消化的过剩产能。这些情况决定我国包装产业生态系统要谋求加速发展，一条重要的出路就是"开放"。只有开放，才能充分了解世界包装行业发展水平及其生态化建设进程，才能深刻认识到自身存在的差距。只有面向发达经济体，继续从发达国家进口先进的包装技术和设备，学习优秀的包装设计理念，继续引进高端的包装产业资本，并将引资与引智、引技结合起来，才能对国内包装行业形成外部压力和倒逼效应，促进其提高自主创新能力，实现产业升级转型，助推包装产业生态系统的发展与完善。只有向新兴市场和发展中国家开放，才能适度输出包装产业的过剩产能，利用我国在包装行业上积累的商品、资本、技术和市场的相对优势及改革开放的成功经验，扩大对广大发展中国家的包装出口贸易，加大"走出去"对外投资力度，同时更好地利用其丰富的自然资源、充裕的劳动力和日益增长的市场需求，为我国包装产业生态系统的结构调整和运行方式转变奠定要素市场和消费市场的基础。只有开放，我国的包装企业才能有效地参与国际竞争，在国际竞争中不断积攒实力和提升品质，才能有机会在国际包装产业链分工中占据有利地位，才能在包装产业生态系统的运行中成为国际化的中坚力量。

（五）包装产业生态系统和谐建设的要旨在于"共享"

在五大发展理念中，共享发展理念的原义是指"必须坚持发展为了人民、发展依靠人民、发展成果由人民共享，要做出更有效的制度安排，使全体人民在共建共享发展中有更多获得感，增强发展动力，增进人民团结，朝着共同富裕方向稳步前进"。① 显而易见，这种共享发展理念适合国家治理层面，是建设和谐社会的必然要求。但是对于一个特定的产业来说，共享发展恐怕要突破它的原义，才能对产业发展形成更加有效的指导。对于包装产业生态系统而言，同样也需要共享发展，因为在包装产业生态系统中存在各种类型的生物种群，整个产业的发展也应当由它们共享，才能保证整个系统

---

① 《中国共产党第十八届中央委员会第五次全体会议公报》，新华网，http：//www.xinhuanet.com/fortune/2015 – 10/29/c_1116983078.htm。

的和谐发展。当然，包装产业的共享发展需要更加契合包装产业发展的实际情况，目前我国急需在资源共享、价值共享、产能共享和共享包装方面做出努力，以增进包装产业生态系统的共享发展。

一是需要资源共享。在包装行业内部以及包装行业与上下游之间，要建立良好的合作机制，共同执行环境使命，设备、仓储、人才、信息、知识、技术等资源的共享是极其重要的基础。包装产业生态系统建设的主要目的是要提高系统内资源的利用效率，尤其是要降低物质资源输入对外界环境的依赖。建立产业资源共享途径与平台，实现产业资源的互通有无，对于包装产业生态系统内的产业资源实现全面、充分利用，发挥资源协同效应的意义重大。当然，这也是在包装产业生态系统中形成产业共生的关键之举。

二是需要价值共享。包装产业生态系统中除了物质流、服务流与信息流的相互交织之外，还存在系统运行经济成果所体现的价值流运动。如果产业链的不同环节利润分配不均衡，就会严重破坏包装产业生态系统的平衡。所以，包装产业生态系统中的价值流的流向需要平衡，其中的各个参与主体需要树立共享共存的理念，而不是仅仅局限于自身利益，依据自身的定价优势而对价值链上的其他参与主体实施掠夺，过度压缩其价值空间，从而间接地在包装产业生态系统中造成短板，限制整个系统的成长。

三是需要产能共享。"产能共享主要是指基于新一代信息技术，以互联网平台为基础，以使用权共享为特征，围绕制造过程的各个环节，整合和配置分散的制造资源和制造能力，最大化提升制造业生产效率的新型经济形态。"① 产能共享包括更高级别、更为深刻的资源共享，但是更为突出的意义在于设计能力、实验能力、生产能力、管理能力等制造能力的共享。目前我国包装产业整体上出现了产能过剩问题，产能共享是提高我国包装产业资源利用效率的一条值得探索的有效途径。

四是需要共享包装。随着共享经济的迅速兴起，"共享纸箱""共享快递盒""箱箱共用"也开始进入公众视野，共享包装已见端倪。在包装产业生态系统中，下游用户之间实现产品包装物的共享，可以在很大程度上节约资源和成本，减少废弃量，而中游的包装企业则可以在共享包装上大做文

---

① 《中国制造业有望迎来"共享经济"时代》，搜狐网，https://www.sohu.com/a/239285603_499125。

章，转变产品制造方向。虽然共享包装的成熟与大面积推广尚需时日，但是共享包装对于包装产业生态系统提高生态效率意义已经非常明确。

第三节　新理念视阈下包装产业生态 系统建设的现实考察

一、包装产业生态系统建设的总体状况

目前我国包装产业生态系统呈现的是一级生态系统向二级生态系统过渡的模式，基本上还停留在自组织阶段，所以总体建设水平不高，亟待在五大发展理念的指导下提升构建层次与力度。

（一）处于向二级生态系统进化的过程

产业生态系统的形成是一个渐进过程。根据产业生态学理论主要探索者阿伦布（B. R. Allenb）提出的产业体系"三级生态系统"进化理论，与绝大多数现代产业系统一样，我国包装产业生态系统也正处于一级生态系统向二级生态系统进化的过程。包装产业二级生态系统如图 1-2 所示。

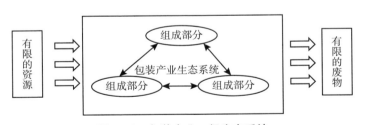

图 1-2　包装产业二级生态系统

这个向二级生态系统进化的过程有如下三个方面的表现。

一是包装产业生态系统物质与能量的输入趋于有限。随着社会经济系统的不断扩充，大规模的生产和消费加快了自然资源的消耗速度，许多自然资源尤其是不可再生资源日益稀缺。包装产业所需要的木材、纸、玻璃、金属、塑料等原材料都直接取材于森林、矿产、石油等自然资源。这些自然资

源日益稀缺的态势决定了包装产业生态系统已经不可能像一级生态系统那样可以对自然资源毫不加以控制地攫取。在资源约束逐渐硬化的背景下，包装产业生态系统资源利用效率问题开始得到关注，并不断涌现出一系列减量化、轻量化、低能耗等能够有效降低单位包装产品物质消耗和能量消耗的绿色包装技术。这些技术的应用在一定程度缓解了目前包装产业生态系统所面临的资源约束，使其能够在有限的资源输入下得以运转。

二是包装产业生态系统内部物质和能量的流动出现网络化。包装企业之间开始突破单纯的市场竞争关系的束缚，与上游供应商、下游客户企业的联系变得日益紧密，形成了越来越多的网络节点，产业生态系统中物质与能量的流动因此不断多元化、多向化和多层化。

三是包装产业生态系统输出的废物也趋于有限。在一级产业生态系统中，由于环境的承载力充盈，废物的输出可以不加任何控制和处理而向环境排放。但是时至今日，生态环境的承载力在很多地方已经趋于极限甚至超过极限，产品废弃率高的包装产业生态系统的排放已经受到逐渐严格的监控，环境立法约束不断加强，包装废弃物的控制和处理技术日臻先进，循环利用的通路也开始建立起来。在这些因素的作用下，包装产业生态系统输出的废物也趋于有限。

（二）以自组织建设为主，他组织建设水平不断提高

目前我国包装产业生态系统建设以自组织为主，主要体现在包装企业的自我扩张、成长之上。有形产品离不开包装，所以包装产业基本上是在其他制造业发展的基础上自发形成的。当然，包装产业的自组织建设也经历了低级向高级转变的过程。在低级自组织中，各个包装企业主要致力于市场环境适应能力的分散建设。而在高级自组织建设中，具备典型特征的行业协会出现，能加强行业自我组织与自我管理的自治特性。例如，目前包装行业已经有了最高级别的行业协会——中国包装联合会。

我国包装产业生态系统在自组织建设的同时，也在逐渐接受他组织建设。他组织建设依赖于系统外部的指令。他组织建设主要是指我国各级政府按照特定的经济发展目标而运用制度安排、产业规划、资金支持、政策引导、监督管理甚至行政命令等手段对包装产业生态系统的建设主动实施干预。实际上，我国很多地区的包装产业集群既是自我发展的结果，又多少包

含政府他组织建设的成分。例如，"'十二五'期间，财政部支持包装行业单列了高新技术研发专项资金，支持创新项目专项资金累计4.2亿元，有力地促进了包装产业的建设"。① 再如我国形成较早的产业集群有杭州亚洲包装印刷中心、北京包装印刷产业园、上海国际包装印刷城、浙江苍南印刷包装园区集群、广东中山包装印刷生产基地等。这些包装产业集群的发展在一定程度上离不开当地政府的规划设计和政策支持。随着资源和环境约束不断增强，同时也考虑到包装产业生态系统自组织建设在控制资源输入和废弃物输出方面存在先天不足，现在各地政府也在不断加强对包装产业生态系统的顶层设计，提升他组织建设水平。但是包装产业生态系统的他组织建设依然面临一些障碍，主要有二：一是包装产业从整体上还不属于战略新兴产业，所得到政府的理解与支持依然不能完全满足产业生态系统建设的需要；二是政府的他组织建设重视政策文本，但是实际执行的力度与效果往往达不到政策文本所设想的程度。

（三）开始出现产业链整合，产业集群逐渐涌现

包装产业生态系统的建设一般要经历两个层面。其中第一个层面的建设以包装企业成长与数量扩张为特征。每个包装企业围绕自己专注的业务和产品，不断夯实自己的市场基础，全力提升自身的供给能力和服务质量。改革开放以来，我国包装企业数量随着社会经济的发展不断增加，到目前为止，包装企业的数量已经超过30万家。第一个层面的建设催生了一个庞大的包装产业生态系统的核心种群。但是，种群粗放型数量扩张的同时也带来了日益激烈内部竞争，而市场竞争又导致包装企业的利润被摊薄。很多包装企业发现提供单一的产品和服务或者依赖于单一的制造环节已经难以维持生存，于是便开始在横向一体化或者纵向一体化进程中寻求生存和发展的机会：通过横向收购、兼并或者战略合作来扩大生产规模，以降低单位产品成本，获取规模经济好处；通过向上游业务或者下游业务的延伸，以扩展增值环节，提升盈利能力，提高产品全案供给能力。这些趋势推动包装产业生态系统进入第二个层面的建设，即产业链的整合。这个层面的建设使各种包装企业明确了

---

① 中国包装联合会：《中国包装工业发展规划（2016—2020年）》，中国钢桶包装网，http://www.chinadrum.net/xinwen/20161203.html。

自身在包装产业链中的位置和分量，加强了包装行业上下游产业各个环节之间的联系，并重新定义了包装产业链上的价值分配规则，完善了企业种群结构。

在进入产业链整合的同时，为了增强与其他产业的适应性，以及提高与资源环境的耦合性，我国各类包装企业在市场获利机会的驱动下自我发展，并按照某种公开的政策安排或者潜在的行业发展规则，各就其位而又相互协同，逐渐形成有序结构。经过多年的积累与沉淀，有些特定地理范围内的包装企业数量与规模突破临界值，并在特定条件和关键企业网络外部效应的作用下趋于集中，进而相互联结交织形成具有共生性质的包装产业集群。有关数据显示，我国已在上海、江苏、浙江、广东、北京形成了五个大型的包装产业集群，此外安徽、河北的包装产业集群发展也较快。这些地区包装产业集群的形成在很大程度上是产业内部自组织建设的成就。经过长时间的自组织建设，我国包装产业生态系统逐渐演化出日益复杂和精细的结构。

值得注意的是，我国包装产业尽管已经基本进入产业链建设层面，并形成了产业集聚，但是生态系统层面的建设还相当滞后。包装产业生态系统层面的建设就是要在包装企业内部、企业之间、企业和上下游相关者之间建立价值链乃至在更大的范围内建立产业协同机制，以实现对能量和包装物料的有效利用，以减少包装产业对资源的摄取程度和废物排放程度。我国包装产业生态系统层面的建设之所以滞后，一是因为包装产业生态系统的研究成果还相当少见，因此建设缺乏理论依据和智力支持，二是因为包装产业几乎嵌入了所有生产有形产品的行业，要把它们纳入包装产业生态系统的建设难度的确很大。

二、包装产业生态系统建设成就的考察

从目前的情况来看，包装产业生态系统建设的成就集中在包装产业内部，以包装行业产出规模扩张、布局优化、企业数量增长、技术进步和经济贡献能力提升为主要表现。经过多年的持续快速发展，"我国包装产业已经形成了一个以纸包装、塑料包装、金属包装、玻璃包装、包装印刷和包装机械为主要产品的独立、完整、门类齐全的体系"。[1] 我国的各类行业有形产

---

[1] 中商产业研究院：《2017 年中国包装行业市场分析及预测：中国将在 2020 年成为全球最大的包装市场》，中商情报网，http://www.askci.com/news/chanye/20171106/143148111250_2.shtml。

品的包装需求基本上可以在这个体系中得到满足。同时，这个体系也在保护商品、方便运输、促进销售、刺激消费等方面发挥了关键作用。我国也因此成为世界重要的包装产品生产国、消费国以及出口国。

（一）产业地位稳步提高

总产值是衡量产业生态系统经济产出功能的核心指标。21 世纪初期，我国包装工业总产值还只是千亿级水平，到 2009 年产值就已经正式超过日本，达到万亿级规模。我国从此号称全球第二大包装大国，产值仅次于美国，其中瓦楞纸板、塑料编织袋、复合软包装、金属桶等包装制品的产量稳居世界前列。此后，我国《国民经济和社会发展第十二个五年规划纲要》首次把包装视为"重点产业"，明确了"加快发展先进包装装备、包装新材料和高端包装制品"的产业发展重点。2015 年我国包装工业主营业务收入突破 1.8 万亿元，在全国 38 个主要工业门类中的排名从原来最末几位已经跃居到第 14 位[1]。2016 年我国包装工业总产值突破 1.9 万亿元大关，到2020 年有望进入"两万亿"俱乐部，达到 2.5 万亿元。包装产业规模稳步扩张，产业地位也逐步得到巩固，显然已经成为对经济社会发展具有重要影响力的支撑性产业。我国已经成就了世界最大、全球发展最快、最具潜力的包装市场。随着世界加工制造业的中心转移至我国，我国的包装行业还将继续保持增长。照此速度发展下去，我国有望到 2020 年取代美国成为全球最大的包装市场。

（二）企业种群数量不断增加，结构逐步改善

国家良好的经济发展形势和有力的政策激励，刺激我国包装行业的企业数量剧增。到"十二五"末，我国包装企业已发展到 25 万余家，其中规模以上企业 3 万余家[2]。一个庞大的包装产业生态系统核心种群已经形成。包装企业种群数量的扩张是支撑包装工业产值不断增加的一个主要因素。与此同时，包装产业的企业种群结构也在逐步改善。目前我国包装行业的主体是中小民营包装企业，同时从国外吸纳了一批顶级的跨国包装集团，而且国内

---

[1]　黄鑫：《2020 年包装业主营收入可达 2.5 万亿元》，载《经济日报》2016 年 12 月 20 日。
[2]　中国包联联合会：《中国包装工业发展规划（2016—2020 年）》，中国钢桶包装网，http：//www.chinadrum.net/xinwen/20161203.html。

大中型包装企业的数量有所增加，因此企业种群结构也在发生新的变化。一些包装企业的劳动、资源和技术等要素投入模式也从依靠自身积累逐渐提升到资本市场运作层次。迄今为止，已有近100家包装企业在上海、深圳、中国香港甚至美国成功挂牌上市，一部分包装企业登上"百强榜"，成为行业的主导力量。在2017年包装印刷行业A股上市公司中，主营业务收入超过10亿元的企业已经达到21家，其中上海紫江企业集团股份有限公司以85.08亿元主营业务收入位居第一。总之，我国规模以上包装企业的整体经营能力在不断增强，一些优势包装企业在国际市场上已经形成较强的竞争力；而我国小微包装企业的力量也不可小觑，它们不断迸发市场活力，在吸纳就业、弥补大企业产能空隙、创造产值方面发挥了极其重要的作用。由此可见，一种以集团式包装企业为引领，大、中、小、微型企业共生共长的包装产业格局正在形成。

（三）产业体系趋于完整，开始形成产业带

改革开放以来，我国完善了以包装基材、包装器械和包装印刷为主要构成，覆盖设计、检测、生产、物流、回收、循环利用等产品全生命周期的包装产业体系。同时在空间上形成了三大包装产业带，分别是以深圳、东莞、广州、汕头为中心的珠三角印刷产业带，以上海、浙江、江苏为中心的长三角印刷产业带和以京津唐为中心的环渤海地区印刷产业带。在"十二五"期末，"长江三角洲、珠江三角洲、环渤海湾地区的包装产业得到快速发展，产值占全国包装工业总产值的60%以上。中部地区、西部地区、东北地区包装产值占全国包装工业总产值的比重逐步扩大，分别提高到20%、13%、6%左右"。①

（四）企业种群生命力有所增强

包装企业是包装产业生态系统的核心种群，其生命力直接由自身所具备的技术资质和能力决定。"'十二五'期间，全行业承担了一批国家'863'计划、国家科技支撑计划、国家火炬计划、国家发改委战略性新兴产业计

---

① 中国包装联合会：《中国包装工业发展规划（2016—2020年）》，中国钢桶包装网，http：//www.chinadrum.net/xinwen/20161203.html。

划、财政部重大科技成果转化、国家重点新产品等重大科研项目；建立了一批国家、省部及行业的工程（技术）中心、科技研发中心和产业孵化中心，科技创新和成果转化能力不断增强；通过自主创新攻克了一批包装材料、装备、工艺、制品等领域的重大关键技术，自主知识产权拥有率和国际、国家专利申请数量和授权数量较'十一五'期间有较大增长，培育了上百个'中国包装优秀品牌'。"① 近年来，国内某些大型包装印刷集团的实力日益雄厚，所采用的印刷生产线性能稳定，功能齐全，自动化程度高，能够承接各种高档包装印刷业务。这些包装生产企业不仅注重自身技术研发实力的积累，而且能积极遵循开放的理念，通过全球化的采购方式积极引进国外先进的包装生产设备及其关键零部件，吸收其前沿的包装技术，以此进一步改善了包装产品的生产工艺，增强了企业的核心竞争力，从而推动了我国包装产业整体的技术进步。包装生产技术进步的一个关键在于包装设备制造。一些优质的包装设备制造企业也不断进取，其包装设备制造已经接近或者达到世界级水平，有力地助推了高端生产设备的国产化进程，推动了包装行业的自动化水平。所有的这些技术进步行动都有效地降低了包装企业的生产成本，提升了包装企业的生产和运营的效率，直接增强了包装企业在市场竞争环境中的生命力。

（五）循环回路的建设初见端倪

在传统经济的单一线性技术范式基础上，新增了物质与能量的循环回路，这是产业生态系统与传统的产业系统之间的根本区别，也是产业生态系统能够减少资源输入与废物排放的关键所在。2009 年，我国制定并实施了《中华人民共和国循环经济促进法》，2013 年开始推行《包装与包装废弃物》国家标准，这些国家标准及法规意在规范我国循环经济的发展，也开始逐步落实《中国包装工业"十三五"发展规划》中"坚决反对过度包装"的总体要求以及《两部委关于加快我国包装产业转型发展的指导意见》中实现"传统生产向绿色生产转变"的具体目标。在一系列政策和法规的激励约束下，绿色发展理念开始在包装行业流行起来。一些包

---

① 中国包装联合会：《中国包装工业发展规划（2016—2020 年）》，中国钢桶包装网，http：//www.chinadrum.net/xinwen/20161203.html。

装企业开始率先对自身制造的全过程进行梳理和整顿，以达到清洁生产的要求。有些包装企业开始采取有效措施实施节能减排，积极履行环保责任。有的包装企业积极运用资源循环利用技术，提高了资源的二次利用效率。有的则开始注重从源头减少包装废物的生成，积极研发、生产和使用环保型包装材料。通过一部分包装企业的循环经济实践，我国包装行业单位工业增加值综合能耗以及主要污染物排放量均因此有不同程度的下降。"尤其是以清洁生产为目标的企业'小循环'，以淘汰落后产能为目标的产业'中循环'和以再生资源回收利用体系建设为目标的区域'大循环'发展模式也开始成形。"① 由此可见，我国包装产业生态系统的循环回路建设已初见端倪，在包装产业生态化建设进程中发挥着日益重要的作用。

（六）经济贡献能力不断增强

产业生态系统不仅要具备自然生态系统的生态特性，而且还要具备经济性，即在减轻资源环境压力的同时追求经济效益的最大化，增强对国家经济发展的贡献力。作为包装产业生态系统中的核心区块链，我国包装产业在改革开放后经过近40年的发展，已经壮大成型。在服务国家战略、满足民生需求、推动制造强国、助力经济发展方面，我国包装产业的经济贡献能力不断增强。例如，"'十二五'期间，我国包装产业配套服务能力不断增强，累计为110万亿元的国内商品和9.98万亿美元的出口商品提供了配套服务，配套商品附加值达10%以上"。② 包装产业的利税贡献能力也在不断增强。"2015年我国包装产业完成利税总额3407亿元，上缴税收1180亿元。"③ 此外，"原辅材料与包装装备的国产化率、节能降耗水平、就业消化能力、生态文明贡献度等较'十一五'均有不同幅度的提高，包装产业在推动社会发展中的贡献越来越大"。④

三、五大发展理念视阈下包装产业生态系统建设问题的考察

改革开放以来，我国包装产业生态系统发展尽管取得了不少成就，但是

---

① 中国包装联合会：《中国包装工业发展规划（2016—2020年）》，中国钢桶包装网，http://www.chinadrum.net/xinwen/20161203.html。

②③④ 《中国包装工业"十三五"发展规划》，科印网，http://www.keyin.cn/news/sczc/201701/12-1101868_2.shtml。

在五大发展理念视阈下进行考察，我国包装产业生态系统建设依然存在比较明显的问题。

（一）自主创新能力依然薄弱，生产技术水平尚待提高

从总量上来看，我国已是包装大国，但不是包装强国，其根本的问题还是在于我国包装企业自主创新能力仍然薄弱，尤其是在先进包装材料、高端设备、废弃物回收利用等关键领域里，大多数包装企业不具备适应市场需求的研发资质与能力，其原始创新、集成创新、引进消化吸收再创新的能力也欠缺，生产技术水平出现了低水平锁定，难以实现高新技术重大突破。

包装企业是包装产业生态系统的核心种群，其自主创新能力的不足、生产技术水平低将引发一系列问题。首先是包装制品的品质和档次较低，科技含量低，产品结构单一，在包装产品的技术研发和制造上不能很好地响应日益多元化的客户需要。其次是包装产品的附加值较低，其价值在产业链中得不到充分的体现。最后是先进装备和关键技术进口依赖性强，在技术上依然处于仿制阶段，摆脱不了"受制于人"的局面。以包装生产设备行业为例，尽管近几年我国在包装机械设备制造方面取得了一定突破，出现了可喜的国产化趋势，但是总体水平比发达国家仍然要落后20年左右。目前，我国各种包装机械品种有1300多种，遗憾之处仍然在于缺少高科技、高精度、高质量的装备与生产线。所以，一部分中小包装企业不得不购买二手的进口高端设备来满足生产需求；而一些高端的自动化生产设备缺乏自主知识产权，关键的核心技术也不得不依赖进口。接下来引发的问题是资源浪费严重。由于自主创新能力薄弱，很多包装企业无力改变生产工艺落后的状况，导致我国包装行业普遍存在较为严重的资源浪费问题。例如，"我国每年消耗的3亿立方米木材中，近1/10用于各种产品包装；每年消耗纸包装制品约为2000万吨，其中以木浆为主要原料的占40%左右，消耗木材超过2000万立方米"。① 不仅如此，我国包装行业低档次、同质化产品大量地被生产出来，低水平的重复建设问题也比较突出，进而导致低端产品产能过剩与高端产品供给不足

① 《快递包装废弃物为何难回收》，环卫科技网，http://www.cn-hw.net/html/china/201511/51362.html。

的矛盾越来越尖锐，而且低端的过剩产能一时之间难以得到消化。这些问题都是自主创新能力薄弱的后果。此外，大量包装企业由于技术底子薄，采用的是性能低、稳定性和可靠性差的老式设备，因此包装产品制作的很多工艺流程仍然要靠人工完成，产品生产的自动化水平不高。也是因为这些原因，这些包装企业利用互联网技术进行变革的能力不强，要在新的技术浪潮下推行设计制造的信息化、智能化、数字化和网络化模式也困难重重。

导致包装行业科技创新能力薄弱的主要原因有五：其一，虽然国内从事包装行业的企业种群数量众多，但是规模普遍偏小，在技术创新方面积累不足，新材料、新工艺、新产品的研发力量薄弱，也难以承载高新包装技术研发；其二，包装行业的集中度比较低，目前已经处于市场化程度较高的激烈竞争阶段，盛行的低水平价格竞争将包装行业拖入微利时代，因此大量中小包装企业研发资金投入能力更是不足，无力打造自己的技术品质；其三，政府在重大科技创新方面的投入依然不能满足包装产业生态系统技术升级的需求，科研中试基地建设不够，也没有很好地在系统内建立起成熟的科技成果转化机制和新兴业态的创新服务平台，还没有很好地培育出数量充足的品牌企业来充当系统升级的技术引擎；其四，行业中高层次人才比例不足，尤其是创新领军人才存在严重短缺问题，创新团队的培育机制也不太成熟，创新人才梯队还没有成型；其五，囿于体制和商业利益等原因，包装产业共性技术研究难以形成规模，而且缺乏系统性和连续性，取得的效果也不明显。

在全球经济一体化大潮中，缺乏自主创新能力的产业不可能在国际分工中占据有利地位。当前我国包装产业生态系统急需通过自主创新，构建好包装产业技术开发和创新体系，增强产业发展的核心竞争力，实现由包装大国向包装强国的迈进。

（二）发展不平衡，产业协调竞争机制有待完善

首先，包装产业生态系统发展不平衡表现在包装行业与分解者这两大种群之间的不平衡。包装产业生态系统中的分解者包括治污企业、垃圾处理厂、废物回收公司与资源再生公司等实体。分解者所从事的包装废弃物的回收再造工作可以带来不可估量的生态效益、经济效益和社会效益，因此从理论上

来讲，包装产业生态系统要提高生态效率，除了需要形成产业共生机制外，还需要保持包装行业与分解者之间的对称发展。然而，庞大的包装行业体系却没有专属的分解者种群与其匹配。垃圾处理厂、废物回收公司与资源再生公司等分解者往往也大量接收其他产业产生的废弃物和居民生活垃圾，因此在一定程度上影响了包装产业生态系统的生态效率。不仅如此，我国过去以政府为依托的废品回收渠道失灵之后，包装产业生态系统中分解者这个种群的培育和成长缓慢，市面上能看到的基本上是个体户、无业人员在从事自发性包装废弃物的回收。这些个体从业者回收渠道混乱、回收范围狭窄，一般只回收纸和金属等具有较高回收价值的废弃物，而对于塑料、玻璃等包装废弃物的回收还不到位。在回收之后，这些个体从业者将回收物售卖给小造纸厂、小冶炼厂、小塑料造粒厂等，而这些小厂的处理能力有限，处理工艺简单，利用率很低，容易造成二次浪费和二次污染。由此可见，我国当前个体从业者和处理者能发挥的作用对废弃物产出量巨大的包装行业来说可谓杯水车薪。

包装行业与分解者种群之间发展不平衡极大地影响了包装产业生态系统的生态效率，导致包装废弃物的回收处理率比较低。有关数据显示，我国近些年来各种包装使用量出现井喷式增长，每年包装废弃物的生成总量在4000 万吨左右①，并且每年还在以较快的速度增长。在数量惊人的包装废弃物中，除纸箱、啤酒瓶和塑料周转箱回收情况稍好外，其他产品的回收率都相当低，医药、罐头、化妆品等包装几乎全部废弃，而整个包装产品的回收率还达不到总产量的 20%，让大量可回收利用的资源白白流失，也造成了巨大的环境负担②。在这方面我国同发达国家相比差距很大。例如，瑞士的塑料废弃物回收率达到了 99.5%③；德国 2010～2014 年包装钢铁回收率持续五年超过 93%④；2016 年美国瓦楞纸板的回收率达到了创纪录的 93%，与此同时，英国的纸和纸板包装的回收率也达到了 85%⑤。各种产品包装物

---

① 商务部：《中国再生资源回收行业发展报告2017》，中国环卫网，http：//cnues.com/article/834/。
② 陈璧辉、周飞敏等：《基于循环经济的中国包装业的发展探讨》，载《经济论坛》2008 年第 2 期，第 55～57 页。
③ 《塑料废弃物回收达 99.5%，看瑞士如何做到的》，Feijiu 网，http：//news.feijiu.net/info-content/html/20154/2/2328490.html。
④ 《德国马口铁板回收保持在高水平》，The Canmaker，http：//www.canmaker.com。
⑤ 苏听风：《欧美瓦楞包装回收率屡创新高，他们的这些做法我们能学几成》，中国纸业网，http：//www.chinapaper.net/news/show - 20673.html。

使用量剧增，这不仅给环境造成了巨大压力，而且还让很多可以回收利用的包装物料白白浪费。迅速发展的快递包装回收也很不乐观。据统计，2016年我国纸及纸板生产量达10855万吨，人均年消费量75千克，其中很大部分用于包装；每天塑料袋的使用量高达30亿个，全年超过680万吨；而金属包装材料中，仅易拉罐一项，每年至少消耗100亿只。在包装物中，纸包装制品回收率在25%左右，塑料包装制品回收率只有15%①。据统计，2016年以来我国快递包装量增长迅速，其中快递运单207亿张，塑料袋近90亿个，胶带170亿米。而目前快递行业包装回收率整体尚不足10%，大部分废弃物可能含有对环境污染有影响的成分②。2017年中国快递物流业务量达到400亿件，包装快递所用胶带总长度可绕地球赤道425圈，但纸板和塑料的实际回收率不到10%，包装物总体回收率不到20%③。我国每年产生的农药包装废弃物超过100亿个，由于得不到回收处理，基本上被随意丢弃在田间地头、沟渠河道。由于农药包装多为难以降解的塑料瓶、铝箔袋，且带有大量农药残留，随意丢弃的环境风险巨大④。

其次，我国包装产业生态系统发展不平衡表现在包装产业区域发展不平衡、不协调，中部、西部和东北的发展空间一直以来还没有得到充分的统筹开拓。包装产业与区域经济的发展密不可分，因此，我国各地区经济发展不平衡也是直接导致我国包装产业分布不均衡的主要原因。例如，我国东部沿海地区、长三角地区、珠三角地区经济发展水平相对较高，包装产业也因此呈现兴旺之势；而西部地区的经济发展相对滞后，整体上各类产业不如东部地区发达，导致其包装产业的成长比较迟缓。以包装印刷业为例，中国印刷及设备器材工业协会的统计显示：江苏、浙江、福建、广东与上海这四省一市的包装印刷总产值占全国包装印刷总产值的比例已经超过50%，而西北地区的陕西、甘肃、宁夏、青海、内蒙古、新疆等省区包装印刷总产值则只占全国总产值的5%左右⑤。此外，沿海等发达地

---

① 朱和平：《包装行业需要"绿色治理"》，载《人民日报》2018年2月6日。

② 《快递包装废弃物回收率整体不足10%》，Feijiu网，http://www.feijiu.net/toutiao/article/260683.html。

③ 《科技创新让包装行业更有"内涵"》，载《经济日报》2018年7月18日。

④ 《每年100亿个农药包装废弃物哪去了》，甘肃省科学技术协会，http://www.gsast.org.cn/kxgc/10464.html。

⑤ 《我国包装印刷行业发展面临的四大难题》，中国包装印刷产业网，http://www.ppzhan.com/News/Detail/36930.html。

区包装印刷企业规模较大，且呈集群化发展趋势，而广大西部地区的包装印刷企业的规模相对较小，分布零散。包装产业区域发展不平衡导致包装工业产供销运输半径过大，成本高，有些地区各类制造业的产品包装需求得不到满足。

再次，包装产业生态系统发展不平衡还表现为包装行业内部发展的不平衡。目前我国包装企业的两极分化比较严重。例如，我国包装印刷行业内的装备水平良莠不齐，存在典型的两极分化现象。大部分中小型包装企业由于资金短缺，为了节省成本，基本上采用的是中低档的印刷设备，有的低价购买二手进口印刷设备使用，有的甚至使用已经淘汰的老旧机器。而与这些中小包装企业相比，少部分大型包装印刷企业的设备则比较高档，采取的一般是集成化、程序化、数控化和自动化程度较高的大型流水生产线，而且能够实现柔性化制造。这种内部发展不平衡导致的结果是我国包装市场的结构性失衡：一方面，作为劳动密集型产业的低端包装业在我国的发展相对过剩，资产闲置较多，产能得不到充分利用；另一方面，作为技术、资本密集型产业的高端包装业在我国的发展又相对不足，很多高档印刷的市场需求难以得到满足。由于只有少数包装企业具备较强研发设计、技术创新、定制化生产和全程化技术服务能力，又缺乏技术扩散机制，产业内部发展不平衡，所以难以获得产业链协同效应，不利于包装行业整体竞争力的提升。

最后，包装产业协调竞争机制有待完善。与生物种群一样，竞争可以使企业始终保持生存的警觉性和持续改进的动力，可以使整个行业充满活力，并形成优胜劣汰的结果。然而，现代企业之间的竞争已经不是自由竞争时代你死我活的生存斗争，企业之间还存在广泛的协作关系，产业生态系统中还存在共生关系。合作性已经成为现代企业的一种本质属性，企业协同竞争成为行业发展的必然要求，最终目的是要达到共同发展。综观我国包装产业生态的格局，由于我国包装行业完全开放经营，限制性措施少，壁垒低，资金进出比较容易，产品同质性高，加之我国包装行业目前已基本步入了成熟期，所以市场竞争异常激烈，无序的、恶性的价格竞争现象也愈演愈烈，整个行业开始随之进入微利时代。例如，"很多包装印刷企业普遍反映目前所接活件中利润率一般在8%上下浮动，有的下游客户对活件质量要求过高，利润率甚至会低至5%"。① 包装行业目前这种协调发展不足的局面导致行业密度过高，价格机制的正常作用被限制，竞争成本加大，产业利润率持续走低，也在很大程度上压缩了包装企业的利润空间，阻碍了必要的产业集中。

（三）绿色包装尚处于概念推广阶段，发展层次还不高

绿色包装是指对生态环境和人类健康无害，能重复使用和再生，符合可持续发展的包装，又可以称为无公害包装。包装产业生态系统要贯彻绿色发展理念，真正发展成为资源节约型和环境友好型的产业生态系统，绿色包装形成的产品流才是首要的问题。然而从目前我国包装产业生态系统的情况来看，尽管近些年来国内部分包装龙头企业已经开始展开包装绿色化实践，但是这些实践与真正系统化、全程化、一体化、普遍化的绿色包装还存在较大差距。环保部年报显示，全国246个大、中城市生活垃圾在2016年达到18069.5万吨，其中40%为包装废弃物；农村生活垃圾2015年已超过1.75亿吨，其中15%为包装废弃物②。我国在20世纪90年代其实就已经提出绿色包装概念，但一直以来我国包装废弃物的比率不仅没有降低，反而有走高的趋势。这其中虽然有商品经济发展所带来的必然性，但是也从侧面反映出我国绿色包装实践总体上还不够成熟，还没有在降低包装废弃物比率上发挥充分的作用。

具体而言，我国包装产业生态系统的绿色化程度还不高，表现在五个方面。第一，包装行业的资源消耗巨大，尤其是对不可再生资源和珍稀资源依赖程度仍旧很高。在包装产品所需要的资源中，石油、石英砂等都属于不可再生资源，而纸浆、木材也是来自我国日益稀缺的森林资源，加之包装资源的二次利用率仅仅是西方发达国家的25%~30%③，资源浪费大，所以包装行业离摘掉资源消耗型产业的帽子依然还有很长的路程。第二，包装产品生产过程中依然存在较为严重的环境污染问题。这些环境污染主要是造纸、塑料生产、印染等包装行业上游供应商在生产过程中形成的大气、水体、土壤等污染。很多包装企业经常将可降解包装材料简单地理解为绿色包装，却忽

---

① 《十九大后，包装印刷行业所面临的困境有哪些》，搜狐财经，http://www.sohu.com/a/202892156_198937。

② 朱和平：《包装行业需要"绿色治理"》，载《人民日报》2018年2月6日。

③ 邓卫斌、易薇：《当下包装工业技术发展趋势探讨》，载《设计》2016年第5期，第116~117页。

视了这些可降解材料生产过程中是否存在未达标的污染。第三，包装行业下游用户企业的过度包装现象依然普遍存在，屡禁不止。适度包装是绿色包装的必然要求。但是目前我国保健品、烟酒、礼品、日化等领域过度包装问题似乎有愈演愈烈之势，尤其是新兴的快递行业已经成为重灾区。这些下游用户企业对商品进行过度包装虽然有其难以压制的商业动机，但客观上不仅导致了资源和能源的巨大浪费，增加了消费者不必要的消费支出，还滋生了大量威胁自然环境的包装废弃物。显而易见，包装行业下游用户企业的过度包装行为与国家提倡的建设资源节约型和环境友好型社会的发展战略背道而驰。虽然我国已经公布实施《限制商品过度包装通则》《限制商品过度包装要求　食品和化妆品》《食品和化妆品包装计量检验规则》《定量包装商品计量监督管理办法》等国家标准，但是过度包装在市场上依然随处可见，表明过度包装问题屡禁不止。第四，包装废弃物的形成率较高，所造成的环境威胁依然得不到根本的控制。目前，我国80%的包装产品基本上属于"一次性"物品，随着所包装的产品到达用户手中一经拆装就立即变为包装废弃物，所以产品的生命周期较其他工业产品要短很多。一个不得不正视的事实是，我国包装产业快速发展的同时也带来了包装废物数量惊人的增加。近五年来，我国每年产生包装废弃物约1600万吨，其带来的环境污染仅次于水质污染、海洋湖泊污染和空气污染，已处于第四位①。近几年逐年剧增的快递包装所带来的污染问题也日益严重。快递行业污染物主要是塑料袋、包装箱（瓦楞纸箱）、编织袋、封套、胶带以及快递运单所形成的快递包装垃圾。有关数据显示，2016年我国快递使用普通纸质面单103.2亿张，编织袋总量是31.7亿个，塑料包装68亿个，包装箱37亿个，包装胶带2.05亿卷②。这些数量惊人的快递包装垃圾往往被随意丢弃，对自然环境构成了极大威胁。总而言之，包装产业生态系统仍旧在排放大量包装废弃物，以至于很多研究者认为治理由包装废弃物引发的环境问题已到了刻不容缓的地步。第五，包装产业生态系统生物群落围绕绿色包装所形成的协同效应严重不足。大力发展绿色包装，从根子上控制包装行业资源浪费和环境污染，不

---

① 《蔡威委员：建立快递包装材料生产、使用及回收政策》中国农工民主党网站，http：//www. ngd. org. cn/jczt/csztlme/gzjd/54902. htm。

② 《推进快递绿色包装需探索共赢之策》，纸路人，http：//www. zluren. com/news/show － 5124. html。

单单是包装行业的事情，需要整个包装产业生态系统各生物群落围绕发展绿色包装问题达成一致认识，并形成协同效应。但是现实情况并非如此。例如，银行业对环境违法的包装企业和项目所进行的信贷控制比较少，各商业银行对包装企业及其上下游企业环保守法情况仍然知之不深，在贷款审批中把控不严；包装企业对下游用户企业的过度包装问题视若无睹，甚至出于自身经济利益的考虑还推波助澜；下游用户企业对包装企业产品的选择主要是基于成本、便利等方面的考虑，而缺乏对包装物无毒、无害、可降解、可回收利用等生态特性的考虑。

客观地讲，发展绿色包装在技术上并没有太多障碍，现代包装材料科学、包装科学、回收利用技术等都已为绿色包装奠定了较为坚实的技术基础，但是为什么我国包装产业生态系统的绿色化程度依然不高，推广困难，是值得深思的问题。细究起来，可能存在几个主要原因。第一，大量立足国内市场的包装企业环境意识差，对绿色包装理解不深，反应迟钝，加之生产设备落后，所以在生产过程中资源浪费问题和污染排放问题还比较严重。第二，大部分包装企业成熟度还不高，发展绿色包装的能力尚且不足。众所周知，我国包装产业的集中度比较低，其中绝大多数包装企业规模较小。这些企业受规模、资金、技术、人才等因素的制约，一些节材节能的装备、环保包装技术和工艺一时之间得不到系统研发和广泛推广。其中甚至还有很多中小包装企业尚未完全摆脱"高投入、高消耗、高污染、低产出"的粗放型经营状况，绿色化生产方式尚未有效形成，生产的环境友好程度不高，所以"绿色包装"对于这些企业而言还只是停留在构想阶段。第三，包装企业发展绿色包装的动力不足。与一些工艺简单的传统包装相比，绿色包装因为技术要求高、标准严格的原因而有相对更高的成本，所以往往缺乏价格竞争力。第四，包装功能异化。一些包装行业下游用户企业为了在激烈的市场竞争中强化产品差异，追求经济利益，于是片面强调包装的功能性，导致包装作为产品广告的功能被放大和扭曲，从而产生了过度包装。加之我国终端消费者具有特定的社会文化心理，一般有较强的人情、面子观念，格外注重商品礼尚往来的形式，在很大程度上为商品的过度包装提供了需求基础。

此外，包装产业生态系统绿色化的关键依然在于包装企业。包装企业的经营管理与资源、环境之间存在紧密联系。理论上来说，企业走向绿色的方式主要有四种：法律方式、市场方式、利益相关者方式和活动家方式。这四种方式对资源环境的敏感程度和响应效率依次提高，发展层次也越来越高。然而我国绝大多数包装企业践行资源环境使命的方式还停留在法律方式，它们愿意遵守现行的资源环境法律以及规章制度，尽量避免自身卷入环境诉讼，努力合法规避环保部门的管制和惩罚，但是对节约资源和保护环境表现出极少的敏感性，绿色进程也到此为止。还有很多包装企业，尤其是规模较小、实力有限的包装企业还没有进入法律方式，它们或者不愿遵守现行资源环境法规，或者没有能力遵守，成为包装产业生态系统绿色化进程中的主要障碍。2016 年环保风潮过后，一部分没有环保设施、没有排污处理能力的造纸、包装和印刷企业遭到"关停"。当这些污染性的包装企业失去了 GDP 的保护伞之后，在环境污染无法忍受和产能过剩愈发严峻的情况下，极有可能率先遭到淘汰。例如，根据广东省环保局统计，2016 年 11 月中央环保督查组进驻广东 1 个月，被调查的造纸、纸箱、包装印刷企业共计 37 家，有的被责令停产，有的被罚款，有的责任人被约谈①。当然，目前也有一小部分实力雄厚的包装企业已经进入市场方式，它们能对顾客的环境偏好做出积极响应，善于开发"两型"包装产品来满足顾客需求。包装企业在节约资源和保护自然环境方面原本可以大有作为，但是从总体情况来看，由于体制、技术、管理等多方面的缘故，我国包装产业生态系统的绿色化发展层次还不高，能进入市场方式、利益相关者方式和活动家方式的还比较少，这在很大程度上影响了我国包装产业生态系统绿色内核的构建。

（四）与发达国家存在较大差距，产业开放度亟待提高

改革开放以后，尤其历经近十多年来的跨越式发展，我国在包装产业生态系统中形成了较为完整的包装工业体系，产品门类齐全，基本能够满足国内产品包装的一般需求，甚至不少包装科技成果已达到甚至超过国际先进水平。必须肯定的是，我国包装产业在国内并不是涉及国家安全的重大战略性产业，对民营企业基本是完全放开的，限制性措施少，资金进出比较容易，并且在投资上还受到了政府鼓励，所以总体而言，包装产业在国内的开放度是很高的。但是，也应当清醒地认识到，我国包装产业生态系统的建设在整

---

① 《环保风暴查得有多严？广东造纸、包装企业成片关停》，必胜网，http：//bisenet. com/article/201612/168200. htm。

体上与西方发达国家还存在较大差距，产业的国际开放度亟待进一步提高。

第一，从包装产业形态上来讲，随着后工业时代的推进，发达国家传统的包装产业已逐步发展成为一个能够灵敏地承接新科技革命成果又可以吸纳大量智慧成果的、技术密集型与知识密集型相结合的新兴产业，然而我国包装产业作为产品附属和行业配套，整体上仍然属于资源密集型和劳动密集型产业。

第二，从产业地位上来看，通常发达国家的包装工业在其国内稳定在第9位或第10位左右，而我国包装产业目前排在第14位，可见我国包装产业的地位有待进一步提升。不仅如此，我国包装材料质量及包装品种都明显低于国际水平。平均而言，发达国家包装已经占产品价值的30%左右，而我国只有10%左右，所以从微观的产品价值构成上来看，包装在产品中的价值份额还有较大的提升空间。

第三，从产业发展深度上来看，我国虽已在产业总量上居世界前二，成为仅次于美国的"包装大国"，但我国包装产业只是因为庞大经济体量的带动才完成了包装制品的数量飞跃，而在产品品种、出口能力、产业协同性、绿色化程度、生态效率，尤其是拥有自主知识产权的硬性技术等方面，与发达国家相比仍然不可同日而语。一个不得不正视的事实是代表包装技术前沿的中高端的包装基础材料、包装机械等仍为欧美、日本等发达国家垄断，导致我国一些高端基材和科技含量高的大型成套设备仍需要从国外进口。我国包装机械出口额还不足总产值的5%，进口额却与总产值大体相当，这说明国产包装机械与国外产品相比，科技水平差距仍然较大，远远满足不了国内需求①。

第四，从包装企业的发展层次来看，国内包装产业存在的主要问题是：企业规模偏小，产业集中度比较低，低水平重复建设问题严重；包装产品品种少，质量不上档次，自动化水平不高，技术含量低；产品结构不合理，主要高档包装设备和原辅材料严重依赖进口；对包装技术研发经费投入不足，创新能力薄弱；对包装废弃物的回收利用程度不高等。由此可见，在这些方面我国包装企业与发达国家横向比较自然也存在很大差距。

----

① 《我国包装机械出口额不足总产值5%》，中国包装网，http：//news. pack. cn/show - 277946. html。

第五，从包装技术的研发上来看，我国包装产业生态系统的技术能力也是一大软肋。在纸、塑料、金属等包装主材以及包装印刷油墨、粘胶剂等包装辅材的研发和生产方面，我国还落后发达国家很长一段距离。例如马口铁三片罐，我国当前生产的铁罐壁厚普遍在 0.2 毫米左右，欧美等国的铁罐壁厚却已降到 0.08 毫米的水平，基本实现了包装制品的轻量化、高强度和低成本制造[①]。同样，我国在包装制品生产的工艺技术研发环节也非常薄弱，目前很多核心生产技术、关键的装备和零部件还要大量依赖高价进口。

第六，在包装设计方面，我国包装设计水平整体也不高，设计理念比较陈旧，很多时候太过于讲究图案、色彩、文字等方面的外观设计，却忽略包装的材料、结构、功能以及科技含量的设计，设计的人文内涵和艺术内涵也不够，设计中对生态环境的考虑较少，与发达国家先进的设计相比还缺乏核心竞争力，包装标准化建设也滞后，在国际上缺乏话语权。

第七，从包装产业生态系统构建来看，无论是在生态产业链和多样性构建方面，还是在关键种企业的选择和产业共生网络的构建方面，我国的构建水平都难以与发达国家相提并论。

我国包装产业生态系统与发达国家的上述差距部分源自我国包装产业生态系统的开放度还不高，与国际之间的交流与合作尚待加强。2014 年我国包装行业累计完成主营业务收入 10852.73 亿元，累计完成进出口总额 413.78 亿元（其中出口额 269.71 亿元，进口额 144.07 亿元），只占主营业务收入的 3.81%。而同年我国 GDP 为 64.40 万亿元，进出口总值为 26.43 万亿元，进出口总值占 GDP 的 41%[②]。从这组数据对比来看，如果单纯以贸易水平反映系统开放水平，我国包装产业生态系统的开放水平的确要远远低于我国经济总系统的开放水平。另外，我国虽然举办过世界包装大会、亚洲包装大会、国际包装博览会等，加强了我国包装行业与其他国家的交流与合作，但这种交流与合作仍然是政府层面推动的结果，其交流合作的广度、深度、频度和可操作性都受到限制，包装行业国内企业与国外企业之间高频度的、具有更明确目的的、更接地气的交流与合作有待加强。

---

① 《中国包装联合会徐斌会长在八届一次理事会上的讲话》，食品商务网，http://news.21food.cn/35/2191294.html。

② 中国包装联合会统计部：《2014 年度中国包装行业运行报告》，引自《中国包装年鉴》，中国财富出版社 2016 年版，第 23 页。

（五）产业缺乏共享平台，共享发展程度不高

近些年来，我国作为包装产业生态系统核心种群的包装企业数量急剧增长，但是包装企业成长支持体系却又不够健全，导致大量缺乏核心竞争力的中小包装企业之间展开了激烈的同质化竞争。它们为了生存，相互压价，甚至不惜"赔钱赚吆喝"，相互展开恶性竞争。加之目前我国包装产业生态系统的低端产能严重过剩以及环境监督管制逐步加强，很多中小包装企业已经被推到倒闭的边缘。在这种竞争态势下，很多包装企业自然将技术、信息、渠道等资源视为获取竞争优势的重要来源，所以在资源共享方面展开的实质性合作就比较少见。目前我国包装产业生态系统在共享发展方面最为突出的问题是缺乏产业共享服务平台。产业共享服务平台是利用产业孵化器的区域网络或全国网络来进一步提高产业服务水平和层次的综合服务平台。从理论上说，产业公共服务平台应该具有增进信息沟通、提高融资能力、提供技术支持、提供决策数据支持、开展人才培训、提供管理咨询、辅导帮助创业、营销开拓市场和政策法律服务等功能。虽然目前我国已经有"中国包装网""中国包装信息网""联合包装网""中国包装印刷产业网""中国包装人才网"等网络公共服务平台，它们在信息搜集、梳理、发布等方面发挥了重要作用，有力地推进了包装产业的信息共享进程，但这些网络平台的主要功能局限于信息发布和信息查询，在促进信息分析整合与处理加工、提供数据流服务和决策支持、推动包装产业生态系统内部资源共享方面还做得不够扎实。实际上，我国包装行业缺乏工业化与信息化深度融合的整体规划，也缺乏系统翔实的工业基础数据库与产业运行统计数据等信息共享平台，导致包装企业采用云计算、大数据、物联网等现代信息技术改造原有产品、转变生产方式、创建电子商务整体解决方案等方面的能力不足。

此外，包装产业上下游产业之间、产业链之间、包装企业与高等院校和科研院所之间对接意识不强，知识产权共享平台、共享设计平台、创新资源共享平台、供应链共享平台、产能共享平台等方面的建设尚未取得实质性进展，所以共享发展程度不高，整体上还没有完全跟上讲求互通有无、合作共赢的共享经济时代的步伐。

第四节 适应新理念的包装产业生态系统构建

作为包装产业生态系统的内核，我国包装产业经过多年的快速发展，孕育出规模巨大、发展最快、最具潜力的包装市场，我国也因此跻身世界包装大国行列。然而，从发展的质量上来看，我国包装产业生态系统大而不强。要真正成为包装强国，仍然迫切需要在五大发展理念的指引下，把握战略机遇，积极构建包装产业生态系统，在包装领域实现经济效应、社会效应和生态效应的统一。

一、构建适应新理念的包装产业生态系统的有利形势

如前所述，在五大发展理念视阈下进行现实考察，我国包装产业生态系统建设还存在诸多不足，但是包装产业生态系统建设同样面临一些有利的形势。这些形势包括逐步完善的法律条例、重要的战略机遇、良好的产业前景、严格的环保督查、有力的振兴政策和日益觉醒的生态文明。

（一）逐步完善的法律条例

建设包装产业生态系统必须有相应的法律条例对包装物生产者和使用者的行为施加约束，以提高其行为与资源环境的协调性、耦合性和一致性，这也是强化包装产业生态性的必要条件。目前我国已经制定出台一系列涉及产品包装印刷的法律条例。2008 年全国人大常委会颁布了《中华人民共和国循环经济促进法》，其中有条款对包装废弃物回收责任、包装设计要求做出了明确规定。2012 年全国人民代表大会常务委员会通过的《关于修改〈中华人民共和国清洁生产促进法〉的决定》规定，产品包装物的设计应当考虑其在生命周期中对人类健康和环境的影响，要优先选择无毒、无害、易于降解或者便于回收利用的方案。2016 年国务院还修订出台了《印刷业管理条例》，进一步规制了印刷行业的经营活动。还有一些法律（如《中华人民共和国环境保护法》《印刷品承印管理规定》《中华人民共和国固体废物污染环境防治法》等）也或多或少地涉及包装产业。此外，还有一些针对包装废弃物或者具体包装物的法律法规也相继出台，如《包装与包装废弃物》

《包装废弃物处理与利用通则》《食品包装用原纸卫生管理办法》《进出口食品包装容器、包装材料实施检验监管工作管理规定》《药品包装用材料、容器管理办法（暂行）》《直接接触药品的包装材料和容器管理办法》《包装资源回收利用暂行管理办法》《危险化学品包装物、容器定点生产管理办法》等。总而言之，这些法律条例在一定程度上体现了"绿色"发展理念，为包装行业的有序经营提供了保障，也为包装产业生态系统的构建奠定了一定的制度基础。

（二）重要的战略机遇

我国已于 2010 年后稳居世界第二大经济体地位。2017 年我国国内生产总值已达 82.71 万亿元，实际增长率为 6.9%。我国已成为推动全球经济增长的引擎，同时也是全球最大的消费市场之一。我国已经进入全面建成小康社会的决胜阶段，国内经济形势无疑是向着"更好、更健康"的方向迈进，"新常态"是对其最为准确的整体概括。可以预计，包装产业在新常态下的整体增长速度也有可能趋缓，但这正是包装产业所面临的重大战略转型期。在这个转型期，包装产业面临着重要的供给侧改革机遇，有望抓住其所依赖的制造业质量提升与转型升级的机遇，以速度的放缓换取效率的提升，有望通过结构升级与创新引擎的发动，从先前的"提量期"转型进入"提质期"，扩大包装产品的有效供给，提高包装产业生态系统结构对资源约束、市场需求、生态环境变化的响应程度。随着"互联网 +"时代的到来，包装产业也面临重要的产业升级机遇。如今各大行业都在积极制定实施"互联网 +"行动计划，引导互联网企业向自身渗透，推动信息网络技术与现代制造业深度结合。这也为包装产业利用互联网平台融入云计算、大数据、物联网技术等现代信息处理与通信技术，实现传统生产模式向"互联网 +包装"模式的升级带来了新的机遇。

我国包装产业也面临重要的空间平衡机遇和产能输出机遇。2015 年我国发布《推动共建丝绸之路经济带和 21 世纪海上丝绸之路的愿景与行动》，正式启动了"一带一路"倡议。"一带一路"在国内覆盖的地区除上海、福建、广东、浙江之外，其他 14 个省区均为包装产业欠发达省区，因此"一带一路"倡议的实施无疑为促进这些省区经济发展及其牵动的包装产业的发展、平衡我国包装产业发展的空间格局提供了重要机遇。同时，由于以亚洲为核心的沿线国家多为发展中国家，包装产业发展相对滞后，而我国包装产业总体产能过剩，所以"一带一路"形成的陆海内外联动、东西双向开放的新格局必然为中国包装产业配套延伸、产能转移、市场拓展和开放协调发展提供宝贵的机遇。

（三）良好的产业前景

包装产业是包装产业生态系统的内核，其前景牵引着整个系统的发展。虽然受全球经济衰退和国内宏观经济增长趋缓的影响，我国许多行业爆发了产能过剩问题，但是目前我国电子产品、家用电器、食品饮料、日常消费品、医疗卫生、快递物流等下游行业仍然稳健增长，这些来自基本需求领域的动力极大地促进了包装产业的发展。例如，由于生活节奏加快和消费结构升级，加之国民收入水平的提高，我国消费者对休闲食品、脱水食品、冷冻食品等加工食品的需求越来越旺盛，这种趋势将极大地刺激食品包装的生产；日益强烈的健康诉求带动了医药行业的发展，自然也衍生了大量的医药包装需求；电子商务、网络购物的兴起引发了快递行业的急速增长，快递包装也随之大量涌现，为包装产业发展注入了新的动力。有数据显示，2010～2016 年，我国食品业的复合增长率达到 13.40%，医药行业复合增长率达到 19.15%，远高于同期国民经济整体增速①。我国快递物流业发展更是迅猛，已连续 6 年每年增长超过 50%②。可以预计，这些行业的增速在未来一段时期内可以大体维持，能够持续为包装产业发展提供需求动力。在大量下游行业发展的支撑下，我国已经拥有全世界最大、发展最快、最具潜力的包装市场，2013～2017 年，我国包装产业年均复合增长率达 16%，预计到"十三五"末，我国包装工业总产值将达到 2.5 万亿元③。随着世界加工制造业的中心转移至我国，我国的包装行业预计还将继续保持增长，发展空间广阔，前景看好。

---

① 《2017 年我国包装市场概况及行业细分领域需求规模测算》，中国产业信息网，http：//www.chyxx.com/industry/201708/552137.html。
② 《快递行业连续 6 年保持 50%增速，已成经济增长新亮点》，凤凰财经，http：//finance.ifeng.com/a/20170221/15207274_0.shtml。
③ 杨阳腾：《科技创新让包装行业更有"内涵"》，载《经济日报》2018 年 7 月 18 日。

（四）有力的振兴政策

为了促进包装产业的健康发展，国家相继制定了一些方案政策。2008年财政部出台的《包装行业高新技术研发资金管理办法》就对支持重点、支持方式、使用范围、项目申报、组织评审、资金拨付以及监督检查做出了明文规定，对包装行业积极开发新技术和新产品、步入循环经济和绿色经济的轨道起到了良好的推动作用。在《当前国家重点鼓励发展的产业、产品和技术目录（2005年修订版）》《产业结构调整指导目录（2013年修正）》中，包装产业均被明确列为国家重点鼓励类行业。目前最主要的有助于产业振兴的政策性文本是2016年制定的《中国包装工业"十三五"发展规划》和《工业和信息化部 商务部关于加快我国包装产业转型发展的指导意见》。前者出台旨在加快包装产业转型升级，推进现代包装强国建设进程，充分发挥包装工业对稳增长、促改革、调结构、惠民生、防风险的重要作用，显著提升包装工业对我国小康社会建设的服务能力与贡献水平；后者出台是为了为进一步提升我国包装产业的核心竞争力，巩固世界包装大国地位，推动包装强国建设进程。此外，我国还陆续推出了"创新驱动发展战略"、"中国制造2025"、"互联网＋"行动计划、"信息化和工业化深度融合专项行动计划"等，这些产业政策都将间接地为包装产业生态系统的升级带来更多政策红利。

（五）严格的环保督查

随着经济的发展，我国资源和环境承载的压力越来越大。所以，必须加强包装产业生态系统的构建，形成绿色低碳循环发展的新方式，以不断减轻包装产业生态系统对自然资源的依赖程度和对生态环境的破坏力度。为了实现这一目标，严格按照资源与环境的标准，对包装产业生态系统中效率低、资源浪费严重、环境破坏度大的低端产能实施淘汰成为有效之举。实际上，近几年我国环保保持了高压态势，环保督查、排污许可证、自备电厂约束增加、废纸进口限制等多项环保措施持续落地。例如，自2016年初在河北省试点至2017年9月，中央环境保护督察组已展开四次环保督查。2018年6月生态环境部又印发了《2018～2019年蓝天保卫战重点区域强化督查方案》，要求从6月11日启动强化督查，分三个阶段进行，至2019年4月28

日结束。第一阶段有 200 多个督察组，第二、第三阶段有 290 多个督察组，还预留了 100 多个特别机动组，此次强化督查共动用约 1.8 万人（次）[1]。一系列的环保督查实现了全国覆盖，督查力度持续加码，空前严格。在严格的环保督查下，包装行业成为"重灾区"，大批包装企业因环保问题或被处理罚款，或被勒令整改，或被关闭停产。严格的环保督查虽然在一定程度上对包装产业部分低端产能造成淘汰关停压力，从而带来产业阵痛，但是对于整个包装产业生态系统淘汰落后产能、整顿行业秩序、推动行业供给出清、提升行业集中度、提高生态效率无疑是一种有效之举。

（六）日益觉醒的生态文明

产业生态系统的建设离不开生态文明的支持。产业生态系统的建设需要政府的人为推动，但只有同时开启生态文明建设，产业生态系统中的每一个单元才能在生态文明的感召之下，自觉地关注生态环境的维护，追求人与产业、产业与社会、产业与自然和谐共生，建立可持续的生产模式。由于我国生态文明建设进程的加快，低碳、环保、绿色的生态理念逐渐深入人心，开始向社会的主流意识演变。这对于资源、环境与生态问题比较典型的包装产业生态系统来说是非常有利的形势。一方面，许多包装产业的终端消费者开始关注环保问题，也逐渐熟悉包装对生态环境造成的影响，理解过度消费包装所带来的负外部性。这些关注、熟悉和理解成为推动绿色环保政策落地的重要文化力量。另一方面，在日益觉醒的生态文明感染之下，可持续发展成为越来越多包装企业的价值取向，它们开始探索轻量化包装、可回收利用包装、无毒化包装、无害化包装、生物降解包装与共享包装等多样化的生态包装，并以市场的方式积极响应消费者不断增强的环境偏好，履行环境责任，改进环境管理。一种可喜的局面逐步形成，一些对环境有污染的包装材料正在淡出人们的生活，环保型材料使用范围日益扩大，生态包装成为包装行业未来发展的必然趋势。

二、构建适应五大发展理念的包装产业生态系统的要点

参照一般产业生态系统构建理论，构建适应五大发展理念的包装产业生

---

[1]　《环保督查下现出"原形"，16 家包装印刷企业被通报》，搜狐网，http://www.sohu.com/a/239951479_199708。

态系统有以下几个要点值得关注。

（一）绿色包装企业

绿色包装企业是指积极践行资源环境责任，追求经济效益、社会效益和生态效益统一，并取得良好成效的包装企业。绿色包装企业应具备三大条件：第一，生产对环境无害或危害较少，有利于无害化处理、回收利用或者重新资源化的包装产品；第二，采用能够节约资源、避免和减少环境污染的包装技术，实施清洁生产；第三，在包装产品营销过程中，恪守"绿色营销"原则，重视环保，积极维护生态平衡。绿色包装企业一般注重环境安全与绿色健康知识的培训，在包装产品的设计之初就充分考虑产品供应链各个环节对资源和环境可能造成的影响，积极进行绿色消费知识宣传，在生产者责任延伸、环境污染治理以及包装废弃物资源化方面能够做出有益探索。绿色包装企业这些行为与包装产业生态系统的"生态"特性高度契合，因此培育绿色包装企业是构建包装产业生态系统的基础。当然，这也是一项最微观细致的工作。

（二）包装产业生态链

以绿色包装企业为核心，以"协调"的理念处理其与上下游企业之间的关系，衔接包含"原料供应商—包装企业—用户企业—消费者—分解者"的产业生态链，是构建包装产业生态系统的关键。以某种纸质包装产业生态链为例：造纸厂以玉米淀粉和回收的废黄板纸为原料生产箱板纸或者瓦楞纸产品；随之包装企业消化吸收造纸厂产品制成瓦楞纸箱；接下来食品、日化、电子、快递等下游企业接受包装企业产品，完成其产品包装；再接下来就是消费者得到带有包装的产品后拆除包装并丢弃；最后是废纸回收企业回收瓦楞纸箱。在这个纸质包装产业生态链中，前置企业生产的产品就是后置企业的"食物"，由此看来，这就构成了一个简单的"食物链"。如果废纸回收企业回收瓦楞纸箱之后制成废黄板纸又作为原材料重新投入造纸厂生产箱板纸或者瓦楞纸，从而形成产业循环，这就能够产生一个更高层次的"生态环"。当然，包装产业生态链并不是包装产品供应链上企业之间的简单拼接，其关键是要在产业链上拥有不同"生态位"的相关企业之间通过一定的协调机制实现对物料和能量更有效的利用，并共同致力于整个包装产品链的环境表现和环境效益的提升，着力提升产业链的生态品质。包装生态产业链是包装产业生态系统的骨架。构建包装生态产业链应当依据技术经济分析而定，要打造多元化的包装生态产业链，长短结合，通过链条的弹性和可调性来保证包装产业生态系统的稳定性。

（三）关键种企业

在特定的包装产业生态系统中，各企业种群之间的作用强度也是不同的。其中一部分企业处于包装产业生态系统的关键节点，使用和传输的物质与能量规模巨大，为系统其他成员提供关键性的利润，对整个包装产业生态系统的结构、功能及演变起到决定性的作用。这部分企业主要是指龙头骨干包装企业。它们如同自然生态系统中的"关键种"，可以称之为"关键种企业"。这些关键种企业能够在包装材料、包装制品、包装装备的生产制造以及质量标准、清洁生产、节能减排、经济与生态效益等方面发挥极其关键的引领作用，能带动包装产业生态系统摆脱高投入、高消耗、重污染的旧式发展模式的束缚。特别在产品、工艺和技术的创新能力上，此类企业肩负着"创新"引擎的使命，决定着整个包装产业生态系统的技术品质。例如中国包装总公司积极推动中国包装工业持续、稳定和健康发展，提升中国包装产业的整体竞争力；奥瑞金包装集团致力于金属容器制造，能够提供集高科技包装设计、印刷、制造及全方位客户服务等于一体的综合包装解决方案；深圳市裕同包装科技股份有限公司为高端品牌包装提供整体解决方案；美盈森集团股份有限公司努力建设智慧工厂，实现精益生产、智能生产，并充分利用互联网技术打造互联网包装印刷生态系统。

（四）产业共生网络

产业共生是指各产业的企业之间因同类资源共享或异类资源互补形成的合作，并通过这种合作来共同提高生存和获利能力，同时实现资源节约和环境保护。产业共生的核心是相互利用副产品的产业合作关系。从学理上来说，产业共生是产业生态学的理论基础。因此要构建产业生态系统，必须先明确产业共生网络。产业共生网络是指各种类型的企业在一定价值取向指引下，按照市场经济规律，为追求综合效益（经济效益、社会效益和环境效益）的最大化而彼此合作形成的企业及企业间关系的集合①。产业共生网络是产业共生关系的现实表达，既具有经济特征，又具有生态特征。考虑到在包装产业中，纸类包装产业规模一直居于首位（2017 年全球包装市场中，纸包装占比接近 40%），图 1 – 3 就以纸包装产业为例，描绘了一个较为简单的纸包装产业的共生网络。

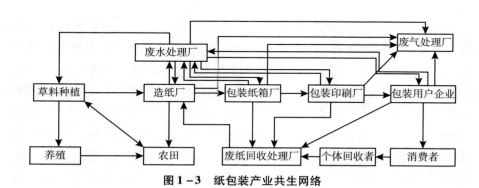

图 1 – 3　纸包装产业共生网络

在这个纸包装产业共生网络中，造纸厂、包装纸箱厂、包装印刷厂、包装用户企业和消费者构成了一条包装产业生态链，但这还是属于传统的由"资源—产品—废物"构成的单向物质流动过程，它们之间还没有形成副产品和废物的交互关系。但是当加入废纸、废气和废水回收处理单元之后，那些传统上被认为"毫无价值"的废弃物才成为各个企业之间产业共生连接的纽带。这个纸包装产业共生网络不是简单的"产业集群"，也不是由一些上下游企业简单叠加形成的传统"产业园"。网络中各个单元之间存在"质参量"（决定共生单元内在属性及其演变特征的因素）的兼容，即不仅包括原料、产品或者服务的供需合作，也包括信息、价值等非实物资源的共享，更主要的是包括副产品和废物资源的交互利用。因为后者，产业共生网络才实现了环境成本内部化，因此后者才是产业共生网络的本质要求。有三点值得注意：第一，产业共生网络有层级性，因此上述纸包装产业共生网络并不是封闭的，它完全可以与其他产业共生网络耦合或者嵌套在更高层级的包装产业共生网络中；第二，产业共生网络可以在同一地理空间上集成，从而形

---

①　曲向荣主编：《产业生态学》，清华大学出版社 2012 年版，第 71 页。

成"产业生态园"；第三，产业共生往往难以自发形成，必须通过规划设计才能很好地实现网络中总体资源得到最优化利用以及环境损失的最小化。

（五）产业生态平衡

在自然生态系统中，当各组成成分之间保持一定的比例关系，能量、物质的输入与输出在较长时间内趋于相等，结构与功能相对稳定，并且在受到外界干扰后，可以经过自我调节而重新回复到初始的稳定状态，就可以说系统是平衡的。产业生态系统的平衡对产业长期稳定的发展意义显著。产业生态系统的平衡主要表现为各个生物群落种类、数量、品质之间的相对稳定。例如在包装产业生态系统中，如果缺乏必要的行业监管，各类包装企业尤其是资源环境品质较差的低端包装企业数量"野蛮生长"，那么它们不仅有可能破坏产业内的竞争生态，还会造成包装企业种群数量过多，与系统其他单元之间的数量平衡就可能被打破。目前，我国包装行业产能过剩，因为激烈的价格竞争而进入微利时代，这种情况正好印证了包装产业生态系统失去平衡的后果。再比如说，由于包装废弃物回收企业数量不足，回收处理乏力，不能有效化解包装行业产生的大量包装废弃物，那么就会造成包装废弃物的泛滥，严重危害环境。

三、适应五大发展理念的包装产业生态系统的构建措施

（一）以全面创新为驱动，打造包装产业生态系统的技术内核

构建包装产业生态系统，技术内核是首要问题，因为包装产业的技术水平才是决定整个产业生态系统物质、能量、信息和价值流动方式的关键变量，也是决定包装产业生态系统经济特征和生态特征的核心力量。因此，应当以全面创新为驱动，倾力打造包装产业生态系统的技术内核。

1. 着力培养技术研发主体，增强自主创新能力

2018年4月至7月发生的"中兴事件"给我国企业界提供了镜鉴：必须进一步提高自主创新能力，尽快把核心技术掌握在自己手中，否则将会受制于人。包装行业也是如此。为什么包装产业"大而不强"会成为业界共识，其根本原因还是因自主创新能力薄弱而引发产品档次偏低与结构不合理、先进的包装生产设备和优质的包装基材大部分要依赖进口等一系列问

题。要改变这一状况,必须充分发挥包装产业生态系统"关键种"企业自主创新的力量。为此,应当培育和壮大一批拥有核心技术和自主知识产权的大型包装公司或者包装集团,让这些"关键种"企业充当包装产业技术研发和自主创新的"排头兵"。此外,我国90%左右的包装企业都属于中小企业,集群合力不大、研发能力不强、转型速度缓慢。因此,要加快我国包装行业的结构调整,充分发挥市场机制的作用,积极推动有一定实力的包装企业实施并购、重组与联合,形成具有自主创新能力的大型包装集团;要支持一部分优势企业进一步做大做强,提高集成创新能力、引进消化吸收再创新能力和原始创新能力、发展高端包装产能,努力提高包装产业集中度,以此带动我国包装产业的整体技术水平迈上新台阶。

2. 推动关键技术攻关,建立创新体系

创新是产业发展的永恒主题。包装产业生态系统要持续勃发生机,同样需要在创新上做足文章。我国包装产业在许多关键技术上仍然落后于人,这些关键技术已经成为制约包装业生态系统发展的瓶颈。大部分关键技术其实就是包装行业的共性技术,因此目前的当务之急是要大力推进包装产业共性技术的攻关,系统性地、连续性地推动包装产业共性技术开发、扩散以及个性化过程。具体而言,要在提供政府贷款和政策等方面增大支持力度,加紧研究开发新型包装基材,减少我国某些高档包装材料对国外的依赖程度。重点扶持包装设备制造业,加强高端包装机械设备、高性能包装机械手、包装机器人等智能装备的研发和制造,坚持走国产化道路,不断提高自主知识产权比重,并通过联合经营解决大型成套包装生产线供应不成体系和规模的问题,打破世界几大包装机械企业集团的垄断局面,带动包装设备制造业向精深发展。积极发展新型保质保鲜、包装防伪以及生产过程在线检测与监控等技术,重点突破食品药品包装中有害物质识别和迁移检测等技术瓶颈,显著提升食品、药品及军品包装安全保障能力①。大力攻关包装废弃物综合回收利用技术、包装印刷行业 VOC 废气治理技术;不断研究开发智能包装技术,在产品包装上大力推广二维码、数字水印、隐形水印、RFID 电子标签和点阵技术等产品信息采集方式和防伪手段,并运用云计算、移动互联网、物联

---

① 《两部委关于加快我国包装产业转型发展的指导意见》,中国投资咨询网,http://www.ocn. com. cn/chanjing/201612/astjr19171554 - 3. shtml。

网等现代信息技术，构建智慧物联大数据平台，实现产品包装在防伪追溯、智能定位、移动营销、品牌宣传、消费者体验和文化传播等方面的功能拓展，使产品包装真正成为商品互联的信息载体，实现包装产业由"中国制造"向"中国智造"的转型升级。

技术创新是自主创新的根本，但是来自其他方面的创新依然不能忽视。我国包装产业生态系统仍然有巨大的发展空间，所以需要依靠建立创新体系来进行空间拓展。包装企业应当以技术创新为重点，同时兼顾设计创意创新、管理创新、营销创新、业务模式创新和业务流程创新等，形成全方位的创新体系。每个包装企业都可以依据自身的资源禀赋、市场条件和实力分布，选取自身创新的主攻方向。在此基础上，包装产业才能形成丰富的创新体系，才能从产业链中低端向产业链高端迈进。

3. 提供良好的创新创业环境，助力中小包装企业发展

把大型龙头包装企业作为行业自主创新的主体，并不等于忽视和排斥中小包装企业的创新力量。因此在培植产业龙头的同时，要为广大中小包装企业提供良好的创新创业环境，培育一批具有特色和创新活力的中小包装企业。可以通过基金支持、创业投资、贷款贴息、税收优惠等政策支持，鼓励中小包装企业实施技术模仿创新行动，激励中小包装企业增强创新意识，提高科技创新投入。引导中小包装企业将创新的重点放在市场开发之上，设计生产更为个性化、人性化、环保化和便捷化的包装产品；鼓励中小包装企业直接通过借鉴、嫁接和深化改造，导入先进的包装工艺，以此提升产品质量、技术档次和经济效益。政府有关部门也可以设立一定数量的技术改造基金，或者在金融体系中开辟绿色通道，着力解决中小包装企业技术改造所需资金不足的问题。

4. 构建创新风险分担机制，增强创新动力

与其他行业一样，包装企业自主创新动力不足的一个主要原因是难以承担技术创新风险。包装产业科技创新的战略先导性和竞争性，决定了产业创新的高风险性。对于包装产业而言，创新的风险在很多情况下往往是企业由于没有把握准市场需求的变化趋势，对自身研发实力估计不足，缺少必要的可行性分析论证以及管理决策失误所致。因此在创新过程中，要建立技术创新的孵化风险、市场风险、融资风险和管理风险的提示机制，着力营造尊重创新的市场氛围，指导包装企业识别和控制技术创新风险，大力发展包装行

业的创新风险投资，构建创新风险分担机制，增强创新动力，推动包装企业提高自主创新能力。

5. 进一步打造科技创新平台，完善世界包装产业中心功能

打造包装产业生态系统的技术内核需要科技创新平台的支撑。要着重整合行业内外的科技资源，搭建包装行业科技交流和信息交汇平台。科技创新平台则要承当技术创新的使命，努力开展技术研发、科技成果孵化、技术咨询、产品检测以及包装集成服务等业务，为包装行业的科技进步和技术创新提供支撑。我国于2012年成立的中包包装研究院就搭建了一个旨在整合国际国内科技资源、推动包装产业自主科技创新的科技创新平台。近些年来它专注于研究开发具有市场需求的新产品和新技术，为改变我国包装行业前沿和核心技术受控于国外的局面做出了有益探索。但是包装产业生态系统的体量庞大，与巨大的创新需求相比，中包包装研究院的力量仍显单薄。因此，还需要进一步积极培育包装行业的国家级技术创新中心，重点建设一批面向产业前沿共性技术的技术创新联盟、"产学研"协同创新中心、科技成果孵化基地以及成果推广与应用、公共技术服务、技术和知识产权交易等平台，加快包装产学研合作战略联盟建设①，为包装产业生态系统的长期发展提供有力支撑。

此外，2013年世界包装产业中心被批准落户杭州，这是国际组织在我国建立的第一个世界性产业中心。世界包装产业中心被规划成为一个集包装设计、技术研发、全球包装企业总部、国际包装组织商务办公、科研、会展、培训等多功能于一体的全球总部基地。成立之后，世界包装产业中心逐渐成为全球包装业的决策中枢、信息中枢、服务中枢和交流中枢。但运行至今，其在包装行业中的引领作用还应当进一步强化。尤其是要进一步拓展其对创新的集聚、辐射和龙头引领功能；加强对国际性包装组织、包装科研机构和高等院校的吸引功能；加强对国内外包装工业设计和复合型技术创新人才的汇集功能；进一步完善集约化、科技化、生态化包装企业与产业园的国际样板示范功能。只有不断拓展、加强和完善这些功能，世界包装产业中心才能真正成为包装产业的技术和人才的"制高点"，才能真正增强我国在国

---

① 《两部委关于加快我国包装产业转型发展的指导意见》，中国投资咨询网，http：//www.ocn.com.cn/chanjing/201612/astjr19171554 - 3.shtml。

际包装产业网络中的话语权和规则制定权。

6. 加快行业高科技人才培养，拓展创新人才体系

说到底，科技竞争的本质就是人才竞争。与很多行业类似，高科技人才缺乏也同样是我国包装产业自主创新能力薄弱的一个根本原因。所以加快包装行业高科技人才的培养是打造包装产业生态系统技术内核的当务之急。要加紧完善包装人才培养体系，创新校企合作人才培养模式，充分发挥包装高等教育、职业教育和企业培训的力量，不断扩大行业高科技人才培养规模。要大力培养和引进具备创新能力、把握行业创新趋势的创新人才；加大领军人才和国家级创新团队的协同培养，强化创新人才的成长扶持；加强包装相关专业博士点、博士后科研流动站（工作站）建设，为高层次创新型人才培养与成长提供有力支撑；拓展国际合作领域，搭建科技协作的国际桥梁，培育立足科技前沿的国际化创新团队[①]。只有加快行业高科技人才培养，拓展创新人才体系，才能实现人才与包装行业发展的对接与匹配，并释放出"人才红利"，为包装产业生态系统的发展提供源源不断的智力支持。

（二）以充分协调为通道，坚持包装产业生态系统的平衡发展

构建包装产业生态系统必须坚持协调发展的理念，促进系统内各生物种群的协同并进。要构建包装企业与企业、包装上下游产业、包装企业与高等院校科研院所、包装生产者和分解者、包装产业区域之间的协调发展机制。既要注重包装产业生态系统发展的效率，又要讲求发展的平衡。

1. 坚持点面协调发展，形成包装产业的生态合力

针对包装行业内部企业与企业之间发展不平衡以及协调不足的问题，应当坚持点面发展，形成包装产业的生态合力。支持混合所有制经济发展，极力推动大中型企业的股权分置改革和细分市场的产业链整合，组建以大型包装企业为龙头、中型包装企业为中坚、小微企业为重要补充的产业发展联盟，并建立产业联盟示范区，逐步化解包装行业散、小、乱的问题。发挥中小企业特色鲜明、机制灵活等特点，重点培育包装行业领域主导产品突出、

---

① 《中国包装工业"十三五"发展规划》，科印网，http://www.keyin.cn/news/sczc/201701/12-1101868_2.shtml。

专项服务卓越、竞争优势明显的专业化"小巨人"企业，形成大中小企业分工协作、互利共赢的产业协同式组织结构①。协调包装企业与上下游企业之间的关系，整合包装供应链，鼓励和引导有实力的传统包装制造商通过战略收购、兼并、控股等方式向上下游延伸，实现纵向一体化，从而从单纯的生产型制造转型成为直接对接终端需求的包装整体解决方案服务商。

协调包装企业与企业、包装上下游产业之间的目标是要形成包装产业的生态合力。为此，作为包装产业生态系统的核心成员，每个包装企业在追求个体发展的同时还要学会兼顾整个产业生态系统的总体利益，严格遵守国家在资源、环境和生态方面的法律法规，保持自身经营与产业生态系统运行和发展方向一致。要进一步增强包装产业链上企业之间的共生关系，以增强共生来协调企业之间的竞争。包装产业链上企业之间尽管存在利益竞争，但是它们在本质上是一个产业共存体。因此，要基于耦合共生理念，促使各类包装企业与副产品需求方、污染治理企业、废物回收企业在自愿互利的原则下，通过沟通协商和交易谈判，达成副产品和废弃物的交易合作契约，保障受益的对称性。通过契约的双边约束，上游企业获得出售副产品的额外收益或节约处置费用，下游企业获得品相可行、价格公道的副产品，从而实现包装产业链上中各单元紧密的生态合作和利益协调。

2. 促进"产学研"之间的协调，增强创新发展动力

目前，包装产业"产学研"之间的联系还不够紧密。因此，各科研院所与高等院校在从事包装类科技项目的立项研究时，应该注重包装科技的实用性和前沿性，充分考虑未来市场的需求趋势，政府要积极推动科技成果转化。同时，努力搭建产学研合作平台，鼓励包装企业联合高等院校包装类专业和科研院所积极开展"产学研"互动，联手对包装产业的关键技术、核心技术、共性技术进行攻关，努力开发出具有自主知识产权的包装技术，实现包装产业技术上的突破和跨越。尽快制定有利于包装行业产学研之间人员流动、成果孵化、实验室互相开放、成果产业化的合作共享机制；完善产学研合作各方贡献的评价体系，按照贡献合理分配产学研各方的创新利益，推动产学研走上稳固合作、协同进步的轨道；推进应用型研究开发机构进入包

---

① 《两部委关于加快我国包装产业转型发展的指导意见》，中国投资咨询网，http://www.ocn.com.cn/chanjing/201612/astjr19171554 – 3.shtml。

装企业，或与包装企业合作，或直接转制成为科技型包装企业，更有力地增强包装企业的自主创新能力和核心竞争力。总之，要促进"产学研"之间的协调，增强包装产业生态系统的创新动力，达到以"协调"发展促进"创新"发展的目的。

3. 进一步推进行业协会建设，加强包装产业生态系统协调管理

一个行业要实现协调发展，必须有明确的协调主体。包装产业生态系统的发展中，政府在技术创新、结构调整等方面的协调作用是自然的，但是也应当充分发挥行业协会的作用，强化包装行业协会的协调功能。总体说来，我国包装行业的协调管理还不够健全，所以应当进一步推进行业协会建设，在中国包装联合会的基础上进一步组织建设子行业协会、技术协会以及区域性协会等多元化的协会体系。包装行业协会目前需要加强的工作有五个方面。一是对国内外包装行业展开更加全面和系统的调查，为包装企业技术改造和发展新产品提供行业参照，同时改进包装行业的统计与规划工作，深度了解包装行业发展现状、趋势与问题。二是进一步组建全国性或者地区性包装研发中心，及时搜集世界包装行业前沿信息，研究发展规律与趋势，加强对包装产业科技信息的发布与传播，推动包装科技成果的转化。三是搞好包装标准的制定和修订工作，深入研究标准规范，完善国家、行业、企业等多层次包装标准体系，大力推广600mm×400mm包装基础模数，以包装标准化推动包装的减量化和循环利用，同时积极争取参与国际包装标准的讨论与制定，支持企业、高校和科研院所参与国际标准的制定，推动包装标准与国际接轨，增强我国在国际包装界的话语权和在规则制定中的参与权[①]。四是组织包装专家团队和业界精英，对包装行业的重大技术改造、技术引进投资与项目开发，进行经济、社会和生态等方面的多维度论证，助推包装产业的生态化进程。五是深化包装行业的信息化建设进程，促进两化融合，通过"互联网＋包装"方式，达到以信息化促进协调发挥的目的。

包装行业协会还应当站在更高的战略视角，加强整个包装产业生态系统研究和协调管理工作。要着手启动包装产业生态系统的专项研究，以产业生态学为理论依据，运用基于通量的物质流分析（material flow analysis,

---

① 《两部委关于加快我国包装产业转型发展的指导意见》，中国投资咨询网，http://www.ocn.com.cn/chanjing/201612/astjr19171554 – 3. shtml。

MFA）和基于单一物质的物质流分析（substance flow analysis，SFA）的产业代谢分析方法，或者生命周期分析（life cycle analysis，LCA）方法对包装产业生态系统进行靶向研究，为包装产业生态系统的构建提供研究基础；要逐步完善传统包装产业园功能，推进包装产业生态园的设计与建设水平，引导传统的包装产业园向包装生态产业园转型升级；要从系统的整体性出发，协调整合包装产业链，对包装产业生态系统进行科学管理，注重管理的整体性和层次性，促使包装产业生态系统内各子系统能够围绕生态和谐的总目标协同一致地发展。

4. 抓住机遇，协调包装产业发展的空间格局

鉴于我国包装产业区域发展不平衡的事实，应当抓住中部地区崛起、东北地区振兴、西部地区大开发以及"一带一路"建设的战略机遇，立足区位优势和区域发展需要，协调包装产业发展的空间格局。首先是要利用东部包装产业集聚度高、规模大、发展快、辐射带动作用强的先发优势，发挥产业示范作用，为中部、东北部和西部地区包装产业发展提供实践模板。其次是要切实引导东部的包装产业集群和产业带适度地向中部、东北部和西部转移产能，形成合理的包装产业梯度。最后要帮助中部、东北部和西部地区包装企业根据区域资源环境承载能力，设立一批产业转移示范区，合理承接产能转移，提高包装产业集聚程度，促进当地经济发展。

（三）以绿色环保为准绳，培养包装产业生态系统的"两型"品质

目前我国正在努力探索资源节约型社会和环境友好型社会建设，推进生态文明进程。众所周知，包装产品的使用范围广，生命周期短，废弃率高，资源消耗量大，对生态环境的威胁也很大。所以在当前严峻的资源与环境形势下，以绿色环保为准绳，培养包装产业生态系统的"两型"品质势在必行。

1. 深度发展绿色包装技术，探索生态化包装方案

要大力推进现行包装产业生态系统的绿色化进程，发展新型绿色包装产业，严格遵循3R1D原则和绿色认证标准，深度发展绿色包装技术，研究开发出更新、更好、更环保的生态包装产品。包装企业和包装用户需要在以下几个方面做出努力。第一，贯彻绿色包装的减量化（reduce）原则，坚决反对和控制过度包装。鼓励包装企业在满足保护、方便、销售等包装基本功能的条件下，采取用量最少的包装技术，并制定过度包装的评价标准，对产品过度包装的厂家实施相应惩戒。第二，鉴于塑料、纸等包装材料或者包装辅助材料中含有对人体和环境有害的成分，所以要加大对无毒化包装材料的研发力度，对包装材料中有毒物质的含量、总迁移极限和特定迁移极限必须予以严格限制。第三，适应低碳经济发展和循环经济发展要求，持续攻关包装材料回收再利用（reuse）与再循环（recycle）技术，大力开发可循环使用的包装材料，促进包装材料合理使用。第四，大力推广包装材料原生态化技术，尽量采用直接取材于大自然、使用成本低、对人体和环境无毒无害、最适宜生物生存发展状态的非稀缺材料作为包装材料。第五，加强可降解（degradable）包装材料的研发和使用力度，例如在对环境威胁最大的塑料包装领域，需要大力发展的是完全生物降解塑料以及水降解塑料等。第六，鼓励企业使用利于拆解的单体包装材料，以降低使用后分离、回收的困难。

总之，围绕减量、可降解、循环等绿色包装核心要素，积极探索更加科学合理的生态包装解决方案，是当下包装企业和包装用户的努力方向。包装行业要践行绿色发展理念，要瞄准工业和信息化部与商务部发布的《关于加快我国包装产业转型发展的指导意见》中提出的"传统生产向绿色生产转变"目标，切实把加强绿色包装设计、发展绿色包装材料、推广绿色包装技术作为绿色转型的关键行动，切实突破高消耗、高能耗、高排放等制约包装产业生态系统绿色发展的主要瓶颈。不能忽视的是，如何鼓励和支持包装行业贯彻"绿色"发展理念，深度发展绿色包装技术，探索生态化包装方案是关键。这就需要政府制定科学系统的扶持政策和激励机制，从资金和政策上对积极研发、使用、推广绿色包装技术和生产绿色包装产品的企业给予必要的奖励和补贴；要针对绿色包装企业在市场准入、项目审批、税收以及信贷等方面建立绿色通道，通过减免绿色包装产品税收、设立"绿色包装"专项基金、加大财政的靶向支持力度等措施来改善中小包装企业研发和生产绿色包装动力不足的问题；加大对包装企业技术改造的投入力度，鼓励包装企业进行循环生产和清洁生产必需的技术改造，淘汰有毒有害物质超标的包装物料和落后的生产工艺；可以设立包装行业的环境奖，鼓励包装企业以市场方式、利益相关者方式和活动家方式积极践行资源环境使命，对其中表现优秀的企业可以进行社会公示，使其能够从良好的社会形象中获得正向的市场回报。

2. 健全绿色包装法规体系，持续强化环保监管

包装产业生态系统要走绿色发展道路，培养"两型"品质，还离不开法律与规章的制约。我国目前虽然已有30多项资源与环境法规涉及包装，但是我国包装法规体系依然需要进一步完善。第一，要抓紧现行法规条文的修订和完善，解决好法律条文中指向不够明确、概念模糊与边界不清晰、缺乏可操作性和必要的强制性等问题。第二，完善法规执行体系，出台相关配套措施，使各项涉及包装的法规切实落地，从而促使绿色包装真正走向法治化轨道，形成对包装产业刚性的资源环境约束，第三，联合多部门，在中国包装联合会的配合下组织专门力量，深入调研，结合我国资源与环境的实际情况，以我国生态文明战略为导向，加强包装立法，加紧制定既与现行资源与环境法规配套，又能密切结合包装产业实际的法规体系，如产品包装法、食品包装法、包装废弃物回收处理法、反过度包装法等。考虑到快递包装和农药包装对环境的危害性，要重点加快快递包装规范的制定，尽快完善出台农药包装废弃物回收处理办法。第四，及时跟踪发达国家包装立法动态，通过借鉴、吸收和转化他国经验，健全我国的包装法规体系、增强体系的科学性、合理性、先进性与可操作性，不断强化包装法规体系的"绿色"与"生态"内涵。

此外，还需要持续强化对包装产业生态系统的环保监管。我国目前还缺乏一套统一的绿色包装评价体系。要建立这套评价体系，必须从循环经济和低碳经济协调发展的视角出发，建立一个由国家立法、政府部门监管、企业执行、行业协会协调、公众参与的绿色包装评价体系。然后再按照标准，建立非环保包装的退出机制，逐步取缔有毒、有害、高排放、高消耗的生产工艺和包装产品，同时还要依法关闭那些破坏资源、污染环境和不符合安全生产条件的落后包装企业，尽快淘汰低劣产能，借此提高包装产业生态系统的环境品质。

3. 打牢末端治理基础，促进包装废弃物的循环利用

尽管随着时代的进步，当前的环保历程已进入清洁生产和循环经济阶段，但是末端治理的手段仍然不能忽视。我国包装产业虽然有了快速增长，但是仍然大而不强。其中一个主要表现就是在包装废弃物的管理、处置和循环再生等方面与发达国家尚存较大差距。所以对于我国包装产业生态系统而言，末端治理依旧是最基本、最主要的环境保护手段。要大力发展污染治理行业，培植废水处理企业、废气处理企业、生产废弃物处理企业等"分解者"，提高分解者种群数量，以解决包装产业生态系统中包装行业与"分解者"发展不平衡的问题；要加强包装行业治污技术的研发和推广，为包装行业的末端治理提供技术支撑，缓解包装生产过程中废气、废渣、废水所带来的环境污染；可以采取财政手段对污染治理企业给予补贴，增强治污企业的获利能力和行业的吸引力；政策要加大向污染处理装备行业的倾斜力度，鼓励开发生产出质优价廉的污染处理准备，引导包装企业自行购置和安装必要的污染处理装备，坚决杜绝生产污染物的直接排放。

接下来必须要提到废品回收业。它给人的印象往往是脏、臭、散、乱、差，故而时常被人忽视和排斥。但若理性分析，各类废弃物只有经过回收，才有可能进行分类处理或者实现循环利用。所以，废品回收对节约资源、保护环境和带动社会生态效益有着极其重要的作用。虽然废品回收业并不仅仅针对包装废弃物，但是废品回收业的发展无疑会带动纸盒纸箱、塑料瓶、金属罐、玻璃瓶等包装废弃物的回收处理，在很大程度上能够减轻包装产业生态系统给资源和环境带来的压力。所以，必须尊重废品回收行业，加强对废品回收行业的关注和扶植。要在环保政策的基础上，找出废品回收行业目前有萎缩趋势的根本原因，并对症下药，重振废品回收行业，规范废品回收业秩序，解决目前大多数从业者无证经营问题，使包装废弃物品得到最大限度的回收。由于目前社会民众的环保意识还比较淡薄，所以还应当坚持"经济靠市场，环保靠政府"的基本原则，充分运用税收、价格、财政补贴、信贷等经济手段，完善包装废弃物回收体系，确保包装废弃物回收渠道通畅，充分展现废品回收行业在包装产业生态系统中的重要作用。

因为消费者使用后丢弃的包装废弃物数量巨大，所以除了构建包装废弃物回收体系，还需要大力发展规模化的包装废弃物循环再生业。目前包装废弃物处理在技术已经有了一些突破。例如有研究资料表明，1 吨废纸可再生 0.8 吨新纸或者 0.83 吨纸板，1 吨废塑料可再生 0.75 吨柴油或 0.6 吨无铅汽油。可见从理论上来看，处理后的包装废弃物应该具有广阔的运用前景。现在的关键问题是考虑如何将这些技术快速孵化和商业化，并推向市场。实际上，一方面，现在产品包装在源头上开始向减量化、无害化和资源化方向发展，已为后续回收利用埋下伏笔，包装废弃物循环再生的难度会因此下降；另一方面，随着包装废弃物数量的增加，单纯处理包装废弃物的成本也在不断上升，而循环再生是有效降低处理成本的手段。由于这两方面的缘故，现实中投资包装废弃物循环再生业不仅在理论上可行，而且在实践上也会带来行业经济与生态双重效益，所以加大对包装废弃物的循环再生力度必然是正确合理的选择。目前要按照国家促进循环经济建设的要求，进一步研究开发出更加有效的包装废弃物回收处理和循环利用的技术，降低产业终端废弃率；鼓励包装制品循环使用，对循环使用包装制品的商家及企业给予激励，对从事回收、生产、使用包装再生资源的行业予以政策倾斜；可以把企业循环式生产、产业循环式组合、园区循环式构建作为发展包装废弃物循环再生的"组合拳"，进一步提高包装产业生态系统的循环经济水平。

此外，快递包装问题越来越值得特别关注。2018 年有关媒体曾经报道，中国特大城市快递包装垃圾增量占生活垃圾增量的 93%，部分大型城市这一数字为 85%～90%，当时推测 2018 年由快递包装袋直接产生的塑料垃圾将突破 50 万吨，快递垃圾平铺相当于 129 万个足球场的面积①。快递包装废弃物已经成为不得不正视的问题。目前除了在快递物流业尽快推广可降解、可循环使用的包装材料之外，要重点按照"谁污染谁治理"和"谁的包装谁就应该负责废弃物的处理"的原则，在快递包装领域推行生产者责任延伸制度，敦促有条件的快递物流企业构建自主循环回收系统，或者采取外包给第三方的回收模式来回收快递包装；研究出台"绿色包装"资金扶持政策，对快递物流企业实施绿色发展措施予以补贴，鼓励快递物流企业做好源头减量；可以设立绿色回收基金，引导快递物流企业通过奖金、代用券、积分以及类似的方式，刺激企业和民众参与快递包装废弃物分类回收。

4. 加强绿色环保教育，倡导绿色包装消费

在产品消费终端，大量的包装废弃物都是由消费者随意丢弃的；我国的面子文化也在很大程度上成为滋生过度包装的土壤；消费者图便宜、图方便、图省事的心态也为生产低价劣质包装物的企业提供了生存空间。这些事实表明，要培养包装产业生态系统的"两型"品质，还需要来自消费终端的力量。要从根子上抓起，大力加强环保教育，把消费环保化教育植入整个

---

① 《重新定义环保包装，一撕得 Nbag 诞生》，搜狐网，http：//www.sohu.com/a/233961757_463934。

教育体系；要通过广泛宣传，提高社会绿色环保意识，大力普及并营造绿色消费的文化氛围，把绿色消费变成每个消费者的自觉行为；大力倡导绿色包装消费，推行绿色包装标识制度，引导消费者选购带有绿色包装标识的产品；要尽快启动垃圾分类立法，建立包装垃圾分类回收体系，动员社会公众积极配合包装废弃物的回收工作。

（四）以开放互动为基调，促进包装产业生态系统"强心健体"

我国包装产业生态系统的开放程度有待进一步提升，无论是在包装产品的技术与质量、包装设计水平、包装装备的性能，还是在包装污染的治理、包装废弃物的循环再生等方面，我国与发达国家都还存在较大差距。解决这种产业差距的重要途径就是遵循开放的理念，在开放中学习，在开放中追赶，加强与世界各国的包装产业资源交换，以此促进包装产业生态系统"强心健体"，争取迈向全球包装产业价值链的中高端。

1. 扩大包装产业对外交流，加强国际合作

产业的对外交流是经济开放的支撑，"开放"也是促进包装产业生态系统繁荣兴旺的必由之路，所以在我国扩大对外开放的大背景下，要将"开放"的理念深度融入国家包装产业生态系统的发展战略之中。为此，要充分发挥世界包装中心作为全球包装业总部基地的功能，让国内外包装行业和相关产业在此更多地开展包装经济、包装科技、包装教育、包装物流和包装文化等方面的交流；要积极组织国内包装企业参加各种国际交流会、产品展销会，进一步举办世界包装大会，或者举办更加多元化、更有行业导向性、更专业的国际会议，推动包装产业的多层级交流，加强先进包装设备制造、包装材料研发、包装创意设计、包装污染治理、包装废弃物的循环再生等方面的合作，带动我国包装产业生态系统向纵深发展。

2. 扩大"引进来"规模，弥补包装产业生态系统短板

虽然近些年我国包装产业取得了长足进步，但是包装行业很多高端技术仍然掌握在德、美、日等发达国家手中。在包装技术更新速度越来越快的情况下，加大高端技术的国际购买力度仍然不失为一种获取最新技术的便捷手段，也是最基本的引进手段，不过这需要包装行业在观念、机制方面进行革新。当然有两点值得注意：一是要高度开放包装产品市场，允许国际同类产品进入国内市场，与国内包装产品形成竞争，充分发挥"鲶鱼效应"，促进

国内包装产品的提质升级；二是要进一步放宽市场准入，引进外资，开放包装行业的产权市场，引导国际包装业巨头或者行业翘楚到国内投资设厂或者入股经营包装业，促进国内包装行业的革故鼎新。包装行业要抓住扩大对外开放的契机，学会整合全球范围内的优势资源，及时弥补包装产业生态系统的技术短板、人才短板、品牌短板、标准短板等，为我国包装产业生态系统"强心健体"创造条件。

3. 加快"走出去"步伐，在国际包装产业链中占据有利地位

当前我国包装行业已经出现产能过剩，但我国包装出口份额仍然很低，部分包装产品主要还是配套国内其他产品出口，直接为国外产品配套包装的企业还不多。所以要充分挖掘我国包装产业的后发优势，认真贯彻"走出去"战略，进一步扩大包装产品出口；要抓住发达国家包装产业向发展中国家转移的机会，到广大发展中国家拓展包装业的新领域、新市场，从而抢占世界包装市场份额；提高自身包装产业的技术和文化特色，建立国家化标准，实施绿色出口战略，积极塑造品牌形象，争取打入美、日、欧等发达国家市场；鼓励有条件的骨干包装企业推动装备、产品、技术、标准和服务走向世界舞台，深度融入"一带一路"建设和开放发展格局，引导它们通过直接投资、参股并购等方式在境外设立研发、制造、生产基地和营销网络，加快向跨国包装公司发展；搭建产能、技术、设计、装备和服务等国际合作平台，重点培植一批具有较强创新能力和国际竞争力的跨国领军包装企业，使其在产品开发、技术创新、市场开拓和经营管理上进入国际领先行列，带动我国包装产业在国际包装产业链中占据有利地位。

（五）以共享共建为出发点，夯实包装产业生态系统的共生基础

在共享经济时代，如何将共享经济模式从生活性领域植入产业生态领域，是各类产业生态系统构建所面临的重大课题，包装产业生态系统的构建自然也是如此。其实站在"共享"发展角度来考察，目前我国包装产业生态系统的确需要呈现更多的"共享"内涵（在这个系统中，各参与单元互通有无，相互之间以不同的方式支付和受益，平等享有产业资源，共同获得产业发展的经济红利），以夯实包装产业生态系统的共生基础。

1. 加快包装产业共享平台建设，深化产业融合

"共享"更多的是通过互联网作为媒介来实现的。所以要促进包装产业生态系统的"共享"发展水平，当务之急是借助互联网、物联网、大数据、云计算等现代信息技术，加快包装产业共享平台建设。一是着重完善包装产业生态系统内各单元之间信息的互联互通，建立产业信息网络，消除"信息孤岛"效应，为行业闲置资源在网络中优化配置、实现共享发展奠定信息基础。二是在信息链接的基础上尽快建成多元化、多层次的共享中心，如开放式创新平台、包装技术共享中心、包装设计共享中心、包装销售共享中心等，促进互联网与包装产业生态系统的深度融合，增强包装产业的公共服务能力。三是开发虚拟包装产业生态园，可以采用电脑软件、移动互联网App或者微信公众平台模式，让园内成员能够共享新技术、新思路、新设计、新产品，加快产业融合进程。四是加强与高等院校与科研单位的合作，通过跨界联动，提高包装创意、科技创新、实验设备方面的共享程度，从而打造包装产业的创新生态系统。五是加快推动包装产业与造纸业、制塑业、生态农业、快速消费品业、快递物流业、军品业、治污业、包装垃圾回收再生业等上下游产业的跨界融合，形成包装产业生态系统内的全方位共享机制，打造新型跨界商业模式，推进包装产业生态系统转型升级。

2. 组建"共享工厂"，推动产能共享

我国包装行业中小企业居多，产能闲置问题突出，加之产品包装开始迈入个性化定制时代，因此资源整合与产能共享、建立"共享工厂"已经成为包装产业提升经营效率、实现共享发展的新型发展方向。具体而言，就是工厂通过互联网平台，分享生产线空当期，以实现诸如土地、仓储、厂房、设备、物料、资金和数据等产业闲置资源的智能共享和高效利用，从而打造出"共享工厂"的新型生产模式。这种模式能为包装产业的过剩产能提供消解途径，优化包装供应链结构，从而促进整个包装产业生态系统的高效配置和运转。

3. 坚持探索"共享包装"之路

共享经济的理念已经开始向包装领域渗透，催生了"共享包装"这一新生事物。"共享包装"能有效降低产品包装的边际成本，具有天然的成本节约性，同时可以通过重复使用而减少一次性包装物的使用，能有效避免产生过多包装垃圾，实现绿色环保。例如，快递物流业的共享包装就能在很大程度上缓解快递包装垃圾对环境构成的威胁。毋庸置疑，发展共享包装对于构建包装产业生态系统、提升系统的生态效率具有极其显著的意义。实际上，目前国内已经有一些企业乘着共享之风，开始生产和使用共享包装。例如，上海鸿润科技有限公司成立了"箱箱共用"智能物流包装共享平台；浙江省义乌市照发包装材料公司、江西客家彩印包装有限责任公司已经开始生产可循环使用的包装箱和包装袋；苏宁易购推出塑料快递盒，替代了常用的瓦楞纸箱；菜鸟网络推出了"循环盒＋生物基塑料袋"的包装方式等。这些企业的率先实践已经为"共享包装"的推行积累了宝贵的经验和教训。客观而言，"共享包装"的推广和盛行需要政府、企业和消费者多方面的配合，是一项极其复杂的工程，其间的阻力和困难也不少。但是鉴于共享包装的显著意义，要构建好包装产业生态系统，必须坚持探索"共享包装"之路。

从目前的实践来看，快递物流业将是共享包装最大的"试验田"。首先要搭建好快递物流业的第三方平台，可以接入"共享快递包装"产品，实现对不同快递物流企业之间共享快递包装盒、包装箱、包装柜的统一管理和运营，提高快递物流行业包装物资源的利用率；着力突破包装信息安全、位移跟踪、破坏丢失、返还回收等关键困难。其次是构建逆向物流标准体系，开展逆向物流标准化研究，对共享包装的规格、尺寸、材料、质量等产品参数进行标准化，提高共享包装对接效率和运输转运效率，全面实现快递包装从"扔掉型"转变为"再利用型"。在政府层面也要完善对共享包装、绿色物流的顶层设计，尽快出台对共享包装的激励与支持措施，同时加强"共享包装"的宣传、教育和推广，提高广大消费者对于"共享包装"的认可度和支持度。

第二章

战略重构：国家战略布局与
包装产业结构调整

第一节　我国包装产业现状分析

一、包装产业的基本概况

国内包装产业经过 30 多年的建设发展，已建成涵盖设计、生产、检测、流通、回收循环利用等产品全生命周期的较为完善的体系，分为纸质包装、塑料包装、金属包装、玻璃包装、竹木包装五大子行业。包装工业为中国制造体系的重要组成部分。

中国包装工业的总体产值从 2005 年的约 4017 亿元增长至 2016 年的约 1.9 万亿元，年复合增长率约 15.2%。过去十年间，我国包装工业中各主要子行业产值对包装工业整体贡献率基本稳定。2016 年纸质包装业产值约 8100 亿元，约占包装行业总产值 42.6%，是国内包装业产值贡献率第一大子行业，且产值呈逐年稳定增长的态势。中国包装联合会发布的《中国包装行业年度运行报告》显示，2016 年，全国包装行业规模以上企业（年主营业务收入 2000 万元及以上全部工业法人企业）7582 家，累计完成主营业务收入 11743.79 亿元。纸质包装行业作为包装产业的第一大子行业，2016 年纸和纸板行业规模以上企业累计主营业务收入 3376.05 亿元，同比增长 4.94%。市场规模空间巨大。

2016 年，我国包装企业 25 万家，包装工业总产值突破 1.9 万亿元，排名全球第二。图 2-1 所示为中国包装工业 2002~2016 年的发展情况，包装工业总产值持续攀升，但从增速来看，中国包装工业经历了从大波幅到小波幅、从两位数增长到一位数增长的过程，进入了新常态发展时期。从 2016 年至 2018 年的发展情况来看，规模以上包装企业对中国包装工业总产值的贡献不可小觑。然而，我国包装工业底子薄、起步晚，仍然满足不了 21 世纪我国国民经济发展的需要，与经济全球化的国际竞争背景和我国国民经济发展的要求仍不适应。从总量上说，我国是一个包装大国，但从质量、效益、竞争能力来看，我国不是一个包装强国。我国包装工业作为一个新兴产业，无论从产品的质量、品种、技术含量还是从包装产品的出口能力以及新产品的开发能力来看，它的成长发育都尚不成熟，缺乏可持续发展的后劲。

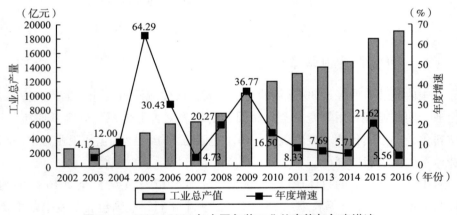

图 2-1　2002~2016 年中国包装工业总产值与年度增速

二、包装产品生产制造流程

包装行业的产品分为纸质包装、塑料包装、金属包装、玻璃包装、竹木包装五种类型，现以 PET 瓶坯、PE 瓶、皇冠盖及塑料标签、饮料 OEM、塑料防盗盖、喷铝纸及纸板、彩色纸包装为例，说明包装产品的生产制造流程。这些产品的生产工艺与流程如图 2-2 所示。

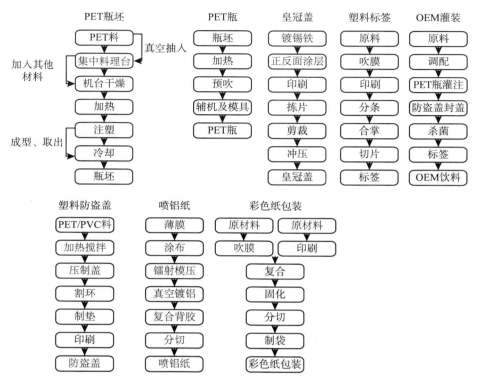

图 2-2 部分包装产品生产制造流程

从图 2-2 可以看出，包装行业生产工艺和流程并不复杂，所需的技术要求不高，容易掌握，但是在关键技术环节，如包装印刷产品的智能防伪识别、高清凹版印刷等方面，目前国内均依靠进口，如印刷设备需进口德国的海德堡系列印刷产品，尚无研发、生产、制造高端印刷设备的能力。提高企业的自主创新、研发升级的能力，需要国家引导、行业组织、企业自主攻关，开展长期、大量的投入，才能由大转强，真正掌握包装产品制造的核心技术，才能在激烈的市场竞争中赢得生存、发展的空间。

三、包装产业的上下游关联结构

观察包装产业价值链，可以看出其与下游产业具有密切关联。从某种程度上，可以认为其深度嵌入下游产业链，成为其有机组成部分。由于其产品无法直接面向终端客户，需依赖于下游产业，并以下游产业产品包装的形象出现，往往无法打出自己的品牌，其作用类似于机械制造行业的上游设备生产企业，作为最终产品的设备制造供应商。包装产业与上下游产业、培训人才的教育行业以及政府主管部门和行业协会均有关联，包装产业的关联结构如图2-3所示。

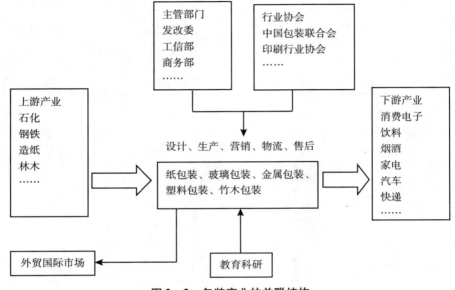

图2-3　包装产业的关联结构

从图2-3可以看出，包装产业关联范围很广，其产业链条涉及数十个行业，几乎关系到国民经济的各行各业，所以，包装产业发展的水平体现了国家发达程度，同时也依赖于国家整体经济的发展。而且，其技术水平、创新能力、管理理念也会影响并推进国家整体经济状况的改善、发展。

第二节　我国包装产业区域布局战略分析

一、知识溢出效应对包装产业集聚的影响分析

（一）理论分析

产业集聚是指在特定领域内同一个产业或几个不同但相关的产业及其支

撑产业在一个地理空间上的集中或集合。包装印刷产业与其下游产业紧密联系、深入合作，嵌入其下游产业链中，成为下游产业不可分割的一部分。如奥瑞金与中国红牛公司联合办厂，奥瑞金的红牛金属罐生产线就设置在红牛工厂内，作为红牛饮料生产车间的一部分；而裕同科技作为苹果、三星、华为等手机厂商的包装纸盒供应商，其工厂就建在这些消费电子产品工厂的附近。所以，我国包装印刷产业集聚不仅体现在包装印刷企业在空间上集中分布，更主要的还在于其为降低运输成本、加强交流沟通、减少交易成本而与下游产业在空间上聚集。

关于产业集聚的形成和演化有多种理论解释，主要有集聚经济原理、交易费用理论、创新理论和产业组织理论。这些理论认为，企业在空间上集聚有利于开展分工与合作，促进知识的传播与学习，而且众多的中小企业以及与之相关的中介机构、研发机构、教育培训机构、有经验的消费者等集聚在一起，为企业创新提供所需的环境条件，有利于专门化知识的积累和传播，因此，知识溢出是产业集聚的主要原因[1]。

激烈的竞争促使包装企业将打造"整体包装服务提供商"作为发展目标，即提供包装产品的包装设计、原料采购、生产制造、品牌营销和售后维护等全环节、全流程、整体化的服务，嵌入下游产业链，共同提供产品。因此，研究现阶段我国包装产业集聚在空间上呈现何种特征，知识溢出效应对我国包装产业集聚究竟有何种程度的影响，对于优化我国包装产业布局结构、制定产业结构调整策略有重要意义。

对于知识溢出、技术创新和产业集聚三者的关系，学者们从地理距离、区位竞争以及专业化和多样性等视角进行了分析。王文翌、安同良（2014）以2003~2011年中国制造业上市公司为研究对象，发现专业化知识溢出提升了上市公司市场价值，随地理距离衰减的专业化知识溢出使上市公司研究与开发（R&D）绩效高于未接受知识溢出的上市公司[2]。刘禹宏、蔡志强（2008）从经济福利视角剖析了产业集聚技术溢出与创新效应的关系，研究了区域创新系统与产业集聚的关联性[3]。郑菊芳等（2009）综合评述了区位

---

① Krugman, P., 1991, Geography and Trade [M]. Cambridge, MA: MIT Press.
② 王文翌、安同良：《产业集聚、创新与知识溢出——基于中国制造业上市公司的实证》，载《产业经济研究》2014年第4期，第22~29页。
③ 刘禹宏、蔡志强：《产业集聚技术溢出与创新效应的经济学分析》，载《现代财经》2008年第8期，第65~69页。

竞争论、区位创新体系理论对产业集聚的解释①。程中华、刘军（2015）运用空间计量模型分析了产业集聚对制造业创新的影响，认为专业化（MAR外部性）对制造业创新绩效影响不显著，多样化（Jacobs 外部性）和产业内竞争（Porter 外部性）有利于制造业创新绩效的提升②。胡晨光、程惠芳和陈春根（2011）从产业地方化、城市化、中心—外围三个维度对以往文献有关产业集聚的源动力、外部动力、集聚机制进行了梳理③。王欢芳、李密（2017）利用区位熵指数对我国包装产业 2010 ~ 2014 年的空间集聚水平进行了测度分析，认为我国包装产业趋同化趋势明显，产业布局呈"低端化"态势，包装设备两极分化、核心技术缺失，必须从国家宏观引导、区域优势塑造、联盟合作机制建立、核心技术创新、产业链体系构建等方面优化包装产业布局④。陈海声、卢丹（2011）以 2003 ~ 2007 年度披露的 R&D 投入相关信息来研究 R&D 投入与企业价值之间的关系。研究发现，国有和非国有控股上市公司的 R&D 投入与企业未来发展能力均不相关，且在国有控股上市公司中，R&D 投入与托宾 Q 之间不存在显著相关关系；而在非国有控股上市公司中，R&D 投入与托宾 Q 显著正相关，R&D 投入对企业价值的提升有显著正向影响⑤。

综上所述，学者们的研究结论并非都认为研发投入、知识溢出会对企业价值产生正向影响，促进产业集聚，也有学者发现研发投入与企业价值无关。而且现有的研究均为对制造业企业的整体分析，缺乏针对单个产业集聚的剖析，且对包装产业的定量分析很少，大部分为定性分析，鉴于此，本章聚焦包装产业，分析知识溢出对产业集聚的具体影响。第一节阐述研究背景和相关研究文献；第二节分析我国包装行业上市公司的区域布局；第三节构建模型、说明选取的变量，并分析数据的来源；第四节对实证结果展开分析；第五节提出研究结论和对策建议。

---

① 郑菊芬、韩静、王蓉蓉：《不同区位论对产业集聚的解释》，载《商业文化月刊》2009 年第 3 期，第 109 ~ 110 页。

② 程中华、刘军：《产业集聚、空间溢出与制造业创新——基于中国城市数据的空间计量分析》，载《山西财经大学学报》2015 年第 4 期，第 34 ~ 44 页。

③ 胡晨光、程惠芳、陈春根：《产业集聚的集聚动力：一个文献综述》，载《经济学家》2011 年第 6 期，第 93 ~ 101 页。

④ 王欢芳、李密：《我国包装产业空间集聚水平测度与布局优化研究》，载《湖南社会科学》2017 年第 4 期，第 149 ~ 154 页。

⑤ 陈海声、卢丹：《研发投入与企业价值的相关性研究》，载《软科学》2011 年第 2 期，第 20 ~ 23 页。

（二）我国包装行业上市公司的区域分布

我国实行股票上市发行审核制度，能在 A 股上市的企业一般为同行业企业中资产规模大、收入增长快、盈利能力强的先进企业，通常情况下，只有当某城市同行业企业的数量基数很大时，在该城市中能脱颖而出，成为上市公司的行业内企业才会多。因此某个城市该行业的上市公司越多，则意味着该城市同行业企业的数量就越多。所以，从某种意义上说，包装行业上市公司集中的城市，也意味着包装行业企业在此城市聚集。

本书采用城市群，而不是通常文献中采用的省级区域，来分析产业集聚。因为我国一个省的人口，往往相当于世界上其他地区一个国家的人口规模，省级区域地理尺度过大，无法细致研究区域内微观主体知识溢出影响创新的机理。同时，当前的区域经济竞争越来越多地体现为城市群之间的竞争，一个地区经济状况的优劣，往往取决于它是否拥有首位度高的中心城市，以及以该城市为核心的城市群的经济发达程度。

按照国家发改委和住房城乡建设部已发布的规划，列入国家级城市群的共有八个，分别为京津冀城市群、长江中游城市群、成渝城市群、哈长城市群、长三角城市群、中原城市群、珠三角城市群、关中平原城市群。本书采用方正证券对行业类型的划分，确定属于包装印刷行业的上市公司共 33 家，我们对其总部所在地予以整理分析，具体见表 2－1。我们发现包装行业上市公司最集中的城市是上海和深圳，以这两个城市为核心的长江三角洲城市群和珠江三角洲城市群均为我国包装行业上市企业高度集中的地区，分别拥有 13 家和 8 家上市公司。除此之外，福建省拥有 4 家上市公司，厦门和福州分别有 2 家，这与该地区民营经济发达、企业生产效率高有关。

表 2－1　　　　　　　　包装行业上市公司注册地址的分布情况

所属区域	公司名称
长江三角洲城市群 *	紫江企业、界龙实业、新通联、宝钢包装、顺灏股份、海顺新材、华源控股、浙江众成、美思德、双星新材、广博股份、集友股份、永新股份
珠江三角洲城市群	劲嘉股份、裕同科技、通产丽星、王子新材、美盈森、万顺股份、东风股份、珠海中富
北京市	奥瑞金、盛通股份

续表

所属区域	公司名称
福建省	合兴包装、吉宏股份、昇兴股份、鸿博股份
山东省	丽鹏股份、东港股份
陕西省	环球印务、陕西金叶
贵州省	永吉股份
云南省	创新股份

注：新的长江三角洲城市群规划，将安徽的部分地区纳入，因此我们将安徽省的集友股份、永新股份这两家上市公司纳入长江三角洲城市群。

由于企业总部一般设置研发、营销、人事、财务和品牌管理等重要功能，而在当前包装企业打造"整体包装服务提供商"的背景下，这些功能直接关系到企业的生存和发展，因此，我们认为企业总部选址极为重要，在何处建立企业总部，需考虑是否有助于招聘工程技术人才，推进产品研发、技术创新和管理优化，以及是否有利于交流合作，降低信息成本，获得知识溢出。毫无疑问，企业将选择容易获得知识溢出的城市作为总部设立地址。例如美国硅谷之所以成为高科技企业聚集之地，并非偶然，而是因为一方面在硅谷聚集了大量优秀的工程技术人员，他们在企业间流动，在工作中交流合作，进行知识传播和技术创新，另一方面，大量高科技企业聚集，又会吸引全球的优秀人才向硅谷集聚，反过来吸引高科技企业来硅谷投资设立研究机构，招聘优秀技术人才，从而形成良性循环。同时，企业聚集，相互合作，有利于投资公司降低搜寻、沟通成本，以及信息不确定风险，使硅谷的企业更容易筹集发展亟须的资金，实现快速成长。所以，知识溢出、融资成本是促使企业集聚的重要因素，而企业的总部所在地往往位于容易获得知识溢出和创业融资的城市。包装行业上市公司注册地址分析表明，我国包装上市企业主要集中分布于长江三角洲城市群和珠江三角洲城市群，这两个城市群也是中国经济最发达、技术创新和风险投资最活跃的地区。

（三）模型建立、变量说明和数据来源

1. 实证模型的建立

知识溢出是否促进包装企业价值提升，是否是包装企业聚集于重点城市

群的主要原因？下面，我们将通过实证分析予以验证。本章主要分析同行业企业之间的知识溢出对企业价值的影响，未将上下游产业链企业间的知识传播、技术交流、信息共享、协同配套等所带来的价值提升效应纳入分析范畴。企业价值可由式（2 – 1）表示。

$$V_{it} = f(A_{it}, K_{it}) \quad\quad\quad (2-1)$$

其中，V_{it} 是公司 i 在时刻 t 的市场价值；A_{it} 是公司 i 在时刻 t 的有形资产，如厂房、设备和金融资产等；K_{it} 是公司 i 在时刻 t 的无形资产，包括知识资产、商誉、品牌等。

公司通过 R&D 活动，形成专利、专有技术等知识资产，可将 K 写作 $R + K'$，R 为知识资产，K' 是除知识资产之外的无形资本。所以可将式（2 – 1）变为：

$$V_{it} = (A_{it} + \gamma_t n R_t + \gamma'_t K'_t)^\sigma \quad\quad\quad (2-2)$$

其中，σ 代表资产的规模效应，当 $\sigma > 1$ 时，规模效应递增，当 $\sigma = 1$，规模效应不变，当 $\sigma < 1$，规模效应递减。设 R&D 的存量为流量的 n 倍，R&D 资本强度的系数为 γn。$\gamma_t n$ 是时刻 t 知识资产相对于有形资产的影子价值。如果 $\gamma_t n$ 等于 1，意味着在知识资产上投入一单位货币对市值的贡献等同于在有形资产上投入的一单位货币。

对式（2 – 2）两边取对数，按照近似等式 $\log(1 + \eta) \approx \eta$（当 $\eta \to 0$ 时），式（2 – 2）可以写为：

$$\log V_{it} = \sigma\left[\log A_{it} + \gamma_t n\left(\frac{R_{it}}{A_{it}}\right) + \gamma'_t\left(\frac{K'_{it}}{A_{it}}\right)\right] + \alpha_i X_i + \varepsilon_{it} \quad\quad\quad (2-3)$$

其中，X_i 是控制变量组；ε_{it} 是独立于企业和时间的随机误差项。将知识溢出变量引入式（2 – 3），可得：

$$\log V_{it} = \sigma\left[\log A_{it} + \gamma_t n\left(\frac{R_{it}}{A_{it}}\right) + \gamma'_t\left(\frac{K'_{it}}{A_{it}}\right) + \gamma''_t\left(\frac{spillover_{it}}{A_{it}}\right)\right] + \alpha_i X_i + \varepsilon_{it}$$

$$(2-4)$$

2. 变量说明

（1）被解释变量：企业资产价值对数 $\log V_{it}$。我们按照国内外学者普遍采用的指标[1]，选取托宾 Q 作为企业价值的代理变量，由于托宾 Q 值 =

---

[1] 池国华、王志、杨金：《EVA 考核提升了企业价值吗？——来自中国国有上市公司的经验证据》，载《会计研究》2013 年第 11 期，第 60 ~ 66 页。

（股权市值＋债务市值）/期末总资产，为满足公式（2－4）的计算要求，在此用企业流通股市场价值反映股东权益，并通过企业流通股的年平均市值加上企业年平均负债之和来反映企业的资产价值。

（2）核心解释变量：

①知识溢出强度 $\dfrac{\text{spillover}_{it}}{A_{it}}$。这里用 t 时期企业所能获得的知识溢出除以企业 t 时期的有形资产来代表该时期的企业知识溢出强度。企业能够获得的行业内其他企业的知识溢出随地理距离衰减，根据艾洛和卡尔达莫内（Aiello and Cardamone，2009）[①]，企业间地理衰减系数为：

$$g_{k,ij} = 1 - \frac{d_{k,ij}}{\max(d_{k,ij})}$$

其中，$d_{k,ij}$ 是 k 区域内 i 公司和 j 公司之间的最短公路距离。$\max(d_{k,ij})$ 是指同一区域内上市公司之间的公路距离的最大值，样本中的最大距离为660.5 公里[②]，加之符淼发现 800 公里是技术密集溢出的边界[③]，波塔齐和佩里（Bottazzi and Peri，2003）、费希尔等（Fischer et al.，2009）分别以专利技术和全要素生产率来衡量技术创新水平，研究发现欧洲区域间的技术溢出范围为 300 公里[④]。刘满凤和吴卓贤（2013）计算发现，我国高新技术产业集群的平均溢出半径为 713 公里[⑤]。本书取其为 700 公里。则企业接受的同区域其他公司的知识溢出为：

$$\text{spillover}_{it} = \sum_{j}^{i \neq j} g_{k,ij} \times CT_{k,jt}$$

其中，$CT_{k,jt}$ 是 t 时间 k 区域内 j 公司的 R&D 支出。

②有形资产对数 $\log A_{it}$。用企业 t 时期总资产减去同期的无形资产得出该时期的有形资产。

[①] Aiello, F., Cardamone, P., 2009, R&D Spillovers and Firms' Performance in Italy: Evidence from A Flexible Production Function [J]. In: Arbia, G., Baltagi, B. H., Eds., Spatial Econometrics, Heidelberg: Physica – Verlag, 143 – 166.

[②] 我们用百度地图，逐一测量上市公司注册的总部地址间开车到达的公路距离。其中最远距离为广博股份至双星新材 660.5 公里。

[③] 符淼：《地理距离和技术外溢效应——对技术和经济集聚现象的空间计量学解释》，载《经济学（季刊）》2009 年第 4 期，第 1549～1566 页。

[④] Bottazzi L, Peri G. Innovation and Spillovers in Regions: Evidence from European Patent Data [J]. European Economic Review, 2003, 47 (4): 687 – 710.

[⑤] 刘满凤、吴卓贤：《高新技术产业集群知识溢出的 Mar 效应和 Jac 效应的实证研究》，载《科学学与科学技术管理》2013 年第 8 期，第 83～92 页。

③R&D 强度$\dfrac{R_{it}}{A_{it}}$。R&D 强度用研发支出除以有形资产得到，反映资本市场对 R&D 投入相对于有形资产投入的相对估值，其回归系数 $\gamma_t n$ 越高，说明 R&D 投入的相对市场价值就越高。

本章选取研发支出来反映企业的创新活动，而没有采用常见的研发人员数量和专利数据，是因为 R&D 是企业构建知识吸收能力的基础①，而且体现了企业执行创新战略的决心和力度。

④无形资产强度$\dfrac{K_{it}'}{A_{it}}$。用除知识资产之外的无形资本与有形资产的比值反映。

（3）控制变量：

①投资者情绪（cumu-return），我们用当年 7～12 月的累计月度股票收益反映。

②每股收益 EPS，用归属于普通股股东的当期净利润除以当期发行在外普通股的加权平均数计算得出。

③资产负债率（asset-liability），以公司当年总负债除以公司总资产得出。

④增长前景（growth-prospects），根据主营业务收入年度增长率的三年移动平均值计算得出。

⑤现金流量资产比（cash-asset），根据现金流量除以总资产的两年移动平均值得出。

各样本变量的描述性统计结果如表 2－2 所示。

表 2－2　　　　　　　　　　样本变量的描述性统计

变量	观测值	平均值	标准差	最小值	最大值
$\log V_{it}$	108	9.972811	0.3344688	9.299507	10.77682
$spillover_{it}/A_{it}$	108	0.052361	0.0468574	0.000465	0.1979445
$\log A_{it}$	108	9.411129	0.2872715	8.904817	10.16077
R_{it}/A_{it}	108	0.017388	0.0105682	0.0018786	0.0480371

① Cohen, W. M., Levinthal, D. A., 1990, Absorptive Capacity: A New Perspective on Learning and Innovation [J]. Administrative Science Quarterly, 35 (1): 128 – 152.

变量	观测值	平均值	标准差	最小值	最大值
K'_{it}/A_{it}	108	0.0405	0.0227577	0.0047279	0.1139569
cumu-return	108	0.29694	0.4047707	−0.4	1.7767
EPS	108	0.401232	0.3833675	−0.09	2
asset-liability	108	35.66315	17.96835	8.88	83.5
growth-prospects	108	16.06907	21.02582	−22.21	170.33
cash-asset	108	0.171387	0.110451	0.032	0.662

3. 数据来源

由于 2014 年 10 月至 2015 年 6 月上旬我国 A 股市场股票价格经历了一轮大幅上涨，但在 6 月中旬至 7 月又发生了大幅下跌，几乎所有股票的价格在短期均大起大落，股票价格失真，难以反映企业真实价值，为了揭示股票价格与其内在价值的真实关系，我们将时间轴拉长，选取了在 2011 年之前上市的包装行业公司，剔除 2011 年之后才上市的企业，同时对与其他企业距离过远、难以获得知识溢出的企业予以剔除，如陕西金叶，其位于西安，服务于烟草行业，主要生产烟标、烟盒等包装产品，与其他区域企业的距离超出了知识溢出的有效半径，而与其同处西安地区的环球印务于 2016 年 6 月才上市，我们无法获取环球印务 2011～2016 年的研发支出数据，因此予以剔除。最终我们确定了 18 家上市公司，收集其 2011～2016 年的数据，进行回归分析。

我们从东方财富网的数据库中下载了这 18 家上市公司 2011～2016 年年报，从年报中查找相关财务数据计算出企业价值、有形资产、R&D 强度、无形资产强度、资产负债率、增长前景和现金流量资产比例等变量值；运用百度地图测算城市群内上市公司总部间的公路距离，依据此数据计算知识溢出强度；使用方正证券泉友通专业版获取上市公司的历年流通股数量、股票价格、月度股票收益等数据，计算得出企业价值、投资者情绪和每股收益这三个变量的数据。

4. 实证回归结果分析

（1）包装企业知识溢出强度与企业价值的关系。图 2－4 刻画了包装企业知识溢出强度与企业价值的关系，从散点图的分布可以看出，知识溢出强度越大，企业价值反而越低，这说明包装行业中规模小的企业比规模大的企业获得更多的知识溢出。这可能与当前我国包装行业研发创新活动尚处于模仿阶段有关。规模较小的企业通过模仿，学习大企业的技术、制造和管理经验，实现生产水平的提升，而大企业一方面难以在高水平研发创新上取得突破，另一方面，仅凭低层次的模仿，企业已无法获得更大的发展空间，所以，知识溢出效应对大企业的价值促进作用有限。

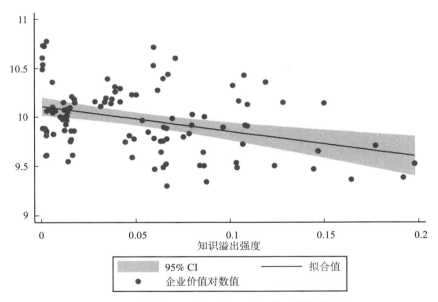

图 2 - 4　包装行业知识溢出强度与企业价值的关系

（2）变量相关性分析。我们运用 Stata 的 pwcorr_a 命令对各变量的相关性展开分析[1]，结果如表 2 - 3 所示。

从表 2 - 3 中可以看出，包装企业的企业价值对数值（log）与知识溢出在 1% 水平上呈显著负相关，相关系数为 - 0.357，企业有形资产 log 值与知识溢出也在 1% 水平上呈显著负相关，相关系数为 - 0.456，表明越是企业价值高、资产规模大的企业，其所获得的知识溢出越少，反而是企业价值

---

[1]　pwcorr_a 命令为连玉君提供的改进命令，分析列示变量间的相关性矩阵，并可以进行显著性检验。

低、资产规模小的企业获得了较多的知识溢出，这与包装行业当前的研发活动集中于外观设计、防伪技术等相对容易模仿的领域有关，由于这些专利技术容易模仿，小型企业通过吸收借鉴大型企业研究出来的专利设计，实现低成本的后发增长，从而获得知识溢出，实现更快的增长。这一解释在知识溢出与每股收益、增长前景的相关性上也得到证明，其均为在1%的水平上高度负相关，相关系数分别为 -0.277、-0.233。

表 2 - 3 各变量的相关性

	企业价值对数值	知识溢出强度	有形资产对数值	研发强度	无形资产强度	累计月度股票收益	每股收益	资产负债百分比	增长前景	现金流量资产比
企业价值对数值	1									
知识溢出强度	-0.357***	1								
有形资产对数值	0.507***	-0.456***	1							
研发强度	-0.162*	0.1	-0.141	1						
无形资产强度	0.047	0.258***	-0.243**	0.091	1					
累计月度股票收益	0.219**	0.179*	-0.195**	0.017	0.037	1				
每股收益	0.414***	-0.277***	0.092	0.263***	-0.098	0.196**	1			
资产负债百分比	0.015	-0.174*	0.329***	-0.357***	-0.176*	-0.099	-0.212**	1		
增长前景	0.018	-0.233**	0.02	-0.174*	-0.096	0.056	0.202**	0.101	1	
现金流量资产比	-0.04	0.189**	-0.327***	0.184*	0.075	0.244**	0.271***	-0.367***	0.077	1

注：***、**、*分别表示在1%、5%和10%水平上显著。

包装企业的价值和其有形资产在1%水平上呈显著正相关，相关系数为0.507，说明有形资产越大，企业价值也相应越高。

包装企业的企业价值对数值与研发强度在10%的水平上显著负相关，系数为-0.162，说明虽然包装企业对技术研发日益重视，并投入占营业收入1%～3%的经费用于研发支出，但由于包装行业本身的特殊性，其与下游产业结合紧密，企业业务的扩大在较大程度上取决于能否与下游主要客户建立长期稳定的业务关系，而这种关系的建立依赖于企业能否及时按照客户需求调整产品生产。在维持和扩大企业业务方面，合作形式和供货能力在某种程度上比企业的技术研发能力更重要。因此研发投入并未能带来相应的企业价值提升。但我们注意到研发投入与企业每股收益在1%水平高度正相关，系数为0.263，说明企业的研发投入显著提升了企业的盈利能力。

包装企业的价值与累计月度股票收益和每股收益分别在5%和1%水平上呈显著正相关，说明企业股价涨幅和盈利能力对企业价值产生了正向影响。

（3）面板数据回归分析。我们对整理得出的面板数据，运用Stata软件进行实证回归分析。首先我们分别进行混合回归和个体固定效应的面板回归分析，得出F检验的p值为0.0000，据此我们认为固定效应模型要优于混合回归；其次进行时间固定效应的回归分析，对所有年度虚拟变量的联合显著性进行检验，得到：

$$F(5，17)=8.89；Prob.>F=0.0003$$

结果强烈拒绝"无时间效应"的原假设，认为应在模型中包括时间效应。因此，为分析个体固定效应和时间固定效应的综合作用，我们进行双向固定效应的面板回归分析，混合截面OLS和面板固定效应估计的具体结果如表2-4所示。

表2-4　　　　　　　　混合截面OLS和面板固定效应估计结果

变量	OLS	RE	FE_robust	FE_TW
$spillover_{it}/A_{it}$	-1.0651 (1.0784)	-1.6803 * (1.0584)	-1.9563 (1.4753)	-2.2152 * (1.1758)
$logA_{it}$	0.5988 *** (0.1444)	0.4056 *** (0.1479)	0.2662 * (0.1564)	-0.1595 (0.2063)
R_{it}/A_{it}	-8.1546 ** (3.3092)	-2.9322 (3.0412)	-0.792 (4.1436)	-2.0203 (3.5292)

变量	OLS	RE	FE_robust	FE_TW
K'_{it}/A_{it}	3.3559 * (1.869)	2.0044 (1.6583)	1.4679 (1.9778)	1.0594 (1.3329)
cumu-return	0.2218 *** (0.0716)	0.1268 *** (0.0463)	0.1069 ** (0.0442)	0.0982 * (0.0505)
EPS	0.3192 ** (0.1264)	0.1362 (0.1233)	0.0555 (0.1096)	0.1332 (0.1165)
asset-liability	− 0.0022 (0.0026)	− 0.0036 * (0.0019)	− 0.0051 ** (0.0023)	− 0.0019 (0.0017)
growth-prospects	− 0.002 * (0.0012)	− 0.0008 (0.0005)	− 0.0004 (0.0005)	0.0002 (0.0005)
cash-asset	− 0.038 (0.2834)	− 0.2533 (0.189)	− 0.3558 (0.2433)	0.0105 (0.2307)
是否控制时间虚拟变量				是
常数项	4.3233 *** (1.4073)	6.3051 *** (1.4643)	7.7203 *** (1.5315)	11.5146 *** (1.9303)
观测值	108	108	108	108
R^2	0.5731	0.4974	0.2397	0.5226

注：表中 OLS 列为混合截面估计结果，RE 列为面板随机效应估计结果，FE_robust 列为面板个体固定效应聚类估计结果，FE_TW 列为面板双向固定效应估计结果。***、**、* 分别表示在 1%、5% 和 10% 水平上显著。

从 FE_TW 列各回归系数 T 检验的 P 值可以看出，研发强度与企业价值之间关系不显著，即二者无关，而知识溢出对企业价值的影响在 10% 水平上显著，回归系数为 − 2.215，说明知识溢出对企业价值有负效应。这提示我们，对于包装行业而言，其研发活动主要为外观设计、智能防伪、实用新型包装材料等，容易被抄袭、模仿、仿制，而且这些侵犯知识产权的行为会给企业带来更深层次的损害，影响企业投入研发、推进创新的积极性。所以保护知识产权、打击抄袭等侵权行为刻不容缓。

值得注意的是，FE_TW 列常数项 T 检验的 P 值为 0.000，而且系数为 11.5146，说明有其他因素能显著提升企业价值。根据我们对包装企业的资料研究、走访调研，我们认为产业链垂直整合效应是企业价值提升的重要因素。包装产业链垂直整合是指包装企业与下游产业的品牌企业在地理空间上接近，能及时交流沟通，根据客户需求调整产品生产，满足下游产业要求，降低运输成本，实现产业链的垂直整合效应，该效应是企业价值提升的重要途径。这也是包装企业聚集在长江三角洲城市群、珠江三角洲城市群等发达城市群的主要原因。在这些城市群中聚集着包装产业的主要客户，包装企业通过在该城市群布局研发总部和高端制造工厂，可以更好地服务客户、开拓市场，赢得生存和发展的空间。

在 OLS、RE 和 FE_robust 列中，有形资产价值的系数显著为正，说明其与企业价值显著正相关，与预期相符，但在 FE_TW 列中，有形资产价值的系数为负，且不显著，说明相比混合截面回归，面板随机效应估计、面板个体固定效应估计，以及面板双向固定效应估计均加入了时间虚拟变量，使得它们的估计结果会受时间因素的影响，而由于在 2014 年至 2016 年中国 A 股市场的大幅波动，反映了时间因素对回归结果的影响，从而影响了企业价值与有形资产价值的相关性，致使估计结果显示二者不相关。

在四项估计结果中，研发强度与企业价值的回归系数均为负数，且混合截面回归结果显著，其他三个结果不显著，这可能与包装行业的研发投入领域集中于产品的外观设计、生产工艺改进有关，这些类型的研发模式单一，技术含量较低，规模越大的企业，研发投入占企业总资产的比重越低，因此研发强度与企业价值呈现反向关系。

无形资产强度与企业价值的回归系数为正，且混合截面回归结果显著，与预期相符。且在我国，土地使用权以无形资产的形式在会计报表中反映，企业拥有土地的多少，会直接影响企业价值的高低。

（4）基于辅助回归的豪斯曼（Hausman）检验。对于面板数据的处理究竟该采用固定效应模型，还是随机效应模型，需要做豪斯曼检验，根据之前的混合回归与固定效应回归分析结果，普通标准误与聚类稳健性标准误相差较大，此时 Stata 无法直接执行 Hausman FE RE 命令，因此我们采用 Stata 命令 xtoverid，进行基于辅助回归的 Hausman 检验，得到结果 P 值为 0.0000，故认为应该使用双向固定效应模型，而非随机效应模型。

5. 结论

在竞争的压力下，包装印刷行业上市公司相互学习，以市场为驱动、以顾客需求为导向，积极构建包装一体化服务模式，做"整体包装服务提供商"，从包装设计、原料采购、生产制造、物流运输、品牌营销等全环节全面提供服务。而且各企业纷纷加大研发投入，以增强自身核心竞争力，锁定核心重要客户，按照客户需求设计包装产品，在产品的防伪、溯源、安全、环保、降耗，以及空间优化等方面推陈出新，不断研发新型包装产品。我们通过实证分析得出，研发投入与包装企业价值无关，知识溢出则对包装企业价值有负向影响。而包装产业链垂直整合对企业价值有重要的促进作用。因此，得到以下启示。

（1）知识溢出效应对企业的生产要素、劳动力素质和上下游产业均有明显外部性，为更好地利用和发挥其外部性，政府应加强知识产权的保护，鼓励原创性研发。促进包装企业利用知识溢出所带来的外部性，加大研发投入，同时鼓励技术人员交流合作，提升自身的核心竞争力，在下游产业集中度不断提高的过程中，争取优质客户，赢取有利的竞争地位。我国包装行业集中度太低，以纸包装细分行业为例，2016年纸质包装业产值达8100亿元，而排名行业第一的裕同科技2016年收入为55.4亿元，占比仅为0.68%。与美国排名前五的包装企业市场占有率70%以上、澳洲排名前二的企业占比90%以上相比，我国的行业龙头企业占比太低，因此龙头企业可通过竞争淘汰、吸收兼并，不断做大做强，提高产业集中度，从而能够在研发投入方面上新台阶，提高原创水平，不做低水平重复研究，在智能化、新材料等核心创新上取得突破，培育核心竞争力。

（2）由于其特有的配套属性，包装行业与下游产业联系十分紧密，其研发与生产布局一般紧邻下游客户，为保持竞争优势，包装企业需要在全国乃至全球布局研发和生产基地，以便与客户进行深度合作。如美盈森在现有的深圳、东莞、苏州、重庆四大产能基地基础上，先后推动实现在东莞、成都、苏州、长沙、六安等地布局高端制造平台，逐步实现了在粤港澳大湾区、长三角经济圈、成渝经济区、长株潭经济圈、中原经济区等经济活跃区域的战略布局，从而能够分享国内包装产业重点区域市场带来的利润。

（3）构建包装一体化服务模式，要求企业不能单纯地将自身视为生产制造商，而应立足于下游产业合作伙伴，重新思考产品研发、设计、生产和运营。这对企业创新能力和设计水平提出了更高的要求。能否把握市场发展需求，及时调整经营战略，加大研发力度，利用知识溢出效应，将竞争压力转换为改进动力，促成企业发展转型，从客户角度来设计轻量、节能、降耗、美观、实用的包装产品，提升整体下游产品品牌力，是包装企业生存和发展的关键。

目前大部分包装企业研发投入占营业收入的比例为1%～3%，虽然一些大型包装企业取得了一定的专利技术积累，但主要是外形设计方面的专利，企业自主创新能力弱，重大科技创新投入和企业技术研发投入严重不足，高新技术难以实现重大突破，先进装备和关键技术进口依赖度高。例如，我国企业进口的高端印刷设备均为德国海德堡系列产品。因此，需引导、组织行业龙头企业在高水平研发上加大投入，取得突破，以掌握核心技术。

（4）中国的城市化进程已进入城市群发展阶段，城市群作为产业集聚的载体，其与产业集聚相互促进、协同发展。所以，政府部门应尽力构建城市群内各城市间的交通网络，尤其是推进轨道交通网的建设，实现同城化、一体化，确保人员的顺畅流动，降低信息交流成本，促进知识溢出，进而让知识溢出、技术创新、产业集聚能不断发生正向反馈，循环往复、发展提高，成为城市群不断向高阶发展的内在动力；包装产业协会则应积极配合政府部门，研究相应的政策措施，为政府出谋划策，同时协调行业内企业，合作进行研发创新；企业应鼓励技术人员参加各种技术展示、交流，与其他企业合作进行技术开发，在关键人才聚集的城市设立研发中心，以获取人才资源，进行技术攻关。

二、国家战略下包装产业布局结构的调整策略

产业布局又称产业分布、产业配置，是指产业在一定地域空间上的分布和组合。具体来说，产业布局是指企业组织、生产要素和生产能力在地域空间上的集中和分散情况，是对产业空间转移与产业区域集群的战略部署和规划。产业布局是产业结构在地域空间上的表现，所体现的是一种社会经济现象，是一种具有全面性、长远性和战略性的经济布局，是涉及多层次、多行业、多部门以及多种因素影响的具有完整性和持久性的经济社会活动，是社会经济运用产业空间分布规律从事社会生产和经济活动的一种体现。我国包装产业已达近2万亿元产值，规模仅次于美国，但由于在布局上存在一些问题，阻碍了其进一步提升生产效率。

（一）我国包装产业布局存在的问题分析

第一，区域发展不均衡，包装产业高度集中于东部沿海地区。根据对包装印刷行业上市公司区域分布的分析，上市公司总部主要聚集于长江三角洲城市群、珠江三角洲城市群，以及海峡西岸城市群，仅总部位于这三个城市群的公司就占同类上市公司总数的70%。根据2014年的统计数据，珠三角、长三角、环渤海地区包装工业总产值分别占全国包装工业总产值的17.54%、30.20%、20.08%，合计达到67.82%。这些数据表明当前我国包装产业高度集中于东部发达沿海地区，而中西部地区包装产业则基础较为薄弱，发展比较缓慢。

第二，由于市场竞争和产业集聚效应，包装产业进一步向优势区域集中，加剧了发展的不平衡。市场竞争"强者愈强"的马太效应，让位于长三角、珠三角和环渤海地区的包装企业一方面能利用已有优势，不断强化对中西部地区企业在规模、技术和成本上的竞争优势，更重要的是，另一方面，知识溢出效应以及上下游产业链的企业间协同效应显著降低了企业的采购、物流、研发、交易成本，加快了产品创新的速度，为其产品性价比提升开辟了空间，进而促进了企业向优势区域集中，使得地区间差距进一步扩大。

第三，产业过度集中带来房价高企、交通拥堵、资源不足等一系列大城市病。中国房价高企，主要是大城市房价高，农村很多房子一年中很多时间都处于空置状态，利用率低下，因此农村的房价基本是其建筑成本。而一线大城市房价高，很大程度上源于产业集聚带来的人口高度集中、房子供不应求。我国包装产业目前也面临房价高、生活成本高所导致的人工成本上涨，以及原料成本和水、电等制造费用日益上升的成本压力。所以向成本更低的中西部地区、东南亚和非洲国家转移，成为企业的现实选择。

第四，产业高度集中于沿海发达城市群，直接导致发达地区对落后地区的"虹吸效应"，加剧分化。作为消费产业，如消费电子、饮料、烟酒等的附属产业，包装产业紧随消费产业布局，通常集中于沿海发达城市群，相互竞争使得在个人的工资收入、发展空间，以及产业链配套等方面，沿海发达城市群远优于内陆城市，致使这些地区的人口、资本等资源不断向沿海发达城市群聚集，进而拉大地区间的福利差距。单纯依靠国家层面的转移支付已难以弥补日益加大的两地福利差距，需要引导产业转移，促进欠发达地区产业形成与发展，提升当地福利水平。

（二）包装产业布局存在问题的成因分析

第一，中国改革开放带来的发展机遇造就了沿海发达城市群，其与中西部地区的差距也在不断深化。沿海发达城市群得政策开放之先机，从最初承接劳动密集型产业转移，然后逐步发展，形成产业集群，在赢得并巩固先发竞争优势之后，不断拉大与欠发达地区的差距。作为重要的配套性工业，包装产业主要在沿海发达地区聚集，并由于其服务配套的产业链集中布局于沿海发达城市群，企业将其主要业务活动，如研发、设计、营销、财务等也布局于该区域，形成产业链内企业协调组织、高效配合的优势，仅将生产制造工厂设置于人工成本较低的内陆地区。这就造成沿海发达城市群与中西部地区显著的经济落差。

第二，沿海发达城市群开市场风气之先，法制规范。其市场秩序、交易规则、政府行为、产业配套等各方面均领先于中西部内陆地区，造成产业发展规模、速度、水平始终优于中西部地区，且差距还在不断扩大。法制规范、政府廉洁、市场公平、规则透明，这些因素是经济发展的重要外部环境支持。纵观世界，发达经济体的上述环境因素均表现较好，而且越发达的国家，这些方面做得越好，而那些经济落后的国度普遍存在政府腐败、法制落后、市场秩序未能建立等一系列问题。沿海发达城市群由于较早经受市场经济的洗礼，在这些方面普遍优于中西部内陆地区，由于拥有较好的市场环境，企业的生产效率、创新能力高于中西部地区，致使两地间差距日益扩大。

第三，产业集聚带来的人口集中，推高了房价，带动了各项生活物资成本上涨，进而导致人工、材料、能耗等各项成本费用上升。企业生产成本包括原料、人工、厂房设备的折旧费用，以及能耗，当产业聚集在有限区域中时，由于企业的生产运营、员工的工作生活均需要占用土地，而特定区域的土地有限，对土地资源的争夺，必然推高地价、房价，引发租金及各项生活成本上升，使得工人需要更多的工资才能维持生活，倒逼企业只有支付更高的工资，才能招聘到合适的工人，否则工人就不会来沿海地区工作。而人工成本的上涨沿生产链条传递，最终通过产品价值链传到终端，体现为各种制成品价格上涨。企业的人工、材料、机器设备、厂房等各种生产要素的成本全面上涨，企业难以为继，只有向成本更低的地区转移。

第四，沿海发达城市群的整体产业链竞争优势明显，这使得其能支付给职工较高的薪酬，吸引中西部内陆地区人员流入。基于产业集群的竞争优势，位于沿海发达城市群的企业占据主要市场份额，规模效应和由此带来的成本节约，让企业获得更高的利润，提供更多的就业机会，并为骨干员工开出更高的薪酬，从而吸引中西部地区人员源源不断流入东部发达地区。这种人口净流入为沿海发达城市群带来了巨大的"人口红利"，但同时也造成中西部内陆地区不断"失血"，两个区域的福利水平差距日益拉大。

（三）包装产业布局结构调整策略

第一，依托中西部重点城市群，推进包装产业转移。我国中西部地区已经形成若干产业基础雄厚，工业、教育、医疗资源聚集的城市群，为各区域的核心增长极，能辐射带动所在区域的经济增长。按照国家发改委的正式规划，在中部，有长江中游城市群和中原城市群，在西部，有成渝城市群和关中平原城市群，在东北有哈长城市群。沿海发达城市群面临着产业集聚带来的高地价、高房租及生活成本高、交通拥堵等困境，而中西部城市群自身房价较低，且迫切需要引入产业发展经济，吸引人口流入，因此引导沿海发达城市群的包装产业向中西部重点城市群转移，是解决困境的有效途径。

第二，中西部城市群的地方政府、行业协会应协力构筑优质环境，吸引包装产业转移。构建良好的经济发展环境需要在政府廉洁、法制健全、市场公平、规则透明等方面下功夫。因此，中西部的地方政府在提供各项优惠政策的同时，应认真思考如何打消引进企业的顾虑，为其投资经营提供安全、稳定、舒适的盈利环境，降低税费，减少干扰，不能出现"前面招商引资，后面关门打狗"的现象，伤了投资人的心，最后造成恶劣影响，让本来愿意过来投资办厂的企业望而却步。行业协会应配合地方政府，做好宣传工作，并及时将企业诉求反映给政府主管当局，做好上传下达，沟通有无。

第三，基于国家"一带一路"倡议，推进产业转移和发展对外贸易。我国"一带一路"具体路线如下所示：

一是北线 A：北美洲（美国、加拿大）—北太平洋—日本、韩国—日本海—符拉迪沃斯托克（海参崴）（扎鲁比诺港、斯拉夫扬卡等）—珲春—

延吉—吉林—长春（即长吉图开发开放先导区）—蒙古国—俄罗斯—欧洲（北欧、中欧、东欧、西欧、南欧）。

二是北线B：北京—俄罗斯—德国—北欧。

三是中线：北京—郑州—西安—乌鲁木齐—阿富汗—哈萨克斯坦—匈牙利—巴黎。

四是南线：泉州—福州—广州—海口—北海—河内—吉隆坡—雅加达—科伦坡—加尔各答—内罗毕—雅典—威尼斯。

五是中心线：连云港—郑州—西安—兰州—新疆—中亚—欧洲。

我国政府应统筹国内各种资源，强化政策支持。推动亚洲基础设施投资银行筹建，发起设立丝路基金，强化中国—欧亚经济合作基金投资功能。推动银行卡清算机构开展跨境清算业务和支付机构开展跨境支付业务。积极推进投资贸易便利化，推进区域通关一体化改革。一方面促进我国包装产业在国外低成本国家投资办厂，利用国外廉价的劳动力和原料，形成竞争优势；另一方面，紧抓全面对外开放机遇，推进包装产品向国外市场出口渗透，开辟新的市场空间，获得增长点。

行业协会应总结先进企业在国外投资办厂的经验教训，组织召开研讨交流会议，推介先进经验，顺应产业转移的发展趋势，推动我国企业走出去投资办厂。

企业应发挥自力更生的奋斗精神，研究各国投资环境，核算生产成本，做到心中有数，进行产业转移，积极谋求生存发展的市场空间，创造新的低成本运营生态环境。

第四，中西部地区在争取中央转移支付的同时，应积极扶持地方产业发展，形成自我造血能力。缺乏自我造血能力，单纯依靠中央转移支付来维持地方行政、教育、医疗等机构的运转，越来越难以为继，因为随着沿海发达地区和内陆地区产业发展差距日益拉大，地区间"福利鸿沟"会越来越大。唯有自力更生、发展地方产业，打造具有独立生存、自我造血能力的企业集群，才能在市场竞争的浪潮中赢得一席之地。所以，一方面依靠中央转移支付，大力完善基础设施，营造良好的环境，另一方面，政府、行业协会和企业自身需形成一致认识，即依靠施舍永远不可能真正走上发展、富裕的道路，只有脚踏实地，一心一意做好经营管理，不断研发创新，才能使企业走上持续发展之路，也才能让中西部地区的经济水平和福利待遇有希望与沿海发达地区逐渐趋于一致。

第三节　包装产业供需结构调整战略

一、包装环境成本和偏好

（一）包装环境成本

包装环境成本指包装产品在使用之后，其废弃物对环境造成污染，为降低甚至消除环境污染所需花费的成本代价。具体包括：生产包装产品对环境资源的消耗，回收废弃包装物的费用，对被污染的环境进行修复、还原的成本，以及对因废弃包装物而蒙受经济损失的个体行为（如农作物种植、动物养殖等）的补偿代价。

包装环境成本的提出是基于以下两个前提：

一是由于自然环境承受污染物的容量和净化能力都属于稀缺资源，而包装产品的使用具有一次性特征，其构成环境污染的重要来源，如大量使用塑料袋、纸盒、饭盒、塑料瓶等包装产品，而且使用一次后就作为垃圾扔掉，构成垃圾的主要部分，且难以被环境自然处理，尤其是塑料袋，其埋在土中，需要100年以上的时间才能降解，且会阻碍植物根系生长，对农业种植环境造成很大的破坏。所以包装产品应对其环境成本予以定价，但环境成本的外部性会导致市场失灵。市场失灵的关键是包装产品造成环境损害的责任主体界定模糊，且市场不能正确估价和分配包装产品的环境成本，从而导致包装产品价格不能完全反映它们的全部成本状况。我们只有将它与其他生产要素融合考虑，并结合一些政策手段，才可能使其具有可操作性。因此，纠正这种市场失灵最关键的步骤就是使包装环境成本的外部性内在化，也就是通过私人或公共政策手段正确地估价生产包装产品和提供包装服务的环境影响，并将其包装环境成本纳入产品和服务的市场价格中。

二是由于自然条件和技术发展水平不同，不同国家、地区包装环境成本的差异是巨大的。这主要体现在以下两个方面：

第一，由地理位置、气候、降水等决定的土壤、水体、大气的自然容量或灵敏度存在差异，使得不同地区对包装物污染的吸纳能力有很大差异，资源类型和分布的不同也带来了不同的包装环境成本。例如，巴西在产品包装物的选择上更青睐纸质包装，因为其森林资源丰富、降水量大，水体循环快，纸制品生产的包装代价小，若硬性规定其包装物的再循环比例只会引起贸易争端。

第二，由技术进步程度决定的包装环境成本的差异不仅使不同的国家和地区消除包装环境损害的费用不同，而且自然资源的可替代、可更新程度也不同，从而形成不同的包装环境成本。

将包装环境成本因素纳入一国的生产要素禀赋体系之中，使之成为一个与土地、劳动、资本等要素并列的新的要素，可以使一个国家或地区（尤其是发展中国家）在决定贸易结构甚至产业结构时将包装环境成本目标充分考虑进去，避免单纯以扩大资源密集的初级产品或污染严重的制成品的生产来扩大对外贸易，并加快科技进步，降低自然资源消耗水平，减少包装污染，实现贸易的可持续发展。

（二）包装偏好

要形成包装比较优势，需要考虑一国对包装的需求，即一国的包装偏好。由于每个国家的城市化、污染状况不同，其国内公民对包装质量、风险评价、风险管理方法的判断标准也就不同，这就形成了不同的包装标准和包装政策。

因此，从某种意义上说，一国的包装标准和政策就是该国包装偏好的体现。包装偏好程度高的国家往往有着较高的包装目标，其包装标准也较高。在实施较高包装标准的国家生产的产品，因政策法律所要求的包装成本内在化程度比较高，即厂商将为其产品付出更多的包装代价，其生产成本显然就会高于在实施较低包装标准的国家生产产品的成本，因此，在国外市场，包装标准严格国家的产品可能会失去价格优势；而相反，在包装偏好程度低的国家，因为包装标准相对宽松，其产品可能会获得一定的价格优势。

因此，有研究者认为，在各国有权决定自己包装标准的前提下，一国的包装标准会影响一国的比较优势。这种观点虽然有一定道理，但笔者认为，将一国的包装标准看作是一国包装偏好（或包装需求）更妥当一些，因为它与一国的比较优势成反比。

二、包装产业供需特征分析

从包装材料角度看，全球包装行业可分为纸包装、塑料包装、金属包装、玻璃包装及其他包装等细分市场，其中纸包装占比高达 39%，是全球包装行业最为主要的包装形式，如图 2 - 5 所示。

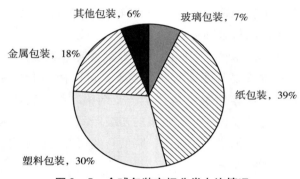

图 2 - 5   全球包装市场分类占比情况

（一）纸包装供需状况

包装工业位列我国 38 个主要工业门类的第 14 位，是中国制造体系的重要组成部分。从总量上看，我国已成为世界包装大国，排名世界第二，仅次于美国，但在品种、质量、新品研发能力及经济效益等方面，均与发达国家存在较大的差距。根据统计，2014 年全球纸质包装产值达到了 2150 亿美元，并将保持年均 6% 的增长。预计到 2020 年，全球纸质包装产值预计将达到 3050 亿美元。中国包装联合会预计未来国内市场能保持约 5% ~ 6% 的增速。2015 年国内纸质包装业产值约 7378 亿元，约占包装行业总产值的 43.7%。据中国包装联合会统计，2015 年全国包装企业 25 万余家，包装产业主营业务收入突破 1.8 万亿元。其中纸包装贡献最大，占比 30.1%。

在包装行业中规模最大的纸质印刷包装行业准入门槛较低，行业市场分散，重复建设现象严重，中小企业较多，并且区域化特征明显。据中国包装联合会统计，中小企业市场占有率超过 90%。而在高端领域，由于客户、技术、资金等壁垒的存在，拥有高端品牌客户、高精生产技术、高服务质量的优质大型企业相对较少，行业集中度相对于国内低端包装企业略高，但相较于发达国家而言仍偏低。

据世界包装组织统计，美国纸包装前五名企业的市占率超过 70%，澳大利亚前两名纸包装企业的市占率更是大于 90%。而中国印刷经理人排行榜中前十大企业销售总收入为 304.8 亿元，2015 年行业总产值 7378 亿，假设增速为 6%，2016 年前十名收入占行业总产值的比例仅为 4% 左右。中国纸包装行业各类企业的市占率和市场 CR2 比较情况分别如图 2-6、图 2-7 所示。据国家新闻出版广电总局披露，2016 年我国印刷业总产值为 1.15 余万亿元，排行榜百强销售收入总值 1039 亿元，占比 9%。进入"十三五"时期，国内包装产业深度调整、整合力度逐步加大。我国包装产业整体结构

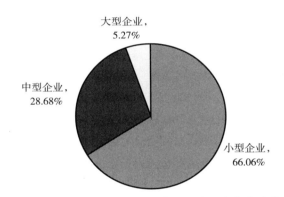

图 2-6　中国纸包装行业各类企业市场占有率统计

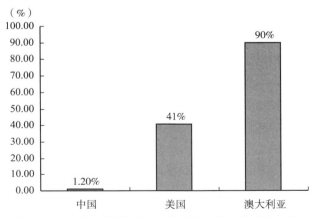

图 2-7　中国、美国、澳大利亚纸包装市场 CR2 比较

调整将进一步加快，行业洗牌、落后产能的淘汰将促进全国优势资源加速向行业内优质企业汇聚。具有资源（客户认证）、技术、资金优势的龙头企业必将占据主动，提高市场竞争力，引领行业发展。

纸包装产品主要用于化妆品、烟酒饮料和消费类电子行业的外包装，所以我们对这些产品市场的包装需求展开分析。

1. 基于我国化妆品市场的需求分析

我国化妆品市场销售规模逐年增长，2016 年超过 3000 亿元，成为仅次于美国的全球第二大化妆品消费国。中国产业信息网发布的报告显示，2016年国际化妆品包装市场的规模达到 324 亿美元，约合人民币 2200 亿元。新颖的彩盒包装创意设计，可以使化妆品在销售中通过包装凸显差异化。随着市场对精美彩色包装需求的增加，彩盒的重要性日益提高，而纸包装由于环保、美观等诸多优势，市场份额有望继续增大。

2. 基于我国烟酒市场的需求分析

烟酒市场消费需求大，精致包装不可或缺，烟酒市场 2012～2016 年的增幅变化如图 2－8、图 2－9 所示。据中国产业信息网的数据，2016 年国内白酒产量为 1358.4 万千升，虽然增速下降但市场消费热度不减。当下高端烟酒市场呈现百花齐放的格局，消费升级和国人对优质烟酒的钟爱支持着市场增长，精品包装需求也受益于产销量的提升。各厂商之间竞争异常激烈，想脱颖而出就需要有精美的外观来吸引消费者。同时精美的设计制作也为商品带来了更加显著的附加贡献，未来市场规模可观。

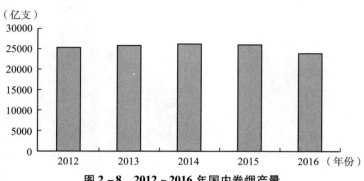

图 2－8　2012～2016 年国内卷烟产量

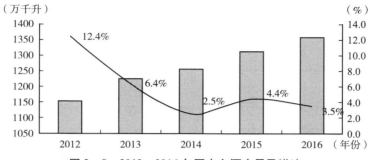

图 2 - 9 2012 ~ 2016 年国内白酒产量及增速

虽然烟标印刷等烟类包装业务垄断性较强，且国家管控十分严格，但近年来烟类包材供应商的整体竞争态势在上升，同时国企混改不断深化，未来可能会给一些知名供应商带来新的机会。

3. 基于消费电子行业的需求分析

消费电子行业规模的快速增长为纸包装行业的发展提供了需求保障。据我们测算，我国彩盒行业对应的 2017 年智能手机、PC、平板电脑等行业纸盒市场规模约为 2081.5 亿元，市场空间广阔，全球各类电子产品出货量及增速如图 2 - 10 所示。

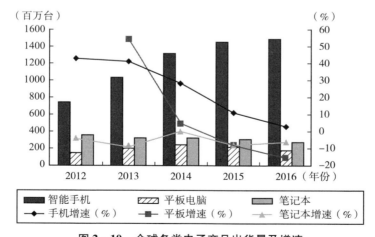

图 2 - 10 全球各类电子产品出货量及增速

资料来源：根据公开资料整理。

下游消费品对于纸包装市场空间测算如表2-5所示。

表2-5　　　　　　　　下游消费品对于纸包装市场空间测算

—	3年CAGR（%）	2017E（亿元）	包装单价（元）	预计空间（亿元）
智能手机	12.99	16.62	12	199.4
平板电脑	-7.47	1.61	12	19.34
PC	-5.18	2.56	12	30.69
白酒	3.84	241.94	7	1758.61
化妆品	3.84	—	—	73.42
合计	—	—	—	2081.46

资料来源：根据公开资料整理。

（1）智能手机：全球出货量增速下行，CR6出货量同比、集中度双双上升。从整个行业看，2016年全球智能手机出货量达14.7亿台，同比增速为2.3%，3年复合年均增长率（CAGR）达13%，短期行业总出货量增速下滑；2016年全球前6大手机厂商三星、苹果、华为、OPPO、vivo、小米出货总量达8.7亿台，同比提高8.5%，集中度同比提升2.5个百分点至58.9%，2017年第一季度、第二季度行业6大手机厂商智能手机出货量分别同比提高7.8%、14.7%，同期CR6进一步提高至64.4%、68%，其中OPPO、vivo品牌手机2016年、2017年上半年同比分别增长131.6%、99.2%，增长较快，对智能手机出货量形成支撑，全球前6大厂商的出货量和增速如图2-11所示。

假设手机包装单价12元，2016年手机包装市场规模约176.5亿元。2017年市场规模约199.4亿元。

（2）平板电脑：出货量下滑明显，市场集中度提升。2016年全球平板电脑出货量约1.7亿台，同比增速为-15.8%，3年CAGR为-7.5%；5大厂商苹果、三星、华为、联想、亚马逊2016年出货总量达1.02亿台，CR5集中度同比增长7.1个百分点至58.7%，其中亚马逊和华为提升较快，市占率分别提升至11.8%、9.7%。

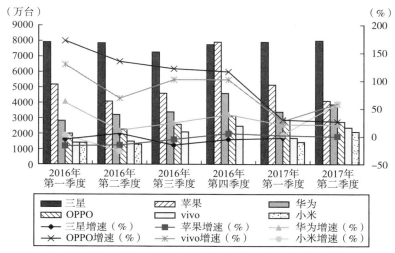

（万台）　　　　　　　　　　　　　　　（%）

图 2 - 11　全球前 6 大手机产商出货量及增速

假设平板电脑包装单价 12 元，2016 年平板电脑包装市场规模约 20.9 亿元，2017 年市场规模约 19.3 亿元。

（3）PC：出货量下行压力较小，市场集中度小幅提升。2016 年全球 PC 出货量 2.6 亿台，同比增长 - 5.8%，3 年 CAGR 为 - 5.2%；五大厂商联想、惠普、戴尔、苹果、华硕 2016 年出货总量达 1.88 亿台，CR5 集中度同比提升 3.6 个百分点至 71.4%，其中惠普和戴尔提升较快，市占率分别提升至 20.4%、15.4%。

假设 PC 包装单价 12 元，2016 年 PC 包装市场规模约 32.4 亿元，2017 年市规模约 30.7 亿元。

4. 我国纸包装行业供应分析

我国纸包装行业的龙头企业有裕同科技、美盈森、劲嘉股份等上市公司，下面针对裕同科技进行个案分析，揭示其供应状况。

裕同科技公司主要产品为纸质包装产品、环保纸托产品、标签产品、功能材料模切产品、文化创意印刷产品，其中纸质包装产品为精品盒、说明书、纸箱等，功能材料模切产品为缓冲垫片、减震泡棉、保护膜、防尘网布等，文化创意印刷产品为个性化定制印刷产品、汉字印刷产品、广宣品等，服务的客户涵盖消费电子、智能家居、烟酒、大健康、化妆品、奢侈品等行业。其 2016～2017 年收入明细情况如表 2 - 6 所示。

表 2 – 6 裕同科技 2016～2017 年收入构成

	2017 年		2016 年		同比增长（%）
	金额（亿元）	占营业收入比重（%）	金额（亿元）	占营业收入比重（%）	
精品盒	51.76	74.50	41.61	75.08	24.39
说明书	6.52	9.38	4.55	8.21	43.31
纸箱	6.63	9.54	5.28	9.53	25.60
不干胶	1.25	1.80	1.17	2.11	6.08
其他	3.32	4.78	2.81	5.07	18.26
合计	69.48	100.00	55.42	100.00	

从表 2 – 6 可以看出，裕同科技的主要收入来自精品盒销售，其客户为消费类电子产品的品牌公司，如华为、三星等，为更好地服务客户，占据市场，裕同科技在以下方面做了积极努力。

（1）坚持创新驱动，创新产业发展模式。裕同科技坚持以科研创新作为发展的驱动力，积极研发智能包装、功能包装、环保包装、新材料新工艺、高端防伪印刷包装技术、立体印刷与 3D 打印技术、大数据平台等创新技术。

顺应"互联网＋"发展方向，裕同科技试水互联网包装印刷行业，提供商务印刷、个性化定制、企业购，通过整合印刷包装产业供需端，汇聚线上、线下各类资源，实现快速引流，构建互联网包装印刷生态圈。

（2）坚持绿色发展道路，实现可持续发展。坚持绿色发展道路是企业可持续发展的基础，也是每一个企业的使命和责任，裕同科技深入推进绿色印刷、智慧生产，不断从新材料、新工艺等方向研发创新，不断优化、改良生产流程，不断推行自动化改造，以此推进绿色印刷、智慧生产的进程，实现公司的可持续发展。

（3）扩充产品品类，实现多元化发展。裕同科技不断深挖客户需求和市场需求，在原有产品基础上，已布局环保纸浆模塑产品、汉字文化产品、广宣品等行业，未来将坚持"高端品牌包装整体解决方案服务商"的发展定位，顺应行业发展趋势及市场需求，积极布局其他新型产业。

（4）提升产业国际竞争力，加快走出去步伐。作为最早在境外设立生产基地的包装印刷企业之一，裕同科技先后于越南、印度等地设立了生产基地，于中国香港地区、美国等地设立了服务中心，未来，裕同科技将顺应全球产业转移趋势及"一带一路"倡议，加快国际产业布局，深入参与到国际竞争的行列中去。

（二）塑料包装供需分析

塑料薄膜以其优秀的韧性、透明性和光泽度等优势被运用于食品包装、化工产品包装、医药及医疗器械包装、机械电子产品包装等。BOPP、BOPET 和 BOPA 薄膜为三大塑料包装材料。双向拉伸尼龙薄膜简称 BOPA 薄膜，主要原材料为聚己内酰胺（尼龙6）。目前 BOPA 薄膜用于生产各种复合包装材料，具有优异的韧性和耐穿刺性、良好的透明性和光泽度、极佳的气味阻隔性、优异的耐油性、耐热性强、无毒无害等优良特性。为降低生产成本和符合环保要求，PDVC 膜、EVOH 膜等阻隔性较高的包装材料正逐步被 BOPA 薄膜替代。

我国塑料薄膜产业增速平稳。随着我国国民生活水平的不断提升，食品、药品、农业等领域对塑料包装薄膜的要求越来越高，塑料包装材料正向高性能、多功能、环保等方向发展。传统上，我国塑料薄膜70%用作包装材料，而塑料薄膜占塑料包装材料总量的46%。2010～2016 年我国塑料薄膜产量由799 万吨增加至1419 万吨，年均复合增速达10%。现阶段单层高分子薄膜已经无法满足多功能性的要求，通过不同塑料材料复合搭配的多层复合薄膜成为未来塑料制品的发展趋势。BOPA 薄膜作为多层复合薄膜的上游材料具有广阔的发展前景，预计未来五年将保持10%的增速。

BOPA 表观消费量出现正增长。根据卓创资讯的数据，继2012 年之后，2015 年 BOPA 表观消费量为6.03 万吨，同比增长5.24%。BOPA 出口数量也不断提升，2015 年为1.85 万吨，同比增长4.52%。BOPA 产能增速放缓，行业开工率回升。BOPA 薄膜生产工艺分为同步法和异步法两种。同步法工艺复杂，产品结构均匀，质量较优，应用于中高端市场；异步法则工艺简单，其产品适用于中低端市场。国内在产 BOPA 薄膜企业有十多家，大多为异步法，面向低端市场，处于供给过剩状态。只有厦门长塑和沧州明珠拥有同步法生产线，具有明显的竞争优势。特别是在尤尼吉可（中国）的4500

吨同步法生产线关停后，高端产品供需局面趋紧。自 2011 年以来，我国 BOPA 产能从 9.6 万吨攀升至 2016 年的 11 万吨，年均复合增速为 2.3%。BOPA 产量则从 2011 年的 7.39 万吨上升至 2016 年的 8.5 万吨，特别是 2016 年由于产品价格上涨，BOPA 产量迅速增长，行业开工率明显回升，短期内行业暂无新投产企业。BOPA 薄膜价格变化如图 2 – 12 所示。

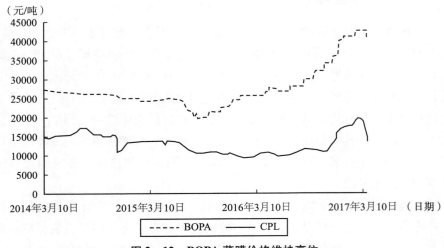

图 2 – 12　BOPA 薄膜价格维持高位

（三）金属包装行业供需分析

金属包装是以金属薄板为原材料的薄壁包装容器，具有机械性能好、阻隔性优异、保质期长、易于实现自动化生产、装潢精美、形状多样等优点，广泛应用于食品、饮料、医药产品、日用产品、仪器仪表、军用物资等领域，在全球包装产业中一直占据重要地位，在各门类排名中，紧随纸包装和硬塑料包装之后，位列第三，并且所占比例不断增加，由 2009 年的 16.5% 增加到 2011 年的 17.2%，呈现出持续稳定增长的态势。

金属包装的应用领域日益广泛。根据全球包装行业研究报告，2003～2011 年，世界金属包装行业年均复合增长率为 3.75%，2011 年销售收入为 1020 亿美元，2012 年销售收入为 1140 亿美元。根据中国包装联合会金属容器委员会统计，2006～2011 年，我国金属包装行业销售收入年均复合增长率为 11.97%，至 2011 年达到 690 亿元，2012 年达到 748 亿元。2016 年以前，包装行业一直受益于成本下降以及营收稳步增长带来的成长性，但从 2016 年开始，原材料价格开始出现上涨态势，成本红利开始消失并且盈利性将承压。2011～2016 年中国铝材价格走势如图 2-13 所示。

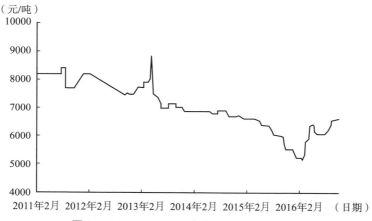

图 2-13　2011～2016 年中国铝材价格走势

　　金属包装下游领域主要是饮料和食品领域，虽然下游行业整体增长平稳，但是客户成长性差异较大，一些品牌由于其良好的渠道力和产品力有望实现远远高于行业增速的成长性，这意味着一旦与这些客户绑定将获得较快增长。

　　尽管未来一段时间随着上游原材料、劳动力成本的上涨，金属行业成本会出现一定幅度的上升，但伴随着快速发展和下游产业集中度的提高和需求的持续上涨，品牌依赖形成，致使对包装的依赖性和档次的要求进一步增强，金属包装企业更加倾向于向有经验的老客户销售，捆绑规模客户，与跨国公司合作。竞争趋势除了强调质量技术因素外，变得更加以成本导向、服务导向、本土化就近配套方便性导向为主的竞争。这些变化促使产业成熟，使行业龙头企业有了更多的成长机会，同时，行业集中度的不断提高使行业的利润水平仍旧保持稳定增长的情况。

（四）其他包装产品供需现状

　　随着中国神华集团包头和宁煤两大煤制聚丙烯项目以及中国大唐多伦煤

制聚丙烯项目的相继投产，我国聚丙烯生产打破了过去单一由石油为原料的历史。2012 年我国煤制聚丙烯产能已达 136 万吨/年，占总产能的 9.7%，市场逐渐呈多元化竞争态势。尽管 2007~2012 年聚丙烯产能增长很快，但由于国内聚丙烯缺口仍然较大，且技术成熟，建设条件相对简单，国内新建大型炼油、乙烯项目下游多配套聚丙烯装置，大型煤制烯烃项目以及民营企业外购甲醇制烯烃项目、外购丙烷脱氢制丙烯项目的丙烯下游也多选择发展聚丙烯产品。总体来看，产能增速较快，民营资本扩张聚丙烯产能热情很高，预计 2018 年我国聚丙烯生产能力将达到 2203.3 万吨，但需求增长将较为平缓，聚丙烯自给率不断提高，预计 2018 年将达到 85%，净进口量仍维持在 300 万吨左右。2007~2017 年我国聚丙烯供需平衡情况如图 2-14 所示。

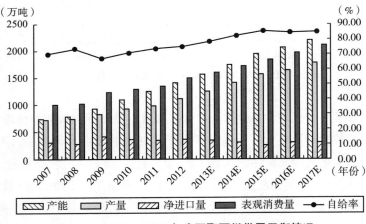

图 2-14　2007~2017 年我国聚丙烯供需平衡情况

我国的聚丙烯产品主要用于生产编织制品、薄膜制品、注塑制品、纺织制品等，广泛应用于包装、电子与家用电器、汽车、纤维、建筑管材等领域。目前我国聚丙烯最大的消费领域是编织袋、打包袋和捆扎绳等编织制品，主要消耗聚丙烯通用料。注塑制品是我国聚丙烯的第二大消费领域，主要消耗聚丙烯专用料，以进口料为主，特别是用于洗衣机、汽车配件等的高档专用料大多是以来料加工形式进口的，其产品质量要求高，附加值也高，下游企业用料相对固定。未来几年，聚丙烯在各个领域的需求量将持续增长，纤维制品、注塑制品及薄膜与片材仍将位居聚丙烯消费比例前三位。2013～2017 年中国聚丙烯项目扩能情况如表 2 - 7 所示。

表 2 - 7　　　　　　　2013～2017 年中国聚丙烯项目扩能情况

企业	地区	合计	2013 年	2014 年	2015 年	2016 年	2017 年
中海油—壳牌石化	广东惠州	70	—	—	—	70	—
中石油四川石化	四川成都	45	45	—	—	—	—
中石化武汉	湖北武汉	40	40	—	—	—	—
中石化—KPC 石化	广东湛江	60	—	—	60	—	—
中石化广州石化	广东广州	20	20	—	—	—	—
中石化上海石化	上海金山/漕泾	60	—	30	—	—	30
中石化中原石化	河南濮阳	10	10	—	—	—	—
中石化扬子石化	江苏南京	35	—	—	35	—	—
陕西延长集团	陕西榆林	30	—	30	—	—	—
陕西延长集团	陕西延安	25	—	—	—	25	—
中化泉州公司	福建泉州	20	—	20	—	—	—
福建中景石化	福建福州	35	—	35	—	—	—
福建中江石化	福建福州	35	—	35	—	—	—
东华能源	浙江宁波	40	—	—	40	—	—
东华能源	江苏张家港	40	—	—	40	—	—
山东 Sunrise	山东莒县	15	15	—	—	—	—
浙江鸿基	浙江嘉兴	18	—	9	9	—	—
浙江天圣	浙江宁波	30	—	30	—	—	—
浙江禾元	浙江宁波	30	30	—	—	—	—
三锦石化有限公司	浙江绍兴	30	—	—	—	30	—
中安联合煤化公司	安徽淮南	30	—	—	—	—	30
山东神达化工	枣庄滕州	30	—	—	—	—	30
安徽淮化	安徽淮南	49	—	—	—	—	49
合计		797	160	189	184	125	139

　　近年来，新一轮扩能高峰期出现，聚丙烯生产企业开工率或将向下突破90%的关口。聚丙烯市场有鲜明的特点，上游供应相对集中，而下游需求企业种类繁多，市场竞争充分。上游供应商是以三大国有石油公司为主、民营合资企业及煤化工企业为辅的竞争格局。随着技术以及经济的不断发展，煤制烯烃已经逐渐参与到了市场中，成为市场的加入者，形成了上游的竞争态势。与油制烯烃相比，煤制烯烃成本波动较小，其利润空间多受现货市场影响。但由于国际油价处于低位，煤制聚丙烯的成本优势不断消减也影响到了新装置的投产。不过长期来看，由于煤炭价格长期处于低位，煤制烯烃对聚丙烯市场的发展以及价格的走势也将会体现出越来越重要的影响。与上游供应商格局不同，聚丙烯下游市场竞争激烈。

　　聚丙烯的下游市场按照用途划分主要分为5类：编织制品行业、改性塑料行业、包装行业、纤维制品行业和管材制品行业。在我国，编织制品是最大需求类，而市场更为重要的用途是注塑类和薄膜类，特别是高性能薄膜，在国内还占少数。近年来，随着供需变化，聚丙烯的价格几经起落。尽管政策导向对价格走势有一定影响，但由于下游市场参与度高，价格波动大。我国有旺盛的市场需求和巨大的市场缺口，加上中间贸易商以及下游加工企业众多，使得聚丙烯的买卖交易非常活跃。聚丙烯价格波动也十分剧烈。

　　因此，从中长期来看，聚丙烯市场供应面趋于宽松。需求方面，聚丙烯价格上涨过程中，塑编行业由于制成品价格较低，下游企业备货并不积极；共聚注塑行业库存充足，市场成交有限。因此，放眼未来一段时间，聚丙烯市场上游供应压力增大，下游需求减弱，难以支撑目前的高位价格。

三、包装产业供需协调优化分析

（一）加快经营理念创新步伐

　　2016年是印刷市场发生深刻变化的一年，尤其是网络出版的加快发展，新媒体的冲击，不仅带来了市场的变化，更是激活了企业经营理念的创新，突破了原有的生产经营格局，开始重新洗牌。不创新经营理念，就很难在市场上找到企业合适的位置，这迫使企业进行理念创新，转型升级成了企业唯一的选择。不少企业尝试转变发展和经营方式，加快了转型升级步伐。新华报业印务有限公司有三条印刷生产线，印刷有30多种包装，年印刷产值曾经达到 6000 万元。可 2015 年、2016 年由于受到网络出版和新媒体的冲击，迫使报纸包装缩版减彩，发行量下降，有些报纸被迫停刊。由此可见理念创新的重要性，如果不从经营理念上解决问题，转型就无从谈起，只有跳出原有的框框，打开新的思路，从根本上寻找出路，才能真正转变经营理念。越来越多的企业正在不断探索，寻找适合企业发展之路。

（二）开发国际、国内两个市场

国际、国内两个市场的活跃，为企业创造了更大的发展空间，也为企业营造了更多机会，企业自身也十分注重把目光转向国际市场，参与国际市场的分工与合作，主动"走出去"寻找发展机遇。越来越多的企业做外单业务，把国际贸易做得风生水起。协泰彩印有限公司是一家专接外单的企业，拥有先进的包装制品生产加工技术和设备，专门生产制作包装盒、环保包装袋、儿童贴包装、各式包装盘、包装碗、包装杯、礼品盒等包装制品，与零售终端客户沃尔玛、乐购等世界排名前几位的知名大型连锁超市建立了友好稳定的合作关系，产品远销北美、欧洲、大洋洲、南美洲、中东等国家和地区。更难能可贵的是，2014 年，协泰彩印在激烈的竞争中脱颖而出，成为全球唯一一家获得 2014 年巴西世界杯包装品类产品生产制造官方授权企业，向世界展现了中国企业的实力和能力，提升了企业的国际竞争力，出口创汇 2 亿多元人民币。接国际外单是印刷企业"走出去"的重要步骤，对于企业发展具有重要意义。越来越多的企业加入"走出去"的行列。如华奥印务有限责任公司长期做外单业务，产品出口到美国、德国、英国、澳大利亚、俄罗斯及中国香港等国家和地区，年创汇金额达千万元，连续六年被评为文化出口重点企业，并连续四年获得国家 50 万元出口文化奖励。蓝海国际贸易有限公司、龙南正虹包装彩印公司等企业都在"走出去"方面有上佳的表现，取得了丰硕成果。企业"走出去"将成为一种新常态。

（三）发展绿色包装

2017 年我国全年人均 GDP 达到 8836 美元，2018 年达到 9780 美元，按照国际经验，当人均 GDP 突破 10000 美元后，人们的环保意识将会更加强烈，对污染环境的现象将越来越难以容忍，企业的环境成本将会日益提高。包装环境成本将会上升到一个新的高度，由于包装产品很大程度上是一次性使用，会造成大量的废弃物，对环境形成巨大的压力，企业需要高度重视包装产品使用后的处理。目前，大型物流公司，如顺丰、京东等，提出采用可重复使用的包装盒，在快递价格上予以优惠，以引导鼓励用户使用。而新型的可降解包装袋的使用越来越广泛，这种包装袋埋在土中，经过半年时间，就可以成为养分为植物所吸收，不会像以往的塑料袋那样历经百年而不腐，严重破坏土壤本身的透气、保养水分等功能。

包装企业应重视科技突破带来的新产品、新理念，将其不断运用到产品设计、制造之中，发展绿色包装产品，做到节能、减排、降耗，适应当前时代发展要求，降低包装环境成本。随着经济增长，人们对各项物资的需求和消耗呈指数增长，带来的包装废弃物增长数量惊人，而环境承载力和吸纳、消化能力有限，长此下去，必然会导致日益高昂的环境成本代价。所以，应未雨绸缪，在自然报复发生之前，就将其遏制在萌芽状态，这是成本代价最低的方案。应由政府牵头，行业协会组织，企业积极参与，共同研究制定包装产品循环使用方案，提高包装物的利用率，提升回收处理水平，加大环境修复力度，以减轻大量使用包装产品所造成的环境压力。

（四）引导包装消费偏好

政府、行业协会和企业应形成合力，积极引导消费者理性消费，不追求产品包装的奢华，避免出现过度包装、资源浪费。随着我国的经济增长，人民生活水平不断提高，其背后是对资源的急剧消耗和环境承受的压力日益增大。中国是人口大国，有经济学家曾经指出，如果中国人均消费水平和美国人持平，那么整个地球的资源将难以支撑，因为资源是有限的，而人的欲望永无止境。所以中央政府从国家战略的高度提出要建设"资源节约、环境友好型社会"，便是应对此严峻挑战的破题之举。消费者有时会讲求面子，在购买产品时追求外包装的气派，因此需要政府宣传引导，行业协会组织协调，企业切实执行，在包装产品设计上，立足于防伪、智能、实用、降耗，提供适应低资源消耗、高生活水平这一形势发展需要的包装产品。

（五）促使包装企业提供高性价比的产品

我国包装产业的集中度严重低于发达国家，如美国、澳大利亚等国家，这与我国市场发展还不成熟有关。为了提高生产效率，保证企业研发投入，提升竞争力，企业亟须做大做强。我国工信部明确提出，2020年包装产业年主营业务收入要达到2.5万亿元，形成15家以上年产值超过50亿元的企业或集团。政府应积极培育包装产业特色突出的新型工业化产业示范基地，形成一批具有较强影响力的知名品牌。

因此，一方面应依靠市场竞争淘汰落后企业，另一方面要通过政府行政手段，扶强抑弱，对大型包装企业给予优惠政策扶持，促使产业集中度提高，便于企业获得规模效应，以实现成本节约，提供高性价比的包装产品。

第四节 包装产业组织结构的演变趋势和调整策略

在一个产业中，企业数量、规模分布，以及企业间的分工协作关系是该产业的重要特征，称之为产业组织结构。学者们对包装产业分布的集中度、包装产业优化策略进行了较多的研究，但对于包装产业组织结构的相关研究较少，包装行业大中小企业之间的关系即产业组织结构的核心问题几乎成为"被人遗忘的角落"。不同规模的企业各具优势，在产业发展中发挥着不同的作用，大、中、小（微）企业的有机组合以及产业链上下游企业的相互衔接配合构成了产业生态。因此，包装产业组织结构问题对于产业结构优化升级至关重要。

一、包装产业组织结构的特征

（一）产业集中度存在较大的提升空间

相比美国、日本、加拿大、澳大利亚等国的产业集中度，我国的包装产业集中度还很低。据2016年世界包装组织统计，美国纸包装行业排名前五的企业市场占有率超过70%，澳大利亚前两大纸包装企业市占率更是高于90%。而同年中国纸行业总产值8100亿元，印刷经理人排行榜中前十名企业收入占行业总产值的比例仅为4%左右。据国家新闻出版广电总局披露，2016年我国印刷业总产值为1.15余万亿元，排行榜百强销售收入总值1039亿元，占比9%。我国包装产业整体结构调整将进一步加快，行业洗牌、落后产能的淘汰将促进全国优势资源加速向行业内优质企业汇聚。具有资源

（客户认证）、技术、资金优势的龙头企业必将占据主动，提高市场竞争力，引领行业发展。

（二）包装产业的商业生态竞争

1. 包装产业的商业生态体系分析

高度分工的生产体系意味着一家企业的市场竞争力不仅取决于自身的技术、能力和产品，还受到为其提供装备、原材料、零部件和各种辅助服务等业务的关联企业的影响，摩尔（Moore）称之为"商业生态系统"。摩尔将商业生态系统定义为"以组织和个人的相互作用为基础的经济联合体"，他认为，"组织和个人是商业世界的有机体，这种经济联合体生产出对消费者有价值的产品和服务，消费者是生态系统的成员。有机体成员还包括供应商，主要的生产者、竞争者和其他风险承担者"，他们在一个商业生态系统中承担着不同的功能，各司其职，但又形成互赖、互依、共生的生态系统。就像"木桶效应"所说，木桶能盛多少水取决于最短的那块木板，商业生态系统意味着一家企业的命运是与其商业生态系统中其他成员的命运紧紧相连的，它不仅能够影响所处商业生态的健康，而且商业生态的健康也会对它的绩效产生影响。

以纸包装行业为例，日趋严格的国内环保政策，造成自2016年开始国内纸原料价格上涨，对纸包装企业造成了巨大的成本压力，利润不断下滑。而纸包装业的主要客户是消费类电子产品制造商，2017年国内智能手机市场增速放缓，甚至出现了萎缩，致使纸包装企业利润下滑，如位居国内包装印刷行业第一位的裕同科技，其2018年第一季度利润同比下降了6.02%。

包装行业属于大消费行业的附属产业，主要为电子消费产业、烟酒、饮料业以及快递、运输业等提供包装产品，受益于我国经济增长由出口拉动向消费需求拉动转型①，大消费行业增长迅速，包装产业取得了较大的增长。

包装企业与消费品制造企业形成紧密合作关系，如奥瑞金就与红牛饮料合作，将红牛金属罐生产线布置在红牛饮料厂内，而裕同科技的精品包装盒制造厂紧邻华为、三星以及做手机加工组装的富士康工厂。

---

① 根据商务部发布的公开报告，2017年消费对经济增长贡献率达58.8%，连续第四年成为经济增长第一驱动力。

包装产业的原料供应商、生产厂及下游客户等共同构成包装产业的商业生态体系。目前在高端印刷设备制造上，我国企业还需依赖海德堡等德国企业，在包装产品的智能化、材料环保节能等方面与国际一流公司尚存在一定的差距，这与中国的包装教育、人才培养、企业研发、知识产权保护等方面与发达国家存在较大差距有关。

2. 包装产业的商业生态体系竞争

包装企业已经不再局限于仅生产制造包装产品，为更好地服务客户，提升自身核心竞争力，包装企业纷纷提供从结构设计、原料采购、产品制造、物流配送到售后跟踪服务的全流程一体化服务。

此时，包装企业不再单纯定位于制造型企业，而是转型为集广告设计、创意构思、平台采购、印刷制造为一体的多元复合型企业，且与上游的原料供应商、包装印刷设备供应商、广告创意设计公司、物流服务公司等共同构成"整体包装服务提供系统"，包装企业之间的竞争，实际上是以该包装企业为核心的整体生态系统之间的竞争。

如裕同科技，从一家以纸制品、包装产品制造为主的包装企业，逐步发展成为提供创意设计、环保包装、生态家具等多种服务和产品的大型企业。公司大力开展研发投入，建立设计研发中心，设立企业博士后科研工作站，累计取得了200多项设计专利技术，荣获多项国际大奖，奠定了其在高端包装产品制造领域的地位和竞争能力。

3. 与品牌消费企业共生

对于包装企业而言，拥有知名的品牌消费品企业作为客户，是取得较大市场份额的重要途径。如裕同科技与华为、苹果、三星等大公司建立了稳定的长期合作关系，其营业收入连年快速增长，迅速晋升为包装印刷百强企业的第一位。由于品牌企业对于精品包装盒技术含量要求较高，在建立稳定合作关系之后，轻易不会更改供应商，所以能形成一定的行业壁垒。此外精品包装盒定价较高，企业能获得较好的利润，从而可以为企业投入研发、转型升级提供资金支持。这对于企业推进产品研发升级，拉开与其他包装企业的竞争差距，具有重要意义。而难以获得品牌消费企业订单的小型企业，在原料价格上涨、下游客户不断压缩价格空间的情况下，将会面临人工、制造成本上涨，产品利润微薄，生产难以为继的困境。

包装产业属于服务型制造业，其客户主要是消费产品制造企业，如电子消费产品、烟酒、饮料、食品、物流快递等企业。在某种程度上，包装企业和客户形成生态链条的共生效应，即一方的生存发展依赖于另一方。包装产业属于依赖性更强的一方，其发展依靠消费制造产业的市场扩大，而这又依赖于国民收入提升带来的消费升级。共生又被称为互利共生，是两种生物彼此互利地生存在一起，缺此失彼都不能生存的一类种间关系，是生物之间相互关系的高度发展。共生的生物在生理上相互分工，互换生命活动的产物，在组织上形成了新的结构。包装企业与下游客户企业之间的合作关系类似于生物间的共生，包装产品作为最终消费品的组成部分，其外观形态、质量特征、功能效益，对消费品的竞争力和营销力具有重要影响。所以，从某种意义上说，包装企业与下游制造企业在生产上分工协作，彼此依赖，超越了普通意义上的供应商与下游客户的关系，而是一种深刻嵌入、不可分割的牢固、紧密、长期的合作关系。

二、包装产业组织结构的新趋势

（一）平台化

作为全美最大的网上商城，亚马逊的商品销量已超越沃尔玛等传统行业巨头，但亚马逊自己并没有实体卖场，其所有货物都是在网站上销售。它构建了一个全球性网络销售平台，卖家在亚马逊的平台上销售自己的商品，全球的客户都可以在亚马逊商城选购各自所需的商品，亚马逊负责货物集中采购、订单收集报价、物流配送运输和售后反馈维护等工作。亚马逊的巨大成功说明，依托互联网构建销售平台，对于企业发展具有重要意义。

通过构建销售平台，包装企业能够对接客户，并可依托平台整合中小企业资源，共同满足客户需求。如在裕同科技设立、运营的"盒酷网"，客户能将自己的需求，如对包装盒的尺寸、规格、型号、特征等要求提供给包装产品的制造工厂。裕同科技可以根据订单的数量、类型，对于标准程度高、订单量大的产品进行统一大批量生产，而对于个性特点突出、小批量的订单可以通过编排柔性生产线生产，满足客户需求。

"盒酷网"还可以为中小包装印刷企业提供包装产品报价平台，这些企业在网站上发布自己包装盒的品种和报价，客户可以基于网络平台，方便快捷地选购和下单，包装企业则根据订单安排生产，配送货物。

当平台逐渐形成规模效应，如微信和 QQ 发展成为交流通信的主流平台，人们发现自己的好友都在使用微信和 QQ，会逐渐依赖该平台，而不再使用其他通信平台，这样，平台的规模效应随着用户数量的增加而快速增长，进而形成行业壁垒和规模垄断优势，其他企业无法对其形成竞争压力。而且随着用户的增加，人们的需求日益多元化，从而推动平台不断增加、完善各种功能，促使平台的收入和价值不断增长。

基于网络，平台可以接触的客户群远远大于传统实体店铺所能达到的客户、供应商，由于不需支付店面租金、人工费用等各项成本，网站平台在获客成本、运营费用等方面要远低于实体店。由于平台客户的多样性和巨大的规模，平台会发展出一系列新的管理手段和方法、技术，以适应迅速扩大的市场规模，并取得快速的收益增长。

（二）产业链整合

包装企业为提升自身核心竞争力，以获得客户，占领市场，纷纷向"整体包装服务提供商"转型，即在研发设计、原料采购、生产制造、物流配送、售后维护全流程、全环节为客户提供服务。客户只需提出要求，包装企业负责将其实现为产品，并直接与客户的产品生产相匹配，做到产品生产、包装物发货同步进行。

以上这些，均依赖于企业对于产业链的整合，即对原料供应商、设备供应商、广告设计公司、消费行业客户、物流公司等产业链中的利益相关方的资源进行整合。包装企业需运用信息系统，一方面将客户的需求及时传送至原料供应商、设备制造商，以及广告设计公司，让其能及时调整自己的生产安排，以做到按需生产，不断提升产品的适应性。而且包装企业自己也进行创意、造型设计，按照客户需求设计具有节能减排、智能防伪和可溯源等功能的包装产品。另一方面，与客户保持实时沟通，让客户明确包装产品的升级改进、补货进度，以保持良好的衔接。

包装企业的竞争，更多地体现在其设计制造能力，以及以该企业为核心的产业链整合能力。如果能有效整合其产业链，发挥出 $1+1>2$ 的水准，则能在竞争中赢得客户，扩大市场占有率。

（三） 多种技术手段融合

为提升效率，更好地服务客户，包装企业不断融合、采用创新技术，如 RFID 技术。这一技术类似信号发射源，可植入物体之中，远程发送信号，用接收器可接收到信号并采取相应行动，在智能医院、无人工厂和智能车库等场景有广泛应用。

裕同科技采用 RFID 技术，建立了无人自动化工厂，将 RFID 芯片植入物料之中，可全面掌握工厂中加工的所有物料的运动轨迹、加工流程和步骤，由计算机自动调整，产品的加工、包装、出库实现了完全自动化，并且提高了加工的精确度，节约了人工成本。

在柔印、胶印、防伪、可溯源等方面，裕同科技也在稳步推进，不断采用新技术、新工艺，应用创新技术，提升产品的质量水准、功能实效，从而增强企业的竞争能力。新兴技术能重塑产业格局，尤其是在当前信息技术迅速发展、各种新的技术领域相互融合、应用空间不断拓展的背景下，企业应注意跟踪创新科技在包装领域的应用，适应这一发展潮流。

如果企业对这一发展趋势不能做出及时反应，调整经营战略，运用新技术，那么将会在市场竞争中处于不利地位，面临客户流失、市场萎缩的困境。

三、包装产业组织结构调整策略

（一） 推进平台化建设

依赖互联网，构建客户、供应商，以及同行业企业共享信息的业务平台，让客户能通过该平台了解产品型号、价格，进行选购，而同行业企业也可以在平台上发布自己产品的报价，供应商可依据平台反馈的信息，调整原料和零配件的生产和供应进度，实时补货，实现与生产企业的协同。

由于产品销售平台具有自然垄断特征，随着一家主流平台被用户接受，并产生使用依赖时，用户会放弃使用其他销售平台。如同 QQ 和微信普及后，其他如米聊等通信产品会逐渐退出市场那样。所以，在推进销售平台建设的同时，应注意将市场竞争中平台的规模垄断效应和政府引导行为相结合，适应发展趋势，促使统一的包装产品销售平台形成，以提升全行业运营效率。

（二）依靠市场竞争提高行业集中度

企业唯有依靠优良的管理、先进的技术设备，通过市场竞争来提高市场占有率，才能实现长久的发展。如果通过政府行政手段将企业合并，短期内可以提高市场集中度，最终会带来企业绩效下滑，不利于行业全要素生产率的提高。例如，2008 年电信重组，由于合并后企业内部成本费用急剧上升，中国联通的盈利能力和营运能力在合并后均出现大幅度下滑。[①] 这说明单纯依靠行政命令对两家相互竞争的大型企业予以合并，而未能对其内部人员、管理流程、业务经营进行有效整合，反而会对企业的业绩提升产生不利影响。

包装产业属于生产性服务业，随着下游产业集中度不断提升，大型品牌消费企业的市场占有率不断提高，由于品牌消费企业一般不会轻易更换包装产品供应商，所以，包装产品供应商的营业收入也会不断上升，市场占有率也会越来越高。目前，我国包装产业的行业集中度明显低于美国、日本、澳大利亚等发达国家，但未来将会有较大的提升，而这个过程，将会通过市场竞争来完成。

（三）整合产业链，与下游产业展开深入合作

为降低成本，提高协同效应，包装企业应与下游客户结成紧密的合作关系，应用物联网等新理念和技术，优化包装产业价值链的分工协作，节约成本，提升产业链的价值贡献。

作为整体包装服务提供商，相对于其他零部件供应商，包装企业的地位更为重要，因为其提供的包装产品不仅仅是一个包装盒，而是内含了下游消费产品的营销模式、制造理念和售后服务，所以包装企业会从产品设计、营销模式、原料采购、生产制造到售后维护，全方位地参与下游企业运营过程，是下游企业不可分割的重要合作伙伴。这也是品牌消费企业一旦确定包装产品供应商后一般不会更换的重要原因，因为双方有深度合作。现代产业链不是简单的企业间交易，上下游企业是合作制造产品，所制造产品的竞争力不取决于单个企业，而依赖于整个产业链的协作、融合程度，以及各企业

---

① 张任之：《国有企业合并重组提高了企业绩效吗?》，载《经济管理》2016 年第 12 期，第 16 ~ 30 页。

相互叠加的价值贡献所产生的"1 + 1 > 2"的整体效果。

(四) 促进中小企业开展技术创新、激发产业活力

中小企业的重要优势在于由于企业规模小，原有的生产模式投入小，易于尝试新技术、新方法，而且具有"船小好调头"的优势，因而能在大型企业不愿或不留意的新领域开展探索，进行技术创新，开拓出新市场。所以中小企业与大型企业在技术创新上可协同合作，由中小企业来进行新技术、生产方式等的尝试，即使失败了，损失也不大。

创新是需要不断试错的，大企业由于其制度体系逐渐僵化，内部文化已趋向于保守，不太能鼓励个人和团队进行创新试错，所以技术创新往往发生于初创企业，或辞职创业的个体。因此，应因势利导，为创业企业提供政策支持，并鼓励大企业进行内部创业，或收购有发展潜力的中小企业，以资金和技术来支持创新企业的发展。

(五) 引导大、中、小 (微) 企业协同发展

包装产业中的大、中、小 (微) 企业共同构成了产业生态，如同自然生态体系中的生物链条，相互依存，因为大企业是从小企业逐渐发展而来，在激烈的市场竞争中，依靠不断的自我革新，优胜劣汰，不断发展壮大。而随着新技术的出现以及消费需求的演变，大企业如果其不能及时调整经营战略，研发适销对路的产品，将会逐渐走向衰亡。所以，在一定外部条件和企业内部机制的共同作用下，大企业和小企业是能相互转化的。

用户的需求是多样化的，单纯依靠大企业无法满足所有用户的多种需求。如大银行缺乏动力去满足中小企业以及个人用户的融资需求，因为小笔贷款的审核流程同大额贷款的审核流程一样，要消耗同等成本，这样相对于贷款收益来说，小型用户的交易费用过高。而小型金融机构机制灵活，通过模式创新，可以降低借贷审核成本，可以从小额放贷中获得足够的收益，能主动为中小企业、个人用户提供融资服务。

与此类似，许多小型用户的包装印刷等需求要依靠中小包装企业来满足，因为大企业会集中资源，满足大型品牌消费企业的包装需求，不愿在小规模用户上投入过多资源，甚至会放弃该市场。因为按照"二八原则"，对大型包装企业来说，能贡献80%利润的客户才是其需主动争取的。但对于

小型包装企业，中小用户市场关系其生存发展，所以其会努力做好该市场的包装业务。

（六）完善各项法规、制度，营造公平的经营环境

政府监管之手应体现在公平市场交易规则的构建和维护上，而技术创新、管理改善、服务竞争则应由市场主体来进行，政府不能既做裁判员，又做运动员。以行政手段来促成企业合并或关闭，以完成"去产能、去库存"的任务，主导产业发展方向，实不可取。这种做法往往会"适得其反"，因为作为规划制定者，政府每次推出新的政策、制度，每个市场主体都会思考该项政策对自己利益的影响，进而采取最佳应对措施。这种博弈活动所导致的结果往往会与政策制定的初衷相违背，如日本、韩国早期的产业政策的实际效果便是明证。政府更应考虑如何打造公平、合理的市场环境，而不是试图主导产业的发展，人为设定产业结构比例，规定在什么期限，应有多少家企业实现营业收入突破某一个指标值。包装企业营业收入的增长，既取决于所处的大消费行业的发展，也取决于自身经营管理水平、技术研发能力，以及全体员工的工作态度和企业内部文化，多种因素造成了企业的增长。政府制定政策的重点在于减少阻碍企业全要素生产率提升的各种不利因素，塑造优质商业环境，如在人员自由流动、知识产权保护、市场统一规范，以及确保交易的透明度等方面，进行改进提升，以便激发企业活力，释放个人潜力。

过去40年中国的经济奇迹，主要来自企业全要素生产率的提升。改革开放对于各种障碍的破除，释放了企业增长的潜力，调动了员工的积极性，才让中国在改革开放之后取得了巨大的增长，改变了从1820年开始的人均产出下滑的困境①，人民生活水平有了大幅提升。所以，政府应致力于各项阻碍因素的破除，以及构建合理、有效的市场交易体系，并对市场运行进行有效的监管。

---

① 根据英国经济史学家安格斯·麦迪森的测算，1820年，中国人口占世界的36.6%，GDP占世界的32.9%，中国同世界平均水平相比的人均GDP为90.0（世界平均水平＝100）。1952年，中国占世界GDP的比重下降到仅为4.6%，同世界平均水平相比的人均GDP仅为23.8，1978年中国占世界GDP的比重4.9%，而同世界平均水平相比的人均GDP更下降为22.1。

第三章

两化融合：包装产业两化深度融合与集成创新

第一节　我国包装行业的现实状况与突破策略

一、现实状况

改革开放 40 年来，我国包装工业发展取得了巨大的成就，为推进国民经济和社会的快速发展做出了极大贡献，并即将成为世界第一包装大国。在取得突出成就的同时，也存在不少制约自身发展的问题。

（一）创新能力亟待增强

自主创新能力明显不足，基础研究薄弱；行业科技人才群体没有形成规模，创新领军人才严重短缺，创新体系尚未健全，创新机制亟待完善；对引进的技术，进行集成创新、消化吸收再创新的能力欠缺；包装产业装备制造业建立在引进基础上，一直以来没有形成自我发展能力，信息化融合存在较大空间；品牌意识不强，包装行业没有形成具有世界知名度的品牌。绿色包装、适度包装理念逐步成为社会潮流趋势，但适合我国包装行业的绿色节能技术尚未普及，环保装备和工艺缺乏核心技术，没有系统研发体系，拥有自主知识产权少，导致包装产业先进装备和关键技术受制于人。表现在以下几个方面：包装行业在思想上"急功近利"，对科技创新和研发不重视；在行动上采取"拿来主义"，R&D投入严重不足；在制度和机制上，没有相应的成果消化和转化机制，没有培育创新服务平台。行业企业仍然以粗放型生产方式为主，绿色生产方式与体系尚未在全行业形成。

（二）协调发展亟待完善

包装产业存在东中西部发展不平衡、不协调的状况。包装产业发展受到经济发展影响，东部与中西部、东北的发展差距不小，一体化的统筹空间尚未得到开拓；对行业主体中小微企业的成长支持体系不健全；包装产品低档次、同质化问题严重，企业重复建设导致产能过剩问题突出；包装产业与上下游产业之间、产业链之间联系不紧，没有形成产业集群式的发展模式；政企校与科研机构没有形成常态化的产学研合作机制，行业之间信息交流不畅通，科研成果发布与共享渠道缺乏；政府管理缺位，宏观规划不足，政策法规与标准体系不健全，科技创新政策与激励措施不足；行业组织、管理、协调能力欠缺，没有形成行业合力，导致企业间协同发展、协调创新的引领作用没有充分发挥。

（三）信息化水平亟待提升

包装行业缺乏两化深度融合的整体规划；包装产业信息化、智能化率偏低，装备自动化水平不高；行业运用互联网技术进行改革和创新的意识不强，能力不足；采用数字化、网络化技术，借助国外先进思想和经验进行研发、设计、制造的模式尚未普及；行业内没有信息数据意识，尚未建立完备的工业基础数据库，缺乏产业运行统计数据等共享信息；没有建立运用现代信息技术改造原有产品的模式，不会采用信息技术转变生产方式，通过信息化水平的提升促进行业的整体创新能力；信息化时代普及的产品信息、质量安全溯源以及流通检测等系统，尚未在全行业推广和普及。

（四）国际竞争形势严峻

随着全球经济增长模式的深度调整和国际产业布局的重塑，发达国家的"再工业化"和"制造业回归"，其他发展中国家加快推进工业化进程，同时，欧美发达经济体贸易保护主义抬头，我国包装工业发展正面临高端回流、中低端分流的"双重挤压"，在新一轮科技革命和产业变革中，形势十分严峻。

（五）产业转型任务艰巨

包装工业发展面临劳动力等生产要素成本不断攀升、资源和环境约束不断强化等挑战，特别是国家围绕绿色发展，已经出台了强制实施锅炉煤改燃、企业排污权有偿使用、环境违法按日计罚等一系列重大环保举措，并且已经开始实施工业污染源全面达标排放计划等，这种倒逼机制使我国包装工业转型发展将面临极为严峻的考验。

（六）与国家发展战略对接

按照国家2015年发布的《推动共建丝绸之路经济带和21世纪海上丝绸之路的愿景与行动》，"丝绸之路经济带"与"海上丝绸之路"沿线国家多为发展中家，包装工业发展相对滞后，这为中国包装产业配套延伸、产能转移和市场拓展创造了巨大的发展机遇。由于我国包装产业长期所积累的各种问题，特别是由于传统思维限制，企业在理念、战略、技术等方面准备不足，极有可能丧失大好的发展机遇。因此，新常态下包装行业必须尽快树立发展新思维，全面进行发展战略调整，积极对接国内、国际两个市场。

二、突破策略

中国作为包装工业大国，正大力推进产业发展方式转变和行业结构调整。在全球信息化浪潮中，以工业化与信息化融合（以下简称"两化融合"）集成创新的发展战略作为包装产业发展的新动能，精心规划，整体实施，具有重大的战略意义。

（一）实施两化融合集成创新战略是转变经济发展方式的根本途径

我国包装工业仍处于"投资驱动，要素投入"为主的阶段，发展方式粗放，技术进步对行业发展的贡献率不足。长期以来，包装行业发展主要通过物质要素投入推动，而在资源、环境的制约成为瓶颈后，这种增长方式遭遇了不可持续的极限。另外，我国多数包装企业处于全球产业价值链低端，产业发展前景堪忧。如我国包装产业人均能耗达到世界的平均水平，但人均产值仅为世界平均水平的一半。单位产值能耗是世界平均水平的 2 倍，是美国、德国、英国的 2.7 倍、4.8 倍、4.9 倍。同时，包装产业原有的高污染、高能耗生产方式造成了严重的生态环境后果。我国 7 大水系 20% 是劣五类水质，由于包装产业发展所带来的雾霾、"三废"排放等，已经给国民经济发展和人民生活造成了难以计数的损失。因此，面对气候变化、能源安全等世界共同挑战，原有高投入、高消耗、高排放、低效率的发展模式已经难以为继，必须增强包装产业集成创新能力，加快发展方式转变。

（二） 实施两化融合集成创新战略是提升国际竞争力的有效路径

当今包装产业国际竞争日趋激烈，智能、环保、节能成为行业发展的主流。中国包装产业必须未雨绸缪，以工业化和信息化融合为抓手，推进产业创新型发展，从容应对国际包装产业的新变化和新挑战。包装产业实施两化融合集成创新战略也成为我国建设创新型国家的重要组成部分之一。

目前国际上公认的创新型产业具有如下特征：研发费用占产业主营业务收入 2.5% 以上；科技对产业增长的贡献率在 70% 以上；对外技术依存度低于 30%。而我国包装科技对产业增长的贡献率低于 30%，对外技术依存度高于 50%，与创新型产业标准差距明显，虽然近年来我国包装工业科技水平有很大的提高，但距世界包装强国还有很大差距。面对世界包装工业先进水平，中国只有增强危机意识，矢志不渝地实施两化融合集成创新战略，才能在未来世界包装产业竞争中抢占先机。

（三） 实施两化融合集成创新战略是提升科技创新实力的必然选择

纵观世界各国包装产业创新发展趋势，科技始终是推进创新发展的第一引擎，然而我国包装产业的科技实力明显落后于发达国家。包装产业基础研究投入占 R&D 经费的 4%，仅为世界包装强国平均水平的 1/3。我国包装产业的三方专利（美、日、欧授权专利）占世界的 2.4%，不及欧美包装强国的 1/10。2008 年以来，我国包装产业专利实施许可合同数占专利受理数的 1.4%，有效专利极少，自主创新能力难以支持产业健康、可持续发展①。

---

① 中国包装联合会：《中国包装年鉴（2018）》，中国财富出版社 2019 年版。

因此，包装产业发展应紧紧抓住创新驱动这条主线，通过两化融合集成创新战略，着力解决关系产业发展的关键性技术和基础性领域，全面提升科技核心竞争力。

第二节　两化融合的概念界定与内涵特征

一、两化融合

工业化与信息化融合成为中国实践经济发展新理念的国家战略，构成中国经济社会发展的重大理论和实践命题。早在 20 世纪 90 年代，乌家培（1993，1995）就提出工业化与信息化互补共进是历史的选择[1][2]。党和政府高度重视工业化与信息化融合，2002 年党的十六大提出："以信息化带动工业化，以工业化促进信息化，走新型工业化道路……"党的十七大、十八大继续大力推进信息化与工业化融合，促进工业由大变强，党的十九大提出要将"推进新型工业化、信息化、城镇化"作为推动未来中国经济社会发展的新理念。

当前我国工业化发展已经进入中后期阶段。一方面，我国包装行业工业化进程中所面临的越来越严重的资源与环境约束问题，恰好为两化融合提供了广阔的发展空间。包装产业的发展壮大一直以来走的是一条粗放扩张的道路，在微观企业层面普遍存在高耗能、高污染、管理方式粗放等问题，产业进一步拓展资源配置的时空受到限制，极大地制约了企业市场竞争力（李毅中，2009）[3]。另一方面，包装产业深度工业化战略面临结构转型和产业升级的推进问题。这不仅为信息化加快发展提供了产业土壤，而且有利于行业借助信息业培育新业态、新模式（张辽、王俊杰，2017）[4]。

①　乌家培：《正确处理信息化与工业化的关系》，载《经济研究》1993 年第 12 期。
②　乌家培：《关于中国信息化道路几个问题的探讨》，载《经济研究》1995 年第 6 期。
③　李毅中：《坚持扩大投资与调整结构并重》，载《求是》2009 年第 2 期。
④　张辽、王俊杰：《"两化融合"理论述评及对中国制造业转型升级的启示》，载《经济体制改革》2017 年第 3 期。

中国与发达国家相比存在经济发展阶段、环境条件的差异（谢康等，2009）①。国外学术界主要关注经济增长中信息技术的影响（Romer，1990②；Jorgenson & Kevin，1995③；Dewan & Kraelner，2000④；Jorgenson，2001⑤），以及信息技术生产率悖论等（Brynjolfsson & Beyond，2000）⑥，马莎等（Martha et al，2001）认为，两化融合最终形成产业融合发展⑦。卡马卡（Karmarkar，2010）强调两化融合所带来的新业态、新产业。信息技术与传统产业和工艺的结合，或者传统产业在信息技术基础上创造出新的产业形式和新的交易方式⑧。

现有研究成果涉及两化融合集成创新的本质（吴敬琏，2006⑨；周叔莲，2008⑩；谢康等，2012⑪），过程的开放特征与核心过程（Tang，1998⑫；顾冠群，2005⑬），跨界知识整合成为集成创新的重要途径（Singh，2008）⑭。国内学界十分重视两化融合对产业发展的理论研究，对概念和多属层次描述居多（江辉、陈劲，2000⑮；胡汉辉、倪卫红，2002⑯；王焕祥，2006⑰；王

① 谢康等：《中国工业化与信息化融合的环境、基础和道路》，载《经济学动态》2009年第2期。
② Romer，P.，Endogenous Technological Change［J］. Journal of Political Economy，1990，98（5）.
③ Jorgenson，D. W. and J. S. Kevin. Computers and Growth［J］. Economics of Innovation and New Technology，1995，3（3）.
④ Dewan，S. and K. L. Kraelner. Information Technology and Productivity：Evidence from Country Level Date［J］. Management Science，2000（4）.
⑤ Jorgenson，D. W.，Information Technology and the U. S. Economy［J］. American Economic Review，2001，91（1）.
⑥ Brynjolfsson，E. and H. Beyond. Computation：Information Technology，Organization Transformation and Business Practices［J］. Journal of Economic Perspectives，2000，14（4）.
⑦ Martha A.，Garcia Murillo，Mac Innes I. FCC Organization Structure and Regulatory Convergence［J］. Telecommunication Policy，2001，25（6）.
⑧ Karmarkar U. S. The Global Information Economy and Service Industrialization：The UCLA BIT Project［J］. Service Science，Management & Engineering，2010，37（7）.
⑨ 吴敬琏：《中国应该走一条什么样的工业化道路?》，载《管理世界》2006年第8期。
⑩ 周叔莲：《推进信息化与工业化融合意义重大》，载《人民日报（理论版）》，2008年6月2日。
⑪ 谢康等：《中国工业化与信息化融合质量：理论与实证》，载《经济研究》2012年第1期。
⑫ Tang. H. K. An Integrative Model of Innovation in Organizations［J］. Technovation，1998，18（5）.
⑬ 顾冠群：《大学的使命与产学研合作的基础创新》，载《江苏科技信息》2005年第1期。
⑭ Singh J. Distributed R&D，Cross－Regional Knowledge Integration and Quality of Innovation Output［J］. Research Policy，2008（37）.
⑮ 江辉、陈劲：《集成创新：一类新的创新模式》，载《科研管理》2000年第9期。
⑯ 胡汉辉、倪卫红：《集成创新的宏观意义：产业集聚层面的分析》，载《中国软科学》2002年第12期。
⑰ 王焕祥：《创新的复合效率及其增进模式研究》，载《科研管理》2006年第5期。

国红、邢蕊、唐丽艳，2010①；管艳、吴和成、黄舜，2011②）。对于两化融合推进区域产业创新的实证研究方面，主要是两化融合对产业集成创新的影响分析（支燕、白雪洁、王蕾蕾，2012③；邢蕊、王国红、唐丽艳，2013④；许庆瑞、吴志岩、陈力田，2013⑤；张龙鹏、周立群，2016⑥；焦勇、杨蕙馨，2017⑦）。

对两化融合的认识包括两个方面：一是"工具论"，二是"渗透论"。"工具论"认为，从本质上说，产业的工业化与信息产业还是两种独立的产业，这种两化融合是产业借助信息技术改造传统生产组织方式、组织管理模式和营销流通渠道等，创造出全新的产业，表现为广泛应用信息技术改造包装产业传统的技术方式，提升产品品质，提高组织管理效率等，同时促进产业技术密集程度的提升，最终全面提升包装产业的全要素生产率。"渗透论"认为，从本质上说，工业化与信息化的发展不分彼此，包装产业的工业化与信息化相互促进、相互交融，主要表现为通过两化的深度结合，带动整个包装产业生产力、生产方式、管理模式、改造创新等方面的深度变革。当然，对于两化融合的深层次探讨，应该涉及对更为广阔的经济、社会发展层面影响的关注。米增渝（2012）指出，两化融合不仅在于经济的增长，而且在于能够协调资源与环境的约束、统筹城乡发展不平衡、调整产业结构等问题⑧。陈石、陈晓红（2013）特别指出了"两化融合"所带来的经济效应和社会效应，但这两种效应由于企业性质不同而存在差异⑨。

综上所述，两化融合是经济社会发展到一定阶段的必然产物。学术界对

---

① 王国红、刑蕊、唐丽艳：《基于知识场的产业集成创新研究》，载《中国软科学》2010 年第 9 期。

② 管艳、吴和成、黄舜：《基于改进 DEA 的江苏省科技资源配置效率研究》，载《科研管理》2011 年第 2 期。

③ 支燕、白雪洁、王蕾蕾：《我国"两化融合"的产业差异及动态演进特征》，载《科研管理》2012 年第 1 期。

④ 刑蕊、王国红、唐丽艳：《基于 SD 的区域产业集成创新支持体系研究》，载《科研管理》2013 年第 1 期。

⑤ 许庆瑞、吴志岩、陈力田：《转型经济中企业自主创新能力演化路径及驱动因素分析》，载《管理世界》2013 年第 4 期。

⑥ 张龙鹏、周立群：《"两化融合"对企业创新的影响研究》，载《财经研究》2016 年第 7 期。

⑦ 焦勇、杨蕙馨：《政府干预、两化融合与产业结构变迁》，载《经济管理》2017 年第 6 期。

⑧ 米增渝：《信息化与中国农村信息工业化》，载《中国软科学》2012 年第 6 期。

⑨ 陈石、陈晓红：《"两化融合"与企业效益关系研究》，载《财经研究》2013 年第 1 期。

其内涵存在不同理解，但也存在共识：两化融合既是工业化与信息化相互作用与渗透的结果，也是融合的过程（谢康，2009）；既是产业结构转型升级的手段，也是传统行业工业化道路转变的路径（谢康，2012）。具体表现为，两化融合在运用层面将信息通信技术更加广泛地应用于包装产业的设计、成本、生产、物流、仓储、销售等产业链的整个过程，实现产品、技术和管理三者最大限度的有机融合。

包装工业已经成为我国制造业体系中的重要组成部分，其产业竞争力以及研发和创新能力的高低直接影响到国家整体新型工业化目标的实现。因而，可以将包装产业"两化融合"作为国家两化深度融合发展的"试验田"和切入点。在国家实施两化融合战略的背景下，包装产业的"两化融合"发展不仅要实现信息技术全面融入包装行业的研发、设计、生产、制造等生产环节和采购、销售、财务、资管等业务流程中，更为重要的是，包装产业的两化融合实施过程肩负着为国家工业化探索跨越式发展及增长方式转变路径的任务。

二、集成创新

集成创新（integrated innovation）思想最早出现于熊彼特（1921）提出的"创新理论"。熊彼特从"一种新的生产函数"的角度把创新看作在一定生产条件下实现各种生产要素的"新集成"（组合）。表现为新产品开发、新技术应用、新市场拓展、新原料供应、新组织创建（金军、邹锐，2002）[①]。

从历史发展的角度看，集成创新理论经历了不同知识领域的集成、融合、演进过程。20世纪60年代，新兴的系统管理理论首先奠定了集成创新的理论基础。该理论从组织管理的角度考察企业所要达成的管理目标、相适应的组织结构、运行的管理过程以及所需要的人的因素等（易之卿，2015）[②]。进入70年代，受到生物进化论的启发，美国学者纳尔逊和温特创造性地提出了创新进化论，使集成创新理论实现了新的跨越。随后，集成创新概念从创新管理的范畴拓展到更为广泛的领域。正如德鲁克在《创

[①]　金军、邹锐：《集成创新与技术跨越式发展》，载《中国软科学》2002年第12期。
[②]　易之卿：《外部技术获取对装备制造业集成创新的影响》，湘潭大学硕士学位论文，2015年。

新与企业家精神》一书中所指出的："……创新既然是生产要素的重新组合，就不仅指科技，也指管理、销售……美国的新经济本质上是创新型经济，这种创新型经济既包括技术创新，也包含观念创新，还包括制度、行为、组织等运行模式的创新。"同时，其他领域的知识和理念反过来也推动了集成创新理论的发展。20世纪80年代后，系统论、协同论与集成创新思想相互融合，构成了集成创新理论基础。80年代中后期，集成创新理论被广泛运用并取得了不少成果。1986年，罗森伯格和克莱茵提出创新链环理论，归纳了创新的动态性、综合性、集成性特征，并论证了影响创新的多种因素之间相互作用的关系。1987年，弗里曼首次提出，国家创新系统的主体是技术创新及其相应的组织、制度在国家框架内的集成创新。可见，集成创新所体现的综合性、集成性思想由来已久。

到了90年代中后期，集成创新理论转向于技术集成（Marco Iansiti and Jonathan West，1997）[1] 和知识集成方向的研究。杨西蒂（Marco Iansiti，1998）首先提出了"技术集成"概念，是企业面对市场变化的有效应对策略[2]。而集成创新关键是把握技术的市场需求环节（H. K. Tang，1998）。后来的学者分别从创新战略、创新范围、组织计划、管理创新、创新组织等方面，构建了企业集成创新框架（Sarkar，2007）。理论和实证两方面表明，企业能够通过系统集成和技术变化获得持续竞争优势（Best，2001）。供应商整合能够影响企业新产品的开发过程（Petersen，2003）。而位于产业链顶端的企业利用与供应商、客户、竞争对手之间的紧密联系，可以建立新的技术与知识网络，获得独有的竞争优势[3]。

此外，"五代创新模式"的演变过程，也说明了集成创新是经济社会发展的必然结果。技术创新模式演变历经五代，分别是："技术推动"创新模型→"市场需求拉动"创新模型→"技术推动与需求拉动耦合"创新模型→"研发、制造、营销平行交叉"创新模型→"系统一体化与扩展网络"

---

① Iansiti, M. and West, J. Technology Integration：Turning Great Research into Great Pruducts ［J］. Havard Business Review，May－June，1997：69－79.

② Marco Iansiti. Technology Integration：Making Critical Choices in A Dynamic World ［M］. Harvard Business School Press，1998.

③ Kodama, F., Forward by Lewis M. Branscomb. Emerging Patterns of Innovation-sources of Japan's Technological Edge ［M］. Bostom, Massachusetts：Harvard Business School Press，1991.

创新模型。创新模式演进标志着创新路径从线性向非线性转变，从离散型向集成网络型转变，也标志着创新从简单向复杂转变①。

国内对集成创新的研究始于 20 世纪 90 年代，并迅速掀起研究的高潮，标志着我国开始进入技术集成创新的时代②。得益于对国外集成创新思想的批判性接受，国内研究站在了一个较高的起点，也经历了生产管理学→技术创新→集成创新这一发展过程。

在生产管理学方面，李宝山、刘志伟（1998）从生产管理的角度，指出创新即在各生产要素的结合中注入创造性思维③。其他学者从集成机制、集成要素、集成系统等方面分析了集成创新的理论和方法体系④。

在企业技术创新方面，技术集成、组织集成、知识集成构成集成创新的思路，他们分析了企业达到快速形成创新机制目的所需要的手段，并设计了对企业层面的集成创新进行考察的评价指标体系⑤。庄越、欧光军、胡树华（2002）则从管理、组织、知识、技术四个方面对集成创新进行了动态的考察，并从产品创新的角度阐述了不同管理集成模式的特点、选择依据及作用⑥。集成创新的关键是，由于企业产品和技术之间的需求，成为集成各种技术资源的外在动力⑦。有学者以装配企业为例，指出集成创新能力是由战略集成能力、知识集成能力和组织集成能力等各要素连接而形成的创新能力系统。

不少学者对集成创新理论层面的抽象概括做出了贡献。陈劲（2002）系统阐述了集成创新的理论模式以及操作要点⑧。基于核心能力的组合创新，包括产品与工艺创新组成的核心，以及体制、文化与组织创新组成的外围（许庆瑞等，2002）⑨。杨廷双、西宝（2003）则深入探讨了集成创新模式的流程管理、集成方式等几个方面。

---

①②　路甬祥：《百年科技话创新》，湖北教育出版社 1998 年版。
③　李宝山、刘志伟：《集成管理——高科技时代的管理创新》，中国人民大学出版社 1998 年版。
④　海峰、李必强、向左春：《管理集成论》，载《中国软科学》1999 年第 3 期。
⑤　江辉、陈劲：《集成创新：一类新的创新模式》，载《科研管理》2000 年第 5 期。
⑥　庄越、欧光军、胡树华：《现代企业产品创新集成化的原理与方法》，载《科研管理》2002 年第 1 期。
⑦　慕玲、路风：《集成创新的要素》，载《中国软科学》2003 年第 11 期。
⑧　陈劲：《基础创新的理论模式》，载《中国软科学》2002 年第 12 期。
⑨　许庆瑞等：《中国企业技术——基于核心能力的组合创新》，载《管理工程学报》2000 年第 12 期。

进入 21 世纪后，集成创新研究成果已经被更为深入地运用到社会经济系统的不同层面。如企业集成创新体系被划分为科技 R&D、市场 R&D、文化创新、管理创新、组织创新、机制创新，以及产品、工艺和服务的创新等，内核是科学与技术创新。具体包括战略集成、组织集成和知识集成三个层面的企业集成创新模型。孟浩、何建坤、吕春燕（2006）分析了集成创新与创新集成的区别和联系[1]。系统集成创新涵盖引进、消化吸收与集成创新，是利用已有知识、技术创造性地以系统集成的方法创造出新的产品、工艺或经营模式（王众托，2007）[2]。李平、随红光（2008）运用 DEA 方法测算了包括集成创新能力在内的三种创新能力[3]。朱孔来（2008）分析了基础创新内涵特征及推进模式[4]。张方华（2008）构建了集成创新的过程模型，结合案例分析提供了对策[5]。李文博（2009）构建了集成创新的复杂耦合系统模型，并分析了系统的复杂性[6]。王国红、邢蕊、林影（2011）从社会网络嵌入视角分析了产业集成创新的风险研究[7]。王国红、邢蕊、唐丽艳（2012）基于系统动力学理论分析了区域产业集成创新系统的协同演化特征和路径[8]。唐丽艳、周建林、王国红（2013）从产学研角度，构建了基于 DEMATEL－ANP 的集成创新综合评价体系[9]。许庆瑞、吴志岩、陈力田（2013）辨析了三种创新能力概念，以海尔集团为案例分析了转型经济中企业自主创新能力演进的路径，补充了驱动因素的研究不足[10]。邢蕊、王国红、唐丽艳（2013）从系统动力学角度分析了区域产业集成创新的支持

① 孟浩、何建坤、率春燕：《创新集成与集成创新探析》，载《科学学研究》2006 年第 8 期。
② 王众托：《系统集成创新与知识的集成和生成》，载《管理学报》2007 年第 9 期。
③ 李平、随红光：《三种自主创新能力与技术进步——基于 DEA 方法的经验分析》，载《世界经济》2008 年第 2 期。
④ 朱孔来：《关于集成创新内涵特点及推进模式的思考》，载《现代经济探讨》2008 年第 6 期。
⑤ 张方华：《企业集成创新的过程模式与运用研究》，载《中国软科学》2008 年第 10 期。
⑥ 李文博：《企业集成创新系统的深层耦合机理及其复杂性涌现》，载《科技进步与对策》2009 年第 3 期。
⑦ 王国红、邢蕊、林影：《基于社会网络嵌入性视角的产业集成创新风险研究》，载《科技进步与对策》2011 年第 1 期。
⑧ 王国红、邢蕊、唐丽艳：《区域产业集成创新系统的协同演化研究》，载《科学学与科学技术管理》2012 年第 2 期。
⑨ 唐丽艳、周建林、王国红：《基于 DEMATEL－ANP 的产学研集成创新评价研究》，载《科学学与科学技术管理》2013 年第 12 期。
⑩ 许庆瑞、吴志岩、陈力田：《转型经济中企业自主创新能力演化路径及驱动因素分析》，载《管理世界》2013 年第 4 期。

体系①。唐丽艳、祝庆、王国红（2014）从区域知识承载力的角度分析了产业集成创新的支持体系②。王国红、刘力铭、邢蕊（2017）在阐述产学研合作与集成创新互动关系的基础上，从关系视角分析了影响集成创新的关键因素③。

综上所述，集成创新分为狭义和广义两种。

狭义集成创新立足于技术层面，更强调通过对各种现有相关技术的有效集成，形成有市场竞争力的产品、技术、市场、组织和新兴产业。在社会化大生产条件下，产业之间联系紧密，各种技术相互依存，往往需要借助多种技术才能有效突破制约的瓶颈，单一技术、单一组织、单一管理模式已经难以形成持续的竞争力和创造力，而多技术、跨组织、多模式集成创新的优势凸显。如果将狭义集成创新定义为"技术集成创新"，则强调技术角度的创新集成作为基础和核心。然而，在信息经济时代，集成创新具有丰富的内涵和广阔的外延，单从技术角度理解显然远远不够。它不仅包括制度、组织、市场等层面的创新，还涉及创新主体、创新载体、创新环境等各要素、各系统等综合集成的过程和效果。

广义集成创新以系统集成思想为理论指导，以集成手段为方法基础，以集成管理为过程核心。从本质上来说，集成创新是创新要素的交相融合、创新内容的交叉升华、创新主体的集成。因此，集成创新可以通俗地定义为：以系统思想方法为指导，运用信息技术、管理技术手段，创造性地将不同的知识、技术、市场、管理、文化以及制度等各种要素和内容进行综合选择和优化集成，形成合理的结构方式，实现功能倍增性、适应进化性和生产效率效益最大化的实践过程。

从不同的角度看，集成创新包括纵向集成创新和横向集成创新两类。把生产链各环节结合为一个有机整体就是纵向集成创新；把不同主体间以及创新主体与环境间的各种创新因素有机整合起来并形成创新网络就是横向集成创新。

---

① 邢蕊、王国红、唐丽艳：《基于 SD 的区域产业集成创新支持体系研究》，载《科研管理》2013 年第 1 期。

② 唐丽艳、祝庆、王国红：《基于区域知识承载力的产业集成创新支持体系的研究》，载《当代经济管理》2014 年第 9 期。

③ 王国红、刘力铭、邢蕊：《基于关系视角的产学研集成创新影响因素分析》，载《科技管理研究》2017 年第 8 期。

集成创新具有以下特点：

第一，创造性特点。集成创新不是系统各要素简单、机械地集中组合，而是众多要素优化匹配、长短互补，形成合理的结构形式（即有机融合），从而能够产生新的核心竞争力。这种创新形式处于动态调整过程中，且更加注重创新效果及持续的竞争力。

第二，融合性特点。这种融合以创造性思维为基础，包括要素的主动优化、选择搭配、合理的结构形式，是技术融合的进一步延伸。通过把生命周期不同阶段的产品、企业、产业组合在一起，把不同创新能力、创新实践、创新流程的主体有机集成在一起，实现创新要素匹配、创新内容互补的效果，是一种创造性的融合过程。

第三，系统性特点。集成创新以系统论和协同论为理论基础，将战略、资源、市场、组织、知识、技术等综合形成有机系统。创新系统是开放性系统，与外界持续进行频繁的信息、物质和能量交换，这种交换与联系由量变到质变，进而激发原有系统的功能。于是，通过创造性的集成，重新调整系统内各要素之间的组成和联系，从而使原有各要素在集成作用的基础上形成一个综合的新系统。

第四，倍增性特点。倍增性也被称为集成放大效应，是优化系统性后的结果。倍增性来自各构成要素的相互融合，要素之间优化搭配，并与创新环境相适应，成为合理的结构形式，形成要素适宜、优势互补、相互匹配的有机体，使系统的整体功能发生质变。在这一过程中，需要调控各集成要素的比例关系、相互作用机制、相互联系途径和方式等，使其结构趋于优化，实现整体功能放大，形成 $1+1>2$ 的集成放大效应。例如，我国大力推行的"产学研结合"，建立国家宏观创新体系，结合产业、学校、科研机构中观层面的创新支持系统，加上企业微观层面的具体实践，有利于实现集成创新。管理科学、信息技术的发展也为广义集成创新提供了理论和物质条件。因此，我们需要更加广阔的视野，理解和认识广义集成创新，并落实到自主创新的过程中。

三、两化融合集成创新

综上所述，两化融合集成创新离不开工业化与信息化的相互作用过程，是二者相互渗透的必然结果，是工业化与信息化发展的历史必然。可见，两化融合集成创新既是手段，也是结果。两化融合不仅将电子、信息技术广泛应用于产品的设计、生产、采购、销售等整个生产过程，而且对企业现有组织、制度、技术、市场等重新进行有效集成，完成组织创新、制度创新、技术创新、市场创新，最大限度地实现产品、技术和管理的有机融合。

从广义的角度来看，两化融合集成创新在理论上以系统集成为指导思想，在方式上以信息化集成为实施手段，在过程中以集成管理为核心，主动进行多要素搭配，优势互补匹配，相互有机组合，形成一个持续产生新的核心竞争力的创新有机体，从而使产业创新系统的整体功能产生质的飞跃，形成特有的创新能力和优势，达到 $1+1>2$ 的效果。

包装产业作为我国制造业的支柱产业之一，面临自身产业结构的转型升级，其两化融合是国家整体新型工业化目标的组成部分，可谓责任重大。"两化融合"作为我国包装产业发展方式转变和转型升级的切入点，其目标不能局限于运用信息技术对业务流程、研发设计和生产制造等活动进行优化创新，更重要的是要借助两化融合所带来的发展机会，进行思想和理念的创新，实现增长模式、产业结构、资源配置方式等方面深层次的转变。

第三节　两化融合集成创新推进包装产业发展：理论与实证

一、理论分析

（一）假设前提

两化融合是工业化发展过程中信息化促进工业化加速发展、信息化发展过程中工业化助力信息化深入的过程，可以表示为一种趋同或收敛现象（谢康，2005）。根据谢康（2005）的趋同模型理论，两化融合最终会实现生产效率提升，所以两化融合既是一种过程，也可以被看作是一种过程状态[①]。

[①]　谢康：《系统不确定性、趋同与优化——论非系统中的管理科学问题》，载《中山大学学报（社科版）》2005 年第 2 期。

我们用融合水平或融合位置 Y 表示融合的过程状态，用融合系数 r 表示生产技术效率，代表融合的过程。在工业化既定的条件下，生产技术效率指以最小的信息化投入获得最大的工业化效益，或在信息化既定的条件下，以最小的工业化投入获得最大的信息化效益（谢康等，2009a）[①]。两化融合之处即实现融合状态总成本最小的位置（谢康等，2009b）[②]。因此，我们用两化融合状态 Y_i^j 表示工业化（i = 1）、信息化（i = 2）在 j 阶段末所处位置，设最初赋值 $Y_1^0 = a$，$Y_2^0 = b$，且在初始状态信息化水平处于起步阶段，低于工业化发展水平，令 a > b。根据谢康（2005）趋同模型及其假设，两个系统趋同过程中，占优势系统和占劣势系统存在相互渗透和趋同，但总体上是占劣势的系统向占优势的系统方向趋同。设 m_1 表示工业化向信息化的渗透程度，即工业化趋向信息化系数，m_2 表示信息化向工业化的渗透程度，即信息化趋向工业化系数。在两化融合过程中，信息化技术水平提高会有力地促进工业化水平在广度和深度上的提升，有效提高工业化发展程度，即工业化与信息化的相互融合渗透过程中，信息化向工业化的融合渗透程度更强，即 $m_1 < m_2$（且 $0 < m_1 + m_2 \leqslant 1$）。反过来，在工业化向信息化渗透融合过程中，工业化程度的提高将有力地带动信息化向高水平发展，同时工业化也将更好地适应信息化发展，即工业化与信息化的相互融合渗透过程中，工业化向信息化的融合渗透程度更强，即 $m_1 > m_2$（且 $0 < m_1 + m_2 \leqslant 1$）。

现实中两化融合存在摩擦成本 C，这一成本既来自上层建筑如社会风俗传统不同、经济体制机制差异、思想观念冲突或社会文化范式迥异等因素，也可能来自组织管理层面的跨区域或多部门之间的协调、组织路径依赖、利益格局调整阻力等因素。这些因素对两化融合的路径和过程造成影响，导致工业化或信息化的演进过程和最终结果不再是最优的。其中，假设工业化成本一定，信息化偏离指信息化投入不足或过度。同理，信息化成本一定，工业化偏离指工业化投入不足或过度。此外，两化融合存在协调成本，这是对融合进程中进行协调以降低摩擦成本而产生的成本，包括在推进融合过程中

---

① 谢康、肖静华、乌家培：《中国工业化与信息化融合的环境、基础和道路》，载《经济学动态》2009 年第 2 期。

② 谢康、李礼、谭艾婷：《信息化与工业化融合、技术效率与趋同》，载《管理评论》2009 年第 10 期。

投入的资源、工具或手段等（谢康、肖静华，2011）[1]。

在本节余下的部分，笔者将分别以完全竞争和不完全竞争为前提条件，建立两化融合的理论模型，先分析完全竞争的理想状态，抓住问题的主要矛盾和关键因素，其次再放松假设，分析在不完全竞争的更为一般情况下的融合路径所涉及的影响因素和条件，为实证研究提供理论基础。

（二）完全竞争条件下的融合路径

以谢康（2005）的趋同模型为理论基础，我们首先讨论在完全竞争条件下包装产业信息化带动工业化发展的路径（肖静华等，2006，2007）[2][3]。在完全竞争的理想状态下，假设两化融合不存在摩擦成本，在经过第一轮融合后，融合初始状态 Y_1^0 和 Y_2^0 分别转变为 Y_1^1 和 Y_2^1。经过 n 轮融合过程之后变化的位置分别记为 Y_1^n 和 Y_2^n。分析信息化带动工业化的过程路径，根据前述的假设，即 $m_1 < m_2$，那么，在第 n 阶段末分别受到工业化和信息化影响后两化融合状态依次表示为：

$$Y_1^n = Y_1^{n-1} + m_1(Y_2^{n-1} - Y_1^{n-1}) = (1 - m_1)Y_1^{n-1} + m_1 Y_2^{n-1} \quad (3-1)$$

$$Y_2^n = Y_2^{n-1} + m_2(Y_1^{n-1} - Y_2^{n-1}) = (1 - m_2)Y_2^{n-1} + m_2 Y_1^{n-1} \quad (3-2)$$

式（3-1）和式（3-2）表现了"融合是一种过程也是一种状态"的理念。假设完全竞争状况下，工业化融合信息化用上一阶段信息化与工业化之差与其融合系数之乘积表示，即 $m_1(Y_2^{n-1} - Y_1^{n-1})$；同理，信息化融合工业化用上一阶段工业化与信息化之差与其融合系数之乘积表示，即 $m_2(Y_1^{n-1} - Y_2^{n-1})$。其中，融合系数 m_1 和 m_2 表示融合的过程，位差 $(Y_2^{n-1} - Y_1^{n-1})$ 和 $(Y_1^{n-1} - Y_2^{n-1})$ 表示融合的状态。

那么，完全竞争条件下要证明式（3-1）和式（3-2）就是工业化促进信息化的融合进化方程，只需证明 $\lim_{n \to \infty} Y_1^n = \lim_{n \to \infty} Y_2^n$ 即可。

设矩阵 $A = \begin{bmatrix} 1 - m_1 & m_1 \\ m_2 & 1 - m_2 \end{bmatrix}$，由式（3-1）和式（3-2）得：

---

① 谢康、肖静华：《工业化与信息化融合——一个理论模型》，载《中山大学学报（社科版）》2011年第4期。

② 肖静华等：《信息化带动工业化的发展模式》，载《中山大学学报（社科版）》2006年第1期。

③ 肖静华、谢康：《企业IT应用水平评价模型与等级分析》，载《中山大学学报（社科版）》2007年第5期。

$$\begin{bmatrix} Y_1^n \\ Y_2^n \end{bmatrix} = A \begin{bmatrix} Y_1^{n-1} \\ Y_2^{n-1} \end{bmatrix} = A^2 \begin{bmatrix} Y_1^{n-2} \\ Y_2^{n-2} \end{bmatrix} = \cdots = A^n \begin{bmatrix} Y_1^0 \\ Y_2^0 \end{bmatrix}$$

求解 A^n。可以证明 $\lim\limits_{n \to \infty} Y_1^n = \lim\limits_{n \to \infty} Y_2^n = \dfrac{m_2}{m_1 + m_2} a + \dfrac{m_1}{m_1 + m_2} b$，证毕。

根据对称性原理，信息化促进工业化融合过程的进化方程与式（3－1）和式（3－2）形式相同，推导过程相同。

（三）不完全竞争条件下的融合路径

下面在完全竞争条件的基础上加入摩擦成本以及所产生的协调成本。由前述理论分析可知，摩擦成本与两化融合的偏离程度（即两者距离 $d_n = |Y_1^n - Y_2^n|$）存在正相关关系。而各阶段的融合存在迭代关系，即第 n 阶段的融合由第 n 阶段前各阶段的融合偏离累积之和所产生并表示。假设第 n 阶段工业化所产生的摩擦成本表示为 $C_S^n(d_{n-1}) = k_S d_{n-1}$，$k_S$ 为交易成本系数，且大于 0，随两化融合的偏离程度的减小而减少，设 $k_S = k_s(Y_2^{n-1} - Y_1^{n-1})$，$k_s$ 为常数[①]。又设第 n 阶段信息化面临的摩擦成本为 $C_T^n(d_{n-1}) = k_T d_{n-1}$，$k_T > 0$，$k_T$ 为交易成本系数，随信息化与工业化融合的偏离程度的减小而减少，设 $k_T = k_t(Y_1^{n-1} - Y_2^{n-1})$，$k_t$ 为常数。在融合中，第 $n-1(n = 1, 2, \cdots, m)$ 阶段末两化融合状态的距离为 $d_{n-1} = |Y_1^{n-1} - Y_2^{n-1}|$，故第 n 阶段工业化进程的摩擦成本为 $C_S^n = k_S |Y_1^{n-1} - Y_2^{n-1}|$。那么，工业化进程的摩擦成本影响可表示为：

$$Y_1^n = Y_1^{n-1} + m_1(Y_2^{n-1} - Y_1^{n-1}) - k_s(Y_2^{n-1} - Y_1^{n-1})^2$$

$$Y_1^n = Y_1^{n-1} + m_1(Y_2^{n-1} - Y_1^{n-1}) - C_S^n = Y_1^{n-1}$$
$$+ m_1(Y_2^{n-1} - Y_1^{n-1}) - k_S |Y_1^{n-1} - Y_2^{n-1}|$$

前述假设两化状态的初始值关系为 $a < b$，有：

$$Y_1^n = Y_1^{n-1} + m_1(Y_2^{n-1} - Y_1^{n-1}) - C_S^n = Y_1^{n-1} + (m_1 - k_S)(Y_2^{n-1} - Y_1^{n-1})$$

同理，对于信息化有：

---

① 假定为常数是基于对融合过程的一种简化讨论，以得到对融合过程较直观的理解。模型中 Y 代表工业化或信息化融合状态，而不是代表工业化或信息化发展水平，因而融合速度应与工业化、信息化融合程度相关。如果考虑工业化或信息化发展水平，融合系数和交易成本系数应随工业化和信息化水平，以及水平之间差距的不同而不同，融合过程有可能呈现倒 U 型或 U 型。

$$Y_2^n = Y_2^{n-1} + m_2(Y_1^{n-1} - Y_2^{n-1}) - C_T^n = Y_2^{n-1} + (m_2 - k_T)(Y_1^{n-1} - Y_2^{n-1})$$

令 $\Delta m_1 = -k_s(Y_2^{n-1} - Y_1^{n-1})$，$\Delta m_2 = -k_t(Y_1^{n-1} - Y_2^{n-1})$，于是，摩擦成本影响融合路径通过对它们的融合系数的影响表示出来。我们分别以 Δm_1 和 Δm_2 表示工业化、信息化过程中的摩擦成本系数，根据分析，Δm_1 和 Δm_2 是取值在绝对值小于 1 范围内的负数，且它们的绝对值大小与两化融合水平成反相关关系。

所以，受到摩擦成本影响的工业化促进信息化的进程方程为：

$$Y_1^n = Y_1^{n-1} + (m_1 + \Delta m_1)(Y_2^{n-1} - Y_1^{n-1}),$$
$$Y_2^n = Y_2^{n-1} + (m_2 + \Delta m_2)(Y_1^{n-1} - Y_2^{n-1})$$

此时，只要摩擦成本 Δm_1 和 Δm_2 在合理范围内，它们对两化融合的影响有限，条件 $\lim_{n \to \infty} Y_1^n = \lim_{n \to \infty} Y_2^n$ 依然成立。这意味着，经过连续融合过程，两化融合最终会实现。但是，该融合路径由于存在摩擦成本，不是最佳融合路径，这一过程我们用 $\Delta m_1(Y_2^{n-1} - Y_1^{n-1})$ 和 $\Delta m_2(Y_1^{n-1} - Y_2^{n-1})$ 分别表示，以此表示工业化促进信息化的过程效果。

在上述完全竞争条件下融合路径分析结果的基础上，假设开始的赋值相同（$a < b$），增加摩擦成本后的发展路径有：

$$Y_1^{n-1} + (m_1 + \Delta m_1)(Y_2^{n-1} - Y_1^{n-1}) < Y_1^{n-1} + m_1(Y_2^{n-1} - Y_1^{n-1})$$
$$Y_2^{n-1} + (m_2 + \Delta m_2)(Y_1^{n-1} - Y_2^{n-1}) > Y_2^{n-1} + m_2(Y_1^{n-1} - Y_2^{n-1})$$

可见，该路径每一轮融合的程度 $|\Delta Y_1^n| = |(m_1 + \Delta m_1)(Y_2^{n-1} - Y_1^{n-1})|$ 小于完全竞争条件下的融合程度 $|\Delta Y_1^n| = |m_1(Y_2^{n-1} - Y_1^{n-1})|$；而完全竞争条件下的融合程度 $|\Delta Y_2^n| = |m_2(Y_1^{n-1} - Y_2^{n-1})|$ 大于具有摩擦成本的不完全竞争条件下的融合程度 $|\Delta Y_2^n| = |(m_2 + \Delta m_2)(Y_1^{n-1} - Y_2^{n-1})|$。该结论表明，两化融合在不完全竞争条件下比完全竞争条件下的各种成本更大。

为最终达到两化融合目标，我们需要对摩擦成本进行协调调整，从而会产生协调成本，其大小受到摩擦成本的大小、方向和性质等因素影响。假设第 n 阶段工业化的协调成本为 $T_S^n(d_{n-1}) = t_1 d_{n-1}$（$t_1$ 为定值，$t_1 > 0$），与第 n−1 阶段的偏离程度 $|Y_1^{n-1} - Y_2^{n-1}|$ 成正比，同理，第 n 阶段信息化的协调成本为 $T_T^n(d_{n-1}) = t_2 d_{n-1}$（$t_2$ 为定值，$t_2 > 0$），有：

$$T_S^n(d_{n-1}) = t_1 d_{n-1} = t_1 |Y_1^{n-1} - Y_2^{n-1}|$$
$$T_T^n(d_{n-1}) = t_2 d_{n-1} = t_2 |Y_1^{n-1} - Y_2^{n-1}|$$

根据原有假设 $m_1 < m_2$，增加协调成本后，工业化促进信息化的进展方程变为：

$$Y_1^n = Y_1^{n-1} + (m_1 + \Delta m_1)(Y_2^{n-1} - Y_1^{n-1}) + T_S^n$$

$$Y_2^n = Y_2^{n-1} + (m_2 + \Delta m_2)(Y_1^{n-1} - Y_2^{n-1}) + T_T^n$$

由此，不完全竞争下工业化促进信息化融合的总方程为：

$$Y_1^n = Y_1^{n-1} + (m_1 + \Delta m_1 + t_1)(Y_2^{n-1} - Y_1^{n-1}) \qquad (3-3)$$

$$Y_2^n = Y_2^{n-1} + (m_2 + \Delta m_2 + t_2)(Y_1^{n-1} - Y_2^{n-1}) \qquad (3-4)$$

其中，t_1、t_2 分别表示两化融合中的摩擦成本系数和干预所产生的协调成本系数，t_1 和 t_2 均大于零，但绝对值分别小于 Δm_1 和 Δm_2。

同理，对信息化带动工业化融合路径，$m_1 > m_2$，其进化总方程与式（3-3）和式（3-4）在形式上相同。

（四）模型讨论

综上所述，式（3-1）、式（3-2）和式（3-3）、式（3-4）分别描述了完全竞争、不完全竞争前提下理想路径条件下的两化融合过程和过程状态。在不完全竞争条件下，摩擦成本 Δm_1 和 Δm_2 阻碍了两化融合的进程，而摩擦成本的降低或消除，促进了两化融合的深入，但社会为此支付了协调成本。推导融合模型的过程说明，一方面融合中现实状态与最优状态的偏离度可以判断两化融合过程的质量，另一方面融合对宏观经济指标的影响也可以考察两化融合结果的质量。

二、实证检验

（一）测算方法

1. 赫芬达尔—赫希曼指数法

目前测算两化融合集成创新的方法主要有 4 种，下面分别加以比较说明：

赫芬达尔—赫希曼指数法（Herfindahl - Hirschman index，HHI）是常用的测算产业集中度的方法，主要采用产业之间专利数量测算产业融合程度，体现技术融合视角的两化融合[①]。具体如下：

---

① Gambarella, A., Torrisi, S. Does Technological Convergence Imply Convergence in Markets? Evidence from the Electronics Industry [J]. Research Policy, 1998 (27): 17 –31.

$$HHI = \lambda_1 \times \left[\lambda_a \times \sum_{i=1}^{n} (A_i/A)^2 + \lambda_b \times \sum_{i=1}^{n} (B_i/B)^2 \right.$$

$$\left. + \lambda_c \times \sum_{i=1}^{n} (E_i/E)^2 \right] + \lambda_2 \times \sum_{i=1}^{n} (F_i/F)^2 \qquad (3-5)$$

其中，A_i、B_i、E_i、F_i 分别代表各省区市 R&D 经费、R&D 人员数量、高校数量和专利申请授权量，λ_1 和 λ_2 分别代表投入要素和产出资源的权重，λ_a、λ_b 和 λ_c 分别代表投入内部各要素的相应权重。

2. 综合指数法

综合指数法（synthetical index method，SID）是对各项指标标准化、加权计算综合指数的一种方法。由于指标值最终转化为无量纲值，故比较方便进行多产业的综合性评价，因而在综合评价工作中得到广泛使用。但综合指数法的不足在于人为设定各项指标的权重，导致最终测算结论受主观性影响较大（黄鲁成、张二涛、杨早立，2016）[①]。改进方法是用统计数据的离差最大值法替代人为设定权重，减少测算结果的主观性影响。具体步骤如下：

（1）指标权重由离差最大化确定；

（2）编制计算综合指数表示创新程度。

设 h_{ij} 是第 i 个考察个体第 j 个变量数据，对这些指标变量进行无量纲化处理，以消除各数据之间的单位差异，公式如下：

$$G_{ij} = \frac{h_{ij} - \min\limits_{1 \leq i \leq n} h_{ij}}{\max\limits_{1 \leq i \leq n} h_{ij} - \min\limits_{1 \leq i \leq n} h_{ij}}, \quad i = 1, 2, \cdots, n, \quad j = 1, 2, \cdots, m \qquad (3-6)$$

以 l_j 表示第 j 个指标变量的权重，且 $l_j \geq 0$，$\sum l_j = 1$，$H_{ij}(1)$ 表示考察对象 i 与其他考察对象的离差，有：

$$H_{ij}(1) \sum_{i=1}^{n} |G_{ij}l_j - G_{lj}l_j| \qquad (3-7)$$

对于指标变量 j，各考察个体与其他考察个体对象的总离差有：

$$H_j(1) = \sum_{i=1}^{n} H_{ij}(1) = \sum_{i=1}^{n} \sum_{i=1}^{n} l_j |G_{ij} - G_{lj}| \qquad (3-8)$$

依据离差最大化准则，指标变量权重的线性规划方程有：

[①] 黄鲁成、张二涛、杨早立：《基于 MDM – SIM 模型的高端制造业创新指数构建与测度》，载《中国软科学》2016 年第 12 期。

$$\max H(l) = \sum_{j=1}^{m} \sum_{i=1}^{n} \sum_{l=1}^{n} l_j = |G_{ij} - G_{lj}|$$

$$\text{s. t.} \sum_{j=1}^{n} l_j = 1, \ l_j > 0, \ j = 1, 2, \cdots, m \qquad (3-9)$$

再用拉格朗日乘数法对式（3-9）进行计算，指标权重公式为：

$$l_j = \frac{\sum\limits_{i=1}^{n} \sum\limits_{l=1}^{n} |G_{ij} - G_{lj}|}{\sum\limits_{j=1}^{m} \sum\limits_{i=1}^{n} \sum\limits_{l=1}^{n} |G_{ij} - G_{lj}|} \qquad (3-10)$$

上述公式表示，指标变量的离差与权重成正比关系。

3. 效果系数法

效果系数法（efficacy coefficient method，ECM）也称为效果函数法。根据多目标规划原则，分别以满意度为上限，以不允许值为下限，计算各指标变量并进行加权综合，以此表示各指标变量对应的满意度，从而实现对被研究对象的综合评价。效果系数法具有适用范围广泛的优势，既可进行定量比较又可以进行非定量的综合比较（马晓方等，2016）[1]。具体如下：

（1）设立个体对象总特征的考察指标体系，$p_k(i = 1, 2, \cdots, g)$。假设考察指标体系由 m 个评价指标组成，评价对象有 g 个，则组成 g × m 阶矩阵。

（2）确定满意值和不允许值，设定各变量指标的取值范围。

（3）通过无量纲化计算出各考察对象的功效系数 f_i：

$$f_i = \frac{p_i - p_i^s}{p_i^h - p_i^s} \qquad (3-11)$$

（4）根据指标重要性决定权重，并最后计算总功效系数 F：

$$F = \frac{\sum\limits_{i=1}^{n} f_i}{g} \qquad (3-12)$$

4. 投入产出表法

投入产出表法的基本思想是：信息知识和技术向工业部门的渗透、内化和延伸程度决定了两化融合状态。故将各产业生产过程中的信息技术投入

---

① 马晓方等：《电子政务工程项目绩效审计中功效系数法的应用实践》，载《审计研究》2016 年第 1 期。

（主要涉及电子设备软硬件、信息传输、信息技术服务、通信设备等）作为该行业生产过程中的信息化状况。这样行业的两化融合程度就由该行业信息技术总投入与总产出的比值表示（支燕、白雪洁、王蕾蕾，2012）。投入产出法的创新在于考虑了信息技术作为中间投入对行业产出的影响。计算公式是：

$$InteR_i = \frac{U_i}{V_i}, \quad InteR_i \in [0, 1] \qquad (3-13)$$

其中，$InteR_i$ 表示两化融合程度，U_i 表示产业 i 生产过程中的信息化投入，V_i 表示产业 i 的总产出。

（二）变量、数据与测算结果

借鉴谢康等（2012）的经验与方法，本书选用工业化评价指标与权重：（1）包装产业发展水平以人均产值表示；（2）产业结构以包装产业增加值占制造业部门增加值的比重表示；（3）就业结构以包装产业就业占第二产业比重表示。以互联网推广率、各区域网站数量、多媒体工具普及率等指标作为信息化评价指标（谢康等，2012；张彬等，2010）。根据以上分析确定6个指标，从《中国统计年鉴》《珠三角统计年鉴》《长三角统计年鉴》和各省统计年鉴收集 2008～2017 年中国 31 个省区市的相关数据（部分缺失数据通过相近年份平均化获得）。

表 3-1 给出了 2008～2017 年中国 31 个省区市的两化融合系数的测算结果。中国各省区市包装产业两化融合水平发展具有波动性。譬如，上海在2014～2015 年达到较高的融合水平，其他年份则处于较低水平；云南在2009 年、2011～2012 年达到高融合水平，新疆在 2016 年达到两化融合的高水平，其他年份的两化融合水平较低。

表 3-1　中国 31 个省区市包装产业两化融合系数（2008～2017 年）

	2008 年	2009 年	2010 年	2011 年	2012 年	2013 年	2014 年	2015 年	2016 年	2017 年
北京	0.48	0.87	0.82	0.89	0.57	0.96	0.74	0.90	0.73	0.74
天津	0.87	0.76	0.89	0.87	0.80	0.85	0.92	0.88	0.90	0.76
河北	0.70	0.70	0.92	0.88	0.73	0.85	0.90	0.64	0.89	0.63
山西	0.79	0.79	0.89	0.88	0.76	0.82	0.87	0.85	0.94	0.79

续表

	2008 年	2009 年	2010 年	2011 年	2012 年	2013 年	2014 年	2015 年	2016 年	2017 年
内蒙古	0.86	0.86	0.88	0.89	0.74	0.81	0.71	0.88	0.86	0.84
辽宁	0.81	0.78	0.89	0.76	0.83	0.89	0.88	0.87	0.92	0.81
吉林	0.78	0.81	0.89	0.83	0.73	0.81	0.88	0.87	0.89	0.88
黑龙江	0.91	0.73	0.87	0.87	0.73	0.86	0.89	0.92	0.88	0.78
上海	0.83	0.87	0.79	0.88	0.85	0.95	1.01	1.01	0.82	0.59
江苏	0.86	0.82	0.76	0.89	0.91	0.66	0.55	0.68	0.83	0.72
浙江	0.89	0.85	0.88	0.86	0.70	0.88	0.85	0.84	0.89	0.80
安徽	0.89	0.88	0.89	0.93	0.79	0.73	0.76	0.79	0.94	0.74
福建	0.79	0.87	0.88	0.86	0.84	0.74	0.73	0.79	0.83	0.88
江西	0.83	0.74	0.88	0.88	0.85	0.88	0.83	0.84	0.83	0.74
山东	0.79	0.47	0.67	0.74	0.58	0.87	0.86	0.84	0.84	0.77
河南	0.89	0.85	0.88	0.90	0.80	0.90	0.87	0.90	0.80	0.79
湖北	0.85	0.88	0.84	0.76	0.73	0.88	0.84	0.87	0.79	0.82
湖南	0.91	0.82	0.82	0.91	0.79	0.91	0.84	0.83	0.88	0.83
广东	0.91	0.69	0.86	0.93	0.37	0.89	0.93	0.84	0.65	0.61
广西	0.89	0.86	0.89	0.75	0.87	0.85	0.85	0.87	0.88	0.72
海南	0.90	0.79	0.79	0.89	0.78	0.83	0.88	0.62	0.48	0.62
重庆	0.69	0.83	0.79	0.92	0.69	0.95	0.84	0.86	0.79	0.63
四川	0.78	0.76	0.86	0.93	0.76	0.88	0.86	0.78	0.86	0.70
贵州	0.90	0.79	0.73	0.88	0.69	0.68	0.83	0.87	0.91	0.73
云南	0.92	1.01	0.67	1.01	1.01	0.84	0.85	0.77	0.44	0.52
西藏	0.78	0.84	0.87	0.87	0.64	0.87	0.87	0.81	0.57	0.78
陕西	0.81	0.77	0.87	0.88	0.85	0.85	0.77	0.93	0.83	0.71
甘肃	0.77	0.81	0.79	0.89	0.82	0.85	0.92	0.89	0.82	0.83
青海	0.49	0.74	0.91	0.92	0.82	0.83	0.83	0.81	0.82	0.81
宁夏	0.93	0.85	0.81	0.91	0.68	0.69	0.73	0.82	0.88	0.91
新疆	0.91	0.67	0.82	0.75	0.86	0.88	0.73	0.89	1.01	0.68
平均	0.82	0.80	0.84	0.87	0.76	0.84	0.83	0.84	0.82	0.75

　　总之，两化融合没有达到最优，存在不同程度的差距（最优水平 1.00）。2008～2011 年间融合水平逐步提高，但在 2012 年下降至谷底；2013～2016 年间融合程度较为稳定，2017 年又下降剧烈，是否与经济周期变化联动值得探讨。

（三）融合路径与质量

　　表 3 - 2 说明两化融合与经济发展水平并不完全同步，这从两者的相关系数仅为 0.1132、平均水平的相关系数仅为 0.002 可以看出。经济发展水平和两化融合水平之间存在不平衡性。比如，广东、北京经济发展水平在全国名列前茅，但是包装产业两化融合水平却位列倒数第 3 位和倒数第 6 位。而地处中部、东北老工业地区的湖南、河南、辽宁、黑龙江在包装产业两化融合方面却位列 2、3、4、5 位，这说明经济发展水平并不必然带来包装产业两化融合的高水平，只有工业化与信息化的协调和匹配才能推进高水平的两化融合。

表 3 - 2　2008～2017 年中国 31 个省区市包装产业两化融合平均水平测算

	两化融合系数	排序
北京	0.7643	26
天津	0.8347	6
河北	0.7593	28
山西	0.8236	13
内蒙古	0.8265	10
辽宁	0.8395	4
吉林	0.8287	8
黑龙江	0.8384	5
上海	0.8513	1
江苏	0.7606	27
浙江	0.8290	7
安徽	0.8124	17
福建	0.7966	21

续表

	两化融合系数	排序
江西	0.8248	11
山东	0.7323	31
河南	0.8398	3
湖北	0.8187	14
湖南	0.8475	2
广东	0.7589	29
广西	0.8240	12
海南	0.7486	30
重庆	0.7970	20
四川	0.7994	19
贵州	0.7881	23
云南	0.7944	22
西藏	0.7826	25
陕西	0.8179	15
甘肃	0.8286	9
青海	0.7874	24
宁夏	0.8130	16
新疆	0.8121	18
平均	0.8008	

三、结论与建议

2008～2017 年中国各省区市包装产业的两化融合整体质量没有达到最优水平，表现为三个特点：一是融合水平呈现波动性，没有收敛趋势，具有 5 年周期的平衡特征。二是经济发展水平与两化融合发展并没有必然的相关性和动态一致性。各地的两化融合发展水平高低与当地的两化融合的契合度、协调性相关。三是两化融合对理想水平的偏离呈现波动性特征，反映出工业化与信息化的投入水平提高并不必然带来两化融合水平的提高。

研究结论的政策含义在于：2008～2017 年的十年发展期间，中国包装产业推进两化融合的国家战略基本实现了预期目标，对中国包装产业转型升级发挥了良好的推进作用，但经济发展并不能带来两化融合的必然提升。首先，融合对于区域经济发展水平、产业结构提升具有显著作用，继续推进两化融合是今后各级政府必须坚持的方向。但是，在推进融合中，要加强两化融合的协调性和规划性，提高融合的稳定性。其次，由于中国各省区市融合状况存在差异，今后各省区市深入融合的路径会有所不同，应因地制宜地制定差异化的融合政策。中国包装产业正处于加速发展的重要时期，各地对融合的投入和协调，将影响最终的融合结果。

第四节　包装产业集成创新的环境分析与支持系统

国外学者从不同角度对于创新系统的构成要素展开研究但并没有达成共识。有的学者从创新的组织构成进行分析，如托特林（Todtling，2009）认为创新体系由内生组织和外生组织共同构成，其中最重要的是企业与科研组织之间的关系。内生组织包括现代企业、研究部门和教育机构，外生组织包括其他知识转移服务和资金支持组织。迪厄兹（Revilla Diez，2009）将创新系统概括为六大要素：人力资本、知识生产和传播组织、知识密集型商业服务、中介机构、制造和服务型企业、区域政策制定和监督机构等。斯腾伯格（Stemberg，2009）认为企业、研发机构和高校等组成了创新体系。特里普（Trippl，2007）深入剖析了创新知识的开发应用子系统、创造扩散子系统、区域政策子系统、区域知识技能子系统、区域制度体系子系统 5 个核心子系统。还有的学者注重研究创新的抽象联系，如夏普和费尔南德兹（Samantha Sharpe & Cristina Fernandez，2007）认为创新由主体的空间集聚、知识的抽象集中以及系统的相互支持构成，包括创新主体之间的相互作用机制。

总之，创新系统包括以下几个部分：（1）五大类核心组成：前沿高新技术研究机构、高等学校；中介服务组织；知识和技术转移转化的平台；创新型企业；产业集聚区等。（2）外围环境包括政府机构对创新的政策支持和创新环境的塑造和引导，以及创新文化氛围的形成。（3）按照创新的水平和效率，运行机制包括消化吸收再创新和协同创新机制、集成创新机制、原始创新机制。在不同的运行机制中，各类主体在创新中发挥的作用不同，相互配合方式也有差别。

综合以上分析，研究集成创新既要分析创新主体，又不能缺少对创新环境影响创新系统绩效的分析。

一、我国包装产业两化融合集成创新的环境研究

（一）政策环境分析

党和国家十分重视产业结构的转型升级，在创新型国家战略下，陆续提出并实施的"创新驱动发展战略""中国制造2025"和"互联网＋"行动计划，为我国包装产业的转型发展提供了良好的宏观政策环境。而国家已经实施的"西部开发、东北振兴、中部崛起、东部率先"等区域发展战略，为包装产业转型打开了区域发展的空间。不同省份也因地制宜制定了符合本省实际的发展规划，如《浙江省"十三五"金属包装产业发展规划》《湖南省"十三五"金属包装产业发展规划》《陕西省"十三五"金属包装产业发展规划》《安徽省"十三五"金属包装产业发展规划》《宿迁市包装新材料产业发展规划》等分别就金属包装、包装新材料、包装机械等涉及包装产业链不同方面的产业发展规划，为各地包装产业发挥各自比较优势、突出重点及又好又快地发展创造了良好的政策环境。未来，包装产业应围绕国家绿色发展战略、排污权有偿使用、环境违法加大惩罚力度的新趋势，重点解决好面临的劳动力成本不断攀升、资源环境约束不断增强的新挑战。

（二）产业环境分析

1. 我国包装产业自主创新能力薄弱

粗放生产方式面临迫切转型的压力；节能环保技术、工艺和装备水平不足，绿色生产体系尚未形成；产业关键技术和先进装备依赖国外进口；包装产业的创新能力不足，整体存在较大的提升空间；行业研发投入存在巨大缺口，科技服务平台和创新创业服务机制欠缺；包装行业创新领军人才严重短缺，创新团队的培养机制有待完善，创新体系尚未健全。

2. 包装产业区域发展不平衡

东中西部的发展尚未得到协调，重复建设导致产能过剩问题突出；上下

游产业之间、产业链之间没有形成紧密的联盟型发展模式；信息交流与成果
共享渠道不畅通，科技创新与激励措施不到位；包装产品低档次、同质化严
重；企业、高校和科研院所之间没有形成深度的产学研合作机制；军民融合
机制不健全，政策法规与技术标准体系不完善；行业组织管理激励与规范能
力不足，导致企业间协同创新与发展的引领功能没有充分发挥。

3. 包装行业两化深度融合缺乏整体规划

产业自动化、信息化、智能化水平不高，数字化、网络化设计制造模式
尚未普及；行业没有完善的工业基础数据库与产业运行统计数据等信息共享
平台；行业整体采用现代信息技术改造原有产品、转变生产方式、创建电子
商务整体解决方案等方面的能力不足；产品信息跟踪、质量安全溯源以及流
通的实时检测系统不健全。

（三）市场环境分析

我国凭借广阔的国土、巨大的人口基数、高速发展的经济，在未来将成
为全球最大的包装消费市场和包装产品生产国，这是中国包装产业发展的天
然优势。然而，随着全球经济增长模式的深度调整和国际产业布局的重塑，
发达国家实行"再工业化"和"制造业回归"，其他发展中国家加快推进工
业化进程，同时，欧美发达经济体贸易保护主义抬头，我国包装工业发展正
面临高端回流、中低端分流的"双重挤压"，在新一轮科技革命和产业变革
中，形势十分严峻。

近年来，中国的改革开放不断深入，特别是 2015 年国家发布的《推动
共建丝绸之路经济带和 21 世纪海上丝绸之路的愿景与行动》，为中国包装
产业发展"走出去"提供了机遇。国内沪、闽、粤、浙等省市相对先进的
包装产业发展技术和经验有利于"一带一路"沿线国家相对滞后的包装工
业发展和借鉴。"一带一路"倡议为中国包装产业配套延伸、产能转移和市
场拓展创造了巨大的发展机遇。这需要我国包装产业摆脱长期所积累的传统
思维限制，在企业理念、战略、技术等方面加紧准备，紧紧把握大好发展机
遇，积极对接国内、国际两个市场。

（四）金融环境分析

由于我国包装产业以中小企业为主，企业多为民营企业，在产业融资和

金融支持方面，面临着中小企业和民营企业相同的金融环境问题，即融资难、融资贵。由于缺乏所需要的信用记录，抵押物不足，销售额和销售收入不大等缺陷，难以获得商业银行贷款；在证券市场难以获得上市资格；技术水平低，缺乏广阔的增长前景，也难以获得风险投资的关注。未来需要政府、社会、行业和金融机构共同努力，不断支持和优化包装产业的金融环境。

二、我国包装产业两化融合集成创新的支持系统

我国包装产业两化融合集成创新的支持体系是由政府支持，市场化运作，多方参与，由创新环境因素、资源要素和创新辅助主体及其相互作用关系所构成的系统总和。支持体系的作用表现在：（1）辅助主体对创新主体间关系的调节，对集成创新活动的促进；（2）创新环境要素和资源要素对集成创新活动的支撑和引导；（3）环境与创新主体相互作用对创新资源的集聚和整合。

（一）科技创新与企业制度创新

科技创新与产业政策体系是包装产业双创政策支持体系的重要内容。构建包装产业的科技创新与产业政策体系，必须充分吸收和借鉴国内外其他产业发展的相关经验和做法，以国家双创战略为指导，结合包装产业发展的实际，制定符合各地实际、与国家创新政策协调一致的科技创新与产业政策体系。

市场经济体制下，制度创新是激发包装产业创新创业潜力、最大限度发挥创新主体积极性的良好外部条件，从某种意义上可以说是推动企业创新创业的原动力。当前，包装行业以中小企业为主的特征，成为行业制度创新需要关注的重点。

包装企业制度创新的相关政策大体分为两类。一是推动企业建立现代企业制度，使市场真正发挥包装行业资源分配的基础性作用，企业成为具有内生的、可持续的创新创业动力的市场微观主体。政府可以发挥引导作用，完善市场基础设施建设，完善现代产权制度改造，使国有企业有序退出，民营企业完成市场化的股份制改造，并在行业建立起现代企业制度规范。二是推动投资主体多元化、公司治理结构法人化，把民营企业逐步改造成为包装行业规范的市场运作主体。为此，需要完善法律体系，通过法律手段，规范产

权结构与法人治理结构，制定行业负面清单管理制度，吸收国内外资金进行投资，形成与市场体制相适应的现代企业制度和投融资制度。

（二）财政和税收政策支持系统

一是制定与包装产业政策相配套的财税政策，建立区域包装产业双创扶助基金，入股或直接投资民间资本不愿或无力介入，而本区域包装产业重点、紧迫、优先需要解决的前瞻性技术、关键技术或基础性理论和技术。如设立不同形式的科技创新计划或重点项目，通过公开竞标的方式，经第三方评审予以资助。二是政府组建包装产业投资基金，按照包装产业规划和市场化原则，以入股的方式进行投资和退出，吸引民间资本加入，对区域包装产业双创项目进行风险投资。三是扩大开放范围，提升包装产业的开放程度，鼓励域外资本包括国际资本参与包装产业的双创发展。对于掌握世界一流包装技术的国际公司，允许掌握控股权。四是改善包装产业的投资环境。扩大产业链配套、政府服务环境、法制和人文环境。重点解决外部资本的关注问题，并综合考虑加以解决。注意发挥政策环境优化的综合效用，多出台相互配套的组合政策。

（三）金融服务和融资渠道系统

第一，以银行为主，债市股市齐发力。加强金融机构资产管理，在扩大银行体系服务包装产业发展的同时，积极扩大债券市场、股票市场的支持力度。对符合产业发展方向的包装企业，地方政府利用各种方式积极支持其"上市、发债"。第二，注重运用最新的金融科技服务包装产业。新兴科技改变了金融的技术基础，降低了融资成本，提升了客户体验等。将大数据、区块链、AI 等新技术运用于中小企业占主导的包装产业的融资服务实践中，将极大缓解"融资难""融资贵"问题，并更好地搭建风控平台。第三，探索多样化的融资方式。对于有实际业务需求而缺乏抵押质押物的中小包装企业，可以通过有设备购买计划的企业开展"机器换融资"租赁贷款，对于有实际销售计划的企业实行"销售合同换融资"租赁贷款等多样化、灵活的融资模式，既可以满足中小包装企业的自己需求，又能够有效降低金融机构所面临的风险，从而创造性地解决包装企业融资难的问题。第四，推进存量资源和资产的价值评估。大多数中小包装企业面临抵押物少、信誉不高、融资门槛高的难题，但是相当部分企业具有商标、专利、设备等其他有形或无形资产，通过建立完善的社会第三方评估体系，将这一部分资产或资源盘活，将能够有效解决包装企业融资难题。

（四）社会服务和科技园区系统

包装产业发展离不开社会服务的支持。科技园区是承载社会服务的良好平台。通过建设包装产业两化深度融合试验区、包装产业发展集聚区、两化融合包装产业技术创新园区等，将政府、社会和企业的各项服务职能在试验区实现"一站式"安排。降低包装企业的经营成本，重点支持以两化融合引领的包装产业，坚持社会服务、数据中心、云平台等全链条推进。在当前以大数据、人工智能为代表的新一代信息技术大潮中，通过体系化的科技园区和集中化的社会服务网络体系，加快培育和释放包装产业的发展新动能，推进包装企业转型升级，助力区域产业创新发展。

（五）知识产权和技术市场系统

大力推进知识产权质量提升工程。鼓励高质量原创技术和发明，完善专利技术发布和考核，使专利结构与包装产业发展步伐协调；统筹产业规划和企业发明专利的匹配，跟踪产业发展信息，为产业规划和企业创造发明活动提供支持；推进行业重点和关键技术的研发，建立"产学研"深度合作的知识创新体系，打造具有国际产业竞争力的技术专利防火墙；鼓励行业企业全面、多方利用现有专利、技术、产品等知识产权体系，发挥知识产权的综合效益。

第五节　政策建议与保障体系

一、政策建议

（一）强化原始创新能力，推动关键领域新突破

以国家战略为指导，科学探索包装产业发展目标和实现路径，加强包装

产业发展规划，部署制定包装产业远景战略发展的进度安排，始终以增强原创能力为根本出发点，提升我国包装产业产品链、技术线的整体创新水平，牢牢掌握产业变革和发展的主动权。加强基础研究、关键性领域技术的前瞻性布局，围绕涉及包装产业长远发展的瓶颈问题展开联合攻关研究；加大包装设计、新型材料、能源消耗、印刷技术等领域基础研究攻关力度，提升技术含量，实现关键技术完全拥有自主知识产权。分阶段推进目标，组织联合跨领域、跨学科的科研力量，夯实基础研究，加快重点突破，为产业技术实现原始创新突破积累力量。

大力推进包装产业方向的基础性研究。鼓励多产业技术交叉与融合，支持跨学科发展，加强非共识项目研究，共同解决包装产业发展的关键性问题。围绕支撑包装产业重大技术突破展开变革性研究，鼓励在新技术、新方法上取得突破，强化原创技术、专利体系的源头储备。跟踪产业前沿技术，加强原始创新引领，提升我国对世界包装产业的整体贡献。

建设一批支撑高水平包装技术创新的基础设施和平台。适应当代科学创新活动的特点，针对包装产业重大科技需求，建设一批具有国际水平、突出两化融合和学科交叉的包装产业国家实验室。研发高端包装行业科研仪器设备，提高科研装备自给率。积极建设大型科技基础条件平台，实现实验装置共用、数据资源共享、行业知识和专利信息服务互通。依靠云计算和大数据技术构建数字化基础设施平台等，形成包装行业大数据的先进信息网络支撑体系。

（二）推动技术体系创新，强化基础研究的支撑作用

加快包装产业两化深度融合，以数字化、网络化为抓手，以智能化、绿色化作为提升产业竞争力的立足点，有效推动基础研究的积累，以"功成不必在我"的决心，逐步构建具有中国特色和国际竞争力的现代包装产业体系。以技术突破支撑产业突破，引领包装产业集群发展，特别在印刷、制品、装备等包装行业的关键领域有效提升综合竞争力，尤其要推进以下创新重点：

第一，加快智能包装技术进步。两化融合以智能包装为主攻方向，以发展智能包装系列产品为突破口，大力提升行业信息化普及率，积极推进生产的智能化。推动包装行业智能工程建设，以互联网和物联网技术为核心，构

造智能包装生态链，并以此整合包装行业数据和信息资源，构建一批包装特色的高质量电商、工业云、大数据资源共享等平台，建立设计、制造、技术与标准的开放共享机制；促进智能化包装产品发展，将包装设计与信息技术相结合，大力推广具有传感、判断与执行动作的智能终端。积极研发推广环境感知新材料，实现包装生产过程智能化；重点研究计量测试技术，实现覆盖包装全产业链、全寿命周期、全溯源链的计量测试目标。大力开展前瞻性技术的论证和开发工作。

第二，提升绿色包装技术创新。围绕减量、回收、循环等绿色包装的核心要素，加速发展生态包装设计、绿色包装材料和循环利用技术。支持建立包装云设计数据库，推进大数据和互联网思想等先进理念和技术在包装设计中的应用，促进绿色包装技术在快速消费品领域的推广运用；重视绿色意识在包装材料全程运用的推广落实，实现在包装材料的研究开发、制造准备和使用过程的环境友好性，限期全面推行先进包装原辅料的全面使用〔如低（无）VOCs含量材料〕，逐步落实包装全产业链无毒无害化进程目标；开发普及运用循环利用技术，重点支持可循环、可降解等材料的研发，研发实现食品药品系列环保包装材料的通用性、相容性，通过智能性提高食品药品包装的安全性；开发便于集装箱运输的材料和技术。

第三，大力推进包装安全技术研发和普及。强化食品药品包装安全事故"零容忍"意识，加强事前检测和监管；加大包装保质、防护和防伪技术的研发与应用力度，不断满足人民对包装安全的关切。优先发展生物型和电子信息型等综合防伪技术，实现难仿制、易识别、低成本特征，重点研发包装先进工艺和方法，开发具有自主知识产权的防伪材料；发展包装保质技术，重点研发安全活性包装技术，在活性剂可控释放技术领域取得突破；实现材料、设计与制造技术的跨界结合，在产品设计、制造和包装材料运用过程中，实现整体产品的抗菌、防潮、防霉、抗氧化、阻光等性能；发挥综合性包装防护方案的积极作用，鼓励创新包装防护工艺与结构，推进工业品包装防护技术发展，大力研发高阻隔、低成本等功能性材料与技术。

（三）优化整合创新布局，促进区域包装产业新增长

按照国家区域发展战略，结合区域包装产业创新力和竞争力现状，打破区域内市场和要素的分割，以创新要素的自由流动与优化集聚促进合理分

工，推进包装产业内涵式增长。

一是因地制宜地构建创新发展格局。东部地区发挥经济和科技实力优势，以提高原始创新和集成创新能力为主攻方向，全面加快向两化融合集成创新方向转型，力争在十年内培育具有国际竞争力、引领世界产业潮流的包装产业集群。中西部地区结合自身发展空间广阔、发展潜力巨大的优势，按照比较优势吸纳创新资源，走差异化发展道路，实现跨越式发展，重点推进适用先进技术的推广和应用，在重点领域实现突破引领，突出发展包装经济的区域特色。

二是跨界整合创新资源，构建创新网络。推动区域间包装产业创新共同议题，组织联合技术攻关。互通创新要素，提升长三角、环渤海、珠三角经济带的包装产业整体科技创新能力。在北京、上海、广州、深圳等具有创新资源优势的地区打造区域协同创新共同体，建成具有全球影响力的包装科技创新中心。

三是构建区域包装产业创新示范区。围绕中国制造2025，组织龙头企业、高校和科研院所，组织实施一批包装工业创新基础工程，突破产业技术瓶颈。组织区域包装产业创新力量开展改革试验区建设，通过总结建设试验区的经验和教训，增强创新发展的辐射带动能力，推动产业快速发展。

（四）推进包装产业军民融合发展，促进创新良性互动

按照国家军民融合发展的总体要求，建立适应军民融合发展的包装产业创新体系，形成多领域、全要素、高效率的包装科技军民深度融合发展新局面。

一是建立健全宏观统筹发展机制。按照适应军民融合的包装产业建设的方向要求，构建军地需求协调对接、资源技术共享共用、平战结合军民融合的管理体制，在规划、政策、资源、成果等方面实现军地共享，以及包装产业发展的有效衔接和互通。统筹兼顾产业发展需要和国防建设需要，实现两者的协调、兼容与平衡发展。

二是创新军民融合的包装发展新模式。有效构建军民通用包装深度融合模式，建立军队科研任务形成与包装产业响应机制、部队供需与包装产业的对接系统、平战结合的包装产业保障服务系统。形成配套衔接、创新引领、高效增长的军民融合的包装产业新业态。以国防需求带动包装产业科技创

新，建立产学研相适应的军民科技创新体系，构建军民共用技术联合攻关和推进模式。

三是加强军队与包装产业科技基础资源共享。按计划推行制定军民基础共用技术专利一体化标准，加大基础原材料和通用化零部件的研发力度。加强军民标准双向转化和体系融合，开展军民通用标准的清理，整合重复标准，制定相关标准。统筹军民共用重大科研基地和基础设施建设，积极开展联合投资联合管理模式，推进双向开放、资源共享、信息交互。既积极开展包装产业服务国防建设，又引导军队开放科技成果向包装产业加速转化。

（五）壮大产业创新主体，引领行业发展新局面

明确企业、高校、科研机构等各类创新主体的创新功能定位，在包装产业链中激发各类主体创新的积极性，系统提升创新能力，为产业的创新发展夯实基础。

一是整合重组行业领先的包装创新型企业。鼓励行业领军企业通过独资、控股、联合等方式组建高水平研发平台，由领军企业牵头，按照创新链标准联合中小企业和科研单位形成创新联盟，形成完善的研发组织体系。培育一批集成创新能力突出、核心技术储备扎实、引领包装产业发展的创新型企业，力争产生一批与我国经济实力相匹配的、具有全球竞争力的创新型企业群。

二是建设符合世界一流包装科研团队的制度体系。形成市场化原则主导，创新规律发挥作用，包装产业特色突出，实现现代企业法人治理制度下的研究机构；发展以市场需求为导向，实行投资多元化、模式多样化、运作市场化的创新机制，实现形式多样化的包装先进技术研发、转化和产业孵化机制；在包装产业基础前沿和行业共性关键性技术研发中，增强科研创新人才的引领作用；围绕包装产业重大任务，注意发挥高水平的国际化科技创新基地的作用。

三是构建包装技术专业化的转移、推广、服务体系。发展覆盖测试、认证、专利、知识产权等技术转化各环节的科技服务市场。发展区域技术交易市场，并组建联结形成全国交易市场体系。发挥高等院校和科研院所人才优势，畅通包装技术转移通道，组建包装技术专业化转移机构和职业化技术转移人才队伍。发展专业化、规范化、网络化的包装技术和知识产权

交易平台。

（六）推进包装人才梯队化，筑牢行业创新根基

建立包装行业顶尖创新人才领军制度，建设培养高技能人才群体。按照国际前沿发展方向，围绕行业瓶颈技术和关键领域，培养造就具有世界级水平的领军人才创新团队；鼓励和支持高校、科研机构、企业招聘全球顶尖人才，也注重本土培养青年科技人才和一线创新人才；加大高级技师、技术工人等高技能人才在行业内的培养力度；在全行业创造"吸引人才，留住人才"的宽松环境，实施积极有效的双创人才激励政策，大力推行股权期权激励机制和科技成果收益处置制度，让行业企业人才任何形式的创新都能获得合理回报。

发挥包装产业创新实现中企业家精神的重要作用，依法保护创新创造收益和私人合法财产权，引导树立创新致富的社会氛围，通过市场机制在行业中锻炼和成就一批甘冒风险、创新技术并收获财富的创新型企业家。同时，建立面向国际、运行市场化的专业的职业经理人市场。

促进包装产业教育改革适应行业创新发展要求。制定行业教育发展远期、中期战略规划，实施人才培养模式改革，从书本和课堂走向产业第一线。让科学精神、社会责任感、冒险意识、创新思维和创造能力的培养从课堂走向实践；加强包装基础理论研究，推动包装学科独立设置的论证工作，加强行业协会与教育主管部门、地方政府、企业之间的沟通协调，建立和完善包装教育系统支持体系；建设多层次包装人才培养体系，建设初级、中级和高级人才培养网络，构建产业技能人才和高端创新人才的完整培养体系，形成普通教育与职业教育相互衔接、互为支持的格局，增强包装工业发展后劲。

二、保障体系

（一）国家：包装产业两化融合集成创新治理格局

以全球第四次产业革命为契机，推动政府"放管服"改革创新，做好行业协调规划，明确企业主体地位，形成国家部门、行业企业社会各界多方参与、相互助力的包装产业创新发展治理格局。

第一，合理界定政府和市场行为边界。市场和企业决定竞争性的新技术、新产品、新业态开发；公共服务和监督评估等职能由第三方市场化自发形成；政府着眼于宏观战略规划和政策制定，指导包装产业未来发展的方向。政府部门内部合理分工，中央政府的职责是制定长远性的全局规划，投资基础性技术的开发工作；地方政府的职责是结合宏观规划与本地实际的落地，推动技术开发和应用转化；包装行业主管部门应发挥在熟悉创新需求、组织协调实施、发布行业信息等方面的积极作用。

第二，构建包装科技管理国家制度体系。整合和简化产业科技管理流程，按照创新发展规律，从事后监管转变为覆盖全程的监督和评估制度。逐步建立政府对包装产业创新服务的支持系统，完善和落实国家包装产业科技汇报制度。区域牵头国家指导，建立开放共享的国家包装产业重大技术基础设施，各地通过各种条件开放科技基础条件平台，通过两化融合实现产业科技资源在各类创新主体之间的开放共享。发挥国家包装产业规划的引领作用，引导有条件地区实现包装产业创新发展导向。

建立"中国包装工业创新驱动发展战略"领导小组，定期向政府有关部门报告国外包装科技创新动态和国内现状，并提出政策建议。形成政府、行业、专家、公众多方参与的绩效评价和创新治理的社会机制，合力推动包装产业两化融合发展新局面。

政府层面形成稳定支持包装产业基础性和战略性方向的研究机制，引导社会资金积极参与竞争性项目研究。改革中央财政支持包装产业科技发展的模式，完善支持企业研发的政策措施和激励机制，引导社会资金投入包装技术创新。

第三，继续探索包装产业科技创新发展的多层次金融支持体制。拓展各类股票市场、债券市场支持包装产业创新的功能，鼓励国家科技成果转化，引导基金贷款支持中小微包装企业科技发展，促进技术研发和成果孵化。构建中小微包装企业项目评估与信用评级机制，解决中小微企业融资难问题。引导和发展风险投资、互联网金融、天使投资、私募基金等不同创业投资形式支持包装产业创新。发挥包装产业基地、包装园区平台集合效应，开展包装企业保险、租赁业务，构建风险可控的资金供应链融资服务体系。

第四，建立包装产业投融资保障机制。由行业协会牵头，搭建包装企业信用平台和金融服务平台。深化银企合作，协调金融机构加大对企业的支持力度，设立包装企业转型升级、绿色项目和军民融合专项扶持基金与专项贷款，开展多种类、多形式的融资活动。鼓励多渠道建立包装产业转型发展引导基金，加大转型发展的引导与支持。

（二）产业：包装产业两化融合的协同和系统集成

第一，紧紧抓住第四次科技革命的历史机遇，合理利用好国内国外两个市场，以全球视野配置创新资源，不断提升我国包装产业创新能力。鼓励包装企业"走出去"，布局全球创新网络，提高海外知识产权运营能力。围绕急需、重点、前沿技术，通过多种方式和手段，如整体收购、合资控股、部分参股国际包装龙头企业和科研机构，支持有条件的企业建立海外研发中心。围绕绿色包装、安全包装、智能包装和军民通用包装为重点，鼓励我国包装企业"引进来"，支持跨国公司在中国设立研发中心，支持外商投资开设智能、环保、高科技型包装企业，鼓励企业瞄准国际同行标杆推进技术改造，实现资金、智力、技术多要素的结合。

第二，积极参与全球包装产业创新治理，提出国际包装产业发展的"中国方案"和技术路径，在国际包装界多发出"中国声音"，提高话语权和规则制定权。积极应对能源、环境、气候以及公共卫生等对包装产业提出的挑战，为科技合作的规则贡献"中国智慧"。围绕亚太互联互通蓝图和"一带一路"倡议，与沿线国家落实建设包装产业园区、科技创新基地，丰富和深化创新合作方式，积极参与、合作和主导国际包装科学项目和工程。

第三，重视和强化基础通用标准的设计制定，真正落实产品开发、技术创新与标准互动的完整支撑机制，推动国际先进标准在我国包装产业的落地运用，坚决落实强制性标准的制定与实施，不断提升我国包装行业技术和产业发展。同时，积极鼓励和支持先进企业、科研机构学习、参与甚至主导国际标准，重视将具有自主知识产权的先进包装技术及时转化为标准，形成支撑包装产业升级和技术进步的标准群，推动我国先进包装技术与标准成为国际标准。

第四，建立分层分类分级的包装产业创新评价系统。按照创新规律，对不同地区的高校、企业和科研院所进行绩效评价。不仅考察发明创造、技术转移和科研推广的数量，而且重视经济社会效果的评价，并以此作为政府科技支持的依据之一。建立独立于政府官方评价，由国内外各社会利益主体等多方参与的第三方评价机制，实现创新效果评价的专业性、社会性、国际性。对包装经济核算体系进行改革创新，覆盖创新活动的全过程，体现既注重有形物质投入，也注重无形智力贡献的新特征。探索科研人员智力付出的评价方式，积极研究将研发支出纳入创新成本、反映创新的各种无形要素贡献的新会计准则，建立注重创新研发投入和创新绩效的企业新的评价指标。

（三）企业："知识产权＋品牌塑造＋文化建设"数字化工厂

第一，强化包装产业知识产权体系建设。与国家知识产权保护制度建设相适应，在全行业普及知识产权意识，提高政府对知识产权的保护和管理能力；建立行业知识产权市场，促进包装产业创新成果知识产权化，实现价值创造的实现；加大知识产权保护力度，对知识产权违法从重从快处罚。

第二，推动包装质量强国和国际品牌培育建设。建立包装产业中长期质量和品牌建设规划，树立行业品牌标杆，通过市场化形成一批品牌质量突出、服务体系完备的包装优势企业品牌。积极适应、参与和设计包装品牌先进评价标准，实现中国包装产业标准与国际接轨、互认、引领的评价体系，以优质品牌建设推动产业竞争力提升。

第三，健全包装产业保护创新的法治环境。对现有法律法规进行清理，废止和修改不适应产业创新发展实际的法规文件，重新制定适应包装产业创新形势要求的制度规定，以及全面、多层次、交叉的法治保障系统。

第四，建立"开放共享，平等竞争"的市场环境。打破包装行业的各种行政性障碍，破除区域内市场分割，建立地区市场一体化，并在此基础上建立符合国际市场惯例的全国市场，充分利用国内外各种优惠性财税、银行、保险等政策手段，引进国际先进包装装备和技术，降低企业创新成本，增强包装产业创新能力。推进各种生产要素价格形成市场化机制改革，鼓励形成提高创新要素的市场价格的机制，将能源资源、生态环境等约束条件反映在市场价格成本中，形成将创新者的收益市场化的体制机制。

第五，营造和培育包装产业创新的文化环境。在包装全行业形成"尊重创造，追求卓越"的文化氛围，让创造发明者在名利上获得巨大回报。倡导"不唯上，只唯实"的精神，鼓励敢为人先、勇于创新的精神。鼓励试错、允许失败、尊重创新者的探索。在全行业建立"科研和学术争鸣无边界，创新失败重新再来"的适于科研创新的宽松氛围。加强科研诚信，形成全行业科研人员恪守学术道德的良好风气，坚守社会责任底线，提高科学素养和理性精神。

（四）教育：校企联合的信息化职业教育体系

第一，建立校企联合的职业教育体系。注重行业部门协调指导，建立包装产业职业教育教学指导委员会，建设若干校企融合试点教育集团。推进大中型企业与职业院校的深度合作，建设校企实习实训基地等。

第二，支持企业参与教育人才培养全过程。在招生、专业建设、课程设置、质量评价、科研创新等方面鼓励校企深度合作。选择符合条件的企业建立"两化融合"合作基地，进行校企联合攻关，培养专业技术人员，满足人才培养和技术创新的作用。

第三，培养"双师型"教师队伍，注重培训实效，鼓励教师到包装产业两化融合基地去实习实训，也欢迎生产一线人员兼职教学任务，达到两化融合人才培养理论和实践的"不脱节"。

第四章

定位引导：服务型制造与
包装产业发展新举措

伴随着中国进入新时代，包装产业在服务国家发展战略、建设制造强国、适应民生需求等方面的作用日益显著。《中国包装工业发展规划（2016~2020)》显示，"十二五"期间，包装产业规模持续扩大，结构日趋优化，地位持续跃升，在我国 38 个主要工业门类中，包装产业位居第 14 位，产业规模稳居世界第二。与此同时，包装产业大而不强、高耗能、高污染、自主创新能力不足等问题也愈发凸显，已严重制约了包装产业发展质量的提升。因此，破解中国包装产业发展中的困境和问题，尤其是解决包装产业定位模糊问题、加快包装产业转型升级已刻不容缓。

从全球范围来看，制造业发展呈现出显著的从"生产型制造"向"服务型制造"转变的新趋势。为此，国务院于 2015 年 5 月出台的《中国制造2025》也专门对制造与服务的协同发展、商业模式创新和业务创新提出了更加明确的要求。正是借助于服务化战略所展示的"一合两创"（资源整合、价值创造和知识创新）特性，服务型制造业成为中国制造业转型升级的重要方向。因此，国内外经济学者先后围绕服务型制造的内涵、影响因素、绩效与实现路径进行了深入探索。但关于服务型制造的概念、理论基础和分析框架尚未形成统一的认识。关于包装产业转型路径的研究，则多为泛泛而谈，缺乏针对性，操作性不强。当前，对包装产业的"制造 + 服务"属性的探讨不足，关于在新定位下包装企业如何实现业务模式创新、提升企业绩效的研究文献更是比较缺乏。而实际上，包装产业已经成为国民经济的重要产业，对经济发展和环境改善的作用日益突出。为此，必须对包装产业

的新定位——服务型制造业做深入解读，并就如何根据包装产业的"制造 +
服务"属性创新业务模式做详细阐述。

　　本章将在综合国内外研究现状的基础上，首先从服务型制造的概念、特
征、动因与包装产业的"制造 + 服务"属性等方面详细剖析包装产业的新
定位——服务型制造业，并以包装印刷上市公司为样本，实际考察包装企业
的服务化水平。其次，结合包装企业的特点分别从业务模式创新的内涵、特
征、作用等方面入手，分别以裕同科技、奥瑞金美、新通联等代表性包装企
业为例详细阐述包装企业业务模式创新的类型。最后，分别从业务模式创新
的原则、具体做法等方面提出包装企业业务模式创新策略，从而为加快包装
企业转型和绩效提升提供切实可行的对策支撑。

第一节　包装产业新定位的科学内涵

一、服务型制造概述

　　服务型制造以及制造业服务化的产生及发展距今不足 40 年，最早见于
范德米尔和拉达（Vandermerwe and Rada，1988）[①] 的研究之中，但之后一
直是各国学者和政府关注的热点课题。从产权归属的角度来看，马科尔
（Makower，2003）[②] 认为制造业服务化就是制造业企业出售产品的功能或服
务。从服务型制造的演化阶段来看，何哲、孙林岩、朱春燕（2010）[③] 认为
服务型制造的概念包含四个层次。从"微笑曲线"理论来看，简兆权和伍
卓深（2011）[④] 认为服务型制造业就是沿着"微笑曲线"两端延伸的所有服
务；从发展战略来看，史密斯等（Smith et al.，2012）[⑤] 认为制造业服务化

---

　　① S. Vandermerwe，J Rada. Servitization of business：adding value by adding services ［J］. European
Management Journal，1988，6（4）：314 – 324.
　　② B. J. Makower. The clean revolution：Technology from the Leading Edge ［D］. Presented at global
business network worldview meeting，2001，6（18）：141 – 154.
　　③ 何哲、孙林岩、朱春燕：《服务型制造的概念、问题和前瞻》，载《科学学研究》2010 年第
1 期，第 53 ~ 60 页。
　　④ 简兆权、伍卓深：《制造业服务化的路径选择研究——基于微笑曲线理论的观点》，载《科
学学与科学技术管理》2011 年第 32 期，第 137 ~ 142 页。
　　⑤ Smith L，Ng I C L，Maull R. The Three Value Cycles of Equipment – based Service ［J］. Produc-
tion，Planning & Control，2012，23（7）：1 – 18.

是指一个从事制造产品的企业，将发展战略定位为服务业，并为客户提供全生命周期的服务解决方案。不难发现，目前经济学界还未就服务型制造的定义达成一致意见。结合这些定义的相同点以及中国制造业发展实践，实际上，服务型制造概念的内涵和外延非常丰富，经济学界对服务型制造定义的认识也经历了由现象到本质、由片面到全面的阶段。

（一）服务型制造的内涵

从微观角度讲，服务型制造就是企业更加关注客户的个性化需求，由提供产品到提供更完整的"服务包"。因此，服务型制造就是企业角色的转变，即由产品提供者转变为"服务＋产品"提供者，并且更加注重服务提供者的角色。

从制造业模式创新的角度来看，服务型制造就是企业从重视生产环节到更加注重产品服务的质量，这是一种将服务化嵌入制造业中的新兴业态，体现了现代服务业与制造业的融合。

从产业价值链延伸的角度来看，服务型制造就是研发、设计、品牌运作等服务在整个制造业产业价值链中的比重不断加大，地位日益重要。对于服务型的制造企业来说，服务是企业获得利润的第一来源。

与服务型制造相关的概念主要有四个：制造业服务化、服务化战略、服务化模式和服务化绩效。

制造业服务化更加强调制造业向服务化转型的动态过程，而服务型制造更加强调当前制造业企业实现服务化的程度。两者互为因果关系。通常，只有大力推进服务化，制造业才有可能转变为服务型企业，而服务型企业在利润的驱动下会进一步促使企业加快服务化进程。

服务化战略是指在服务型制造理念下，一定时期内对企业发展方向、发展速度与质量、发展点及发展能力的重大选择、规划及策略。从企业来讲，服务化战略体现在制造企业的定位是"服务＋制造"而不是制造。从产业的层面来讲，服务化战略就是制造业发展要注重服务要素的投入和运用，制造业由加工制造的低端产业链向研发、设计、销售和服务等高端环节延伸。

（二）服务型制造的特征

不难发现，服务型制造作为一种新兴产业形态，已经成为全球制造业转型升级的重要路径，也是中国制造实现高质量发展的重要方向。根据已有文献分析，服务型制造通常具有四大典型特征。

1. 服务型制造企业以知识技术为核心

这是从投入角度来分析服务型制造企业。通常的制造企业是资本密集型或者劳动密集型，而服务型制造企业则更加依赖于知识和技术，对土地、劳动力和资本进行优化组合，通过提供服务要素提高整个产业链的协同性。因此，随着制造业服务化程度的加深，从事加工、生产等价值链中间环节的人员减少，而法律、会计、管理、营销等与服务相关的人员不断增加。服务型制造企业中，知识、技术和管理等投入要素的占比要远远高于普通的制造企业。此外，服务型制造企业会优化产业链上游和下游企业关系，建立平行的网络关系，避免相互管控和恶性竞争。

2. 无形产品（服务）的比重不断增加，有形产品的比重逐渐减少

这一特征是从产出的角度来进行分析。服务型制造企业提供的是完整的解决方案，而非一般制造企业的"一次性"服务，服务过程时间占比通常要比传统制造企业高得多。服务型制造企业的服务时间，由"服务点"转换到"服务线"，需要为客户提供维护、升级、替换、二次开发等服务，实现了价值链延长和价值增值。

3. 制造企业主动提供服务，并挖掘和激发客户的潜在需求

服务型制造企业会围绕产品，更加积极主动地为客户提供各种形式的服务，并不断改进服务质量和完善服务内容，甚至为客户量身定制。这样，企业便可以及时获得客户的反馈信息，及时提出解决方案。

4. 与互联网高度融合

要成为服务型制造业，基于"互联网＋"的数字化设计、现代化供应链管理等信息技术是必不可少的支撑条件。伴随着我国"互联网＋"战略的大力推进，"互联网＋生产服务"体系正在形成。与互联网高度融合已成为当前服务型制造的典型特征之一。

（三）服务型制造的阶段

根据制造业服务化进程的实践和特点，传统制造业企业向服务型制造企业转变，通常要经历五个阶段（如图 4-1 所示）。

第一阶段为微弱服务阶段：制造业企业将发展中心放在产品的生产与销售，

而对于研发、设计与售后等附加于产品的服务并不重视，来自服务的收入在企业总收入中的比重微乎其微。当前，我国大多数制造企业都处于这一阶段。

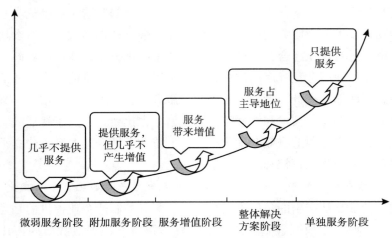

只提供
服务

服务占
主导地位

服务
带来增值

提供服务，
但几乎不
产生增值

几乎不提供
服务

微弱服务阶段　附加服务阶段　服务增值阶段　整体解决　　　单独服务阶段
　　　　　　　　　　　　　　　　　　　方案阶段

图4-1　服务型制造阶段示意

第二阶段为附加服务阶段：伴随着企业发展战略的转变，制造企业开始将附加于产品的服务加上产品一同出售给客户。但企业这么做的目的只是为了在市场中保持竞争优势，并不看重服务为企业带来的利润。因此，这一阶段企业所提供的服务仅仅是简单的维修、安装等工作，服务质量并不太高。

第三阶段为增值服务阶段：当步入这一阶段后，企业意识到服务为企业所创造的价值。此时，企业出售给客户的"服务包"，不仅有产品和维修、安装等服务内容，而且会根据客户潜在需求设计和研发新的产品，为企业提供增值。

第四阶段为整体解决方案阶段：在这一阶段，企业会牢牢坚持以客户的消费需求为中心，为客户提供"一站式"服务的整体解决方案。整体解决方案不仅提供产品的销售，还提供相关的市场调查、技术服务、维修保养服务、使用培训服务、金融保险服务、实物产品的报废及解体或回收等一系列服务。此时，企业服务的内容更多、提供的服务更切合客户的需求。客户也可以参与到产品的设计和研发之中。在这一阶段，传统制造企业便转变为服务型制造企业。

第五阶段为单独服务阶段：在这一阶段，企业不再直接从事生产和制造，而将这些业务外包给其他企业。此时，企业会根据客户的使用体验，重点集中在技术研发和创新服务，实现服务的专业化，最终形成自己的核心竞争力。当制造企业达到这一阶段，企业的类型和运营模式将发生本质性的变化。此时，这类企业已经完全具备了服务业的特征。但是，这种深度的服务化必须建立在市场影响力大和科技研发能力高端的条件上，否则，企业很难持续发展。

（四）服务型制造的理论基础

1. 产业价值链理论

价值链理论最早由迈克尔·波特于1985年提出。波特认为，企业的所有活动都可以用一个价值链来表明。企业的竞争不只是某项活动的竞争，而是整个产业价值链的竞争。企业只有合理运用价值链理论才能使得企业的优势与潜力更好地得到发挥，从而更好地赢得市场竞争。在产业价值链理论基础上，施振荣（1992）基于PC行业提出"微笑曲线"（附加值曲线）理论。他用一条开口向上的抛物线来表示个人电脑制造流程中各个环节的附加值（如图4-2所示）。微笑曲线总共包括研究开发、产品设计、零部件生产、组装加工、产品销售、售后服务、渠道建立、品牌运作八个环节。其中，研究开发、产品设计、零部件生产处于微笑曲线的上游，组装加工处于中游，产品销售、售后服务、渠道建立、品牌运作则处在微笑曲线的下游。

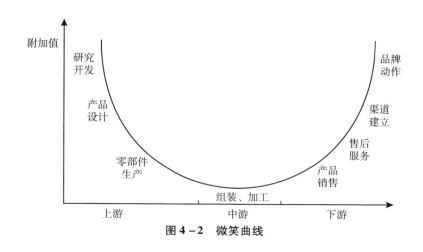

图4-2　微笑曲线

根据"微笑曲线"理论，中游附加值比较薄弱，而高附加值集中在上游和下游，尤其是设计、研发、服务和品牌等处于两端的环节利润空间巨大。因此，在激烈的市场竞争中，企业会不断压缩产品生产和制造的业务范围，自觉向微笑曲线价值链两端延伸，即向服务型制造转型，从而获得高附加值。

2. 分工理论

1776 年，亚当·斯密提出了分工理论，并详细阐述了劳动分工的作用，但并未搞清楚分工的来源，未对企业间分工和企业内部分工进行区分。以此为基础，马歇尔（1890）提出了"外部经济"和"内部经济"的概念，以此来解释产业组织结构的演进。之后，阿林·杨格（1928）指出，市场规模扩大和分工深化是一个互动的过程，但他同样也未深入研究分工的来源问题。马克思突破了斯密的"分工受市场规模限制"的思想，将生产资料所有制看成一个与分工密切联系的动态化范畴。因此，经济的演变既是分工深化的过程，又是市场规模扩大的过程。近年来，罗森、杨小凯等新兴古典经济学家将分工和专业化的深刻思想加以模型化，并重构了经济学的基本框架。在分工理论的指导下，研发、设计、营销等生产性服务业开始成为独立的产业部门，制造业与生产性服务业的互补性和互动性也更加突出，从而导致制造业对研发设计、保险、运输、通信、营销、咨询、维修等服务的需求不断增加。

3. 产业融合理论

产业融合是一种随技术改进和扩散而不断深化的新经济现象。纳吉姆庞特（Negmponte，1977）以三个重叠圆圈表示三产业间的技术融合，认为成长最快和创新最多的领域在三个圆圈的边界处。拉古拉姆（Raghuram，2000）认为产业融合旳本质特征是网络共同传递。之后，经济学者的研究集中在市场的边界变化、产业融合类型以及产业融合的发展方面。如胡汉辉、刑华（2003）将产业融合分为产业渗透、产业交叉、产业重组三种形式。胡永佳（2007）依产业融合方向的特征，认为产业融合主要有横向融合、纵向融合和混合融合三类。随着产业融合理论的不断完善，该理论被广泛应用于其他领域。制造业与生产性服务业之间的有机融合，不仅可以实现产业价值链向上游和下游不断延伸，而且能够实现规模经济，为制造企业提供更大的利润增长空间。此外，产业融合也实现了部分市场交易行为内部化，进而减少了企业的交易费用，降低了生产产品的成本，提高了产品的生产价值。由此可见，产业融合理论对于制造企业向服务化转变、提高经济效益具有重大的积极作用。

二、包装产业的服务型制造特征

与其他产业相比，2011 年以前包装产业一直没有被整体纳入中国制造产业体系，未能有机对接《中国制造 2025》和智能制造行动计划。2011 年 3 月 14 日，包装行业第一次出现在《中华人民共和国国民经济和社会发展第十二个五年规划纲要》中，明确了包装行业的制造业身份。但与其他制造业相比，包装产业具有自己的鲜明特征。

第一，从包装的定义来看，包装通常指为在流通过程中保护产品，方便储运，促进销售，按一定的技术方法所用的容器、材料和辅助物等的总体名称。包装的定义以包装功能和作用为其核心内容，有两重含义：一是关于盛装商品的容器、材料及辅助物品，即包装物；二是关于实施盛装和封缄、包扎等的技术活动。很显然，包装既包括了由制造装备加工而成的"包装物"又包括了属于服务业的"技术活动"。

第二，从包装的产品来看，包装行业的产品大都是客户定制，库存都是为客户准备。产品通常没有自己的特征。当前，市场对于包装精细化、小订单、快速、个性、可变技术的需求日趋明显，这也是服务业的基本特征。

第三，包装行业的客户关系除了产品以外，更多地涉及交货周期、供货稳定性、客户沟通能力等。选择最有效的、需求最稳定的客户是包装产业的重要策略。

可见，包装产业具有鲜明的"服务 + 制造"特征。正是基于此，2016 年 12 月 19 日工信部、商务部印发的《关于加快我国包装产业转型发展的指导意见》明确，包装产业是与国计民生密切相关的服务型制造业。将包装产业定义为"服务型制造业"不仅符合包装产业自身的特征，更解决了长期以来产业属性模糊导致的方向不明、发展路径不清等问题。在新时代，包装产业必须紧紧围绕"服务型制造业"的新定位，深入探索服务型制造的创新模式，实现产业自身的创新发展。

三、包装产业新定位确立的意义

(一) 更好地满足包装企业客户的多样化需求

当前我国市场经济虽然逐渐趋于成熟，但商品同质化现象日益严重，替代品层出不穷，多样化、个性化已成为消费者需求的典型特征，消费者更加关注附加在商品上的服务。传统的制造模式显然已经失去了吸引力，只有将服务与产品结合才能满足更多消费者的需求。由于服务不像产品一样只能一次出售，它可以重复交易，增加了企业与客户之间的交流和沟通，不仅有助于改进现有产品质量，还可以挖掘客户的潜在需求。具体来说，相比于其他价值链活动，研发、设计及售后服务等服务具有无形性、对劳动的依赖性及区域性特征，其他竞争对手往往需要在当地进行大量投资才能获取相应的能力，从而能够形成一定竞争性壁垒。因此，服务化是一种重要的战略工具，可帮助企业建立对竞争对手、第三方和顾客的壁垒，创造顾客对企业的依赖，更加不容易被模仿，从而能够获得更持久的差别化优势。同时，产品属于一次性销售，而服务业务可多次重复交易，增加制造企业和消费者接触的机会，从而实现一次性交易关系转变成长期的合作关系。比如徐维祥等（2005）发现，与初级生产要素相比，创新和持续地投资已成为高技术产业竞争优势的主要来源，而这些都需要服务环节的支持。邵锦华（2011）指出，新材料、新能源、高端装备制造业等战略性新兴产业所生产的新产品和新设备通常技术含量高、操作难度大。因此，生产企业既要在出售时对产品和设备的使用者进行实际操作指导，也要做好售后的设备维护，确保产品的性能稳定。因此，将包装产业定位为服务型制造业可以更好地满足客户的多元化需求，建立稳定的客企关系。

(二) 加快提升包装企业的发展绩效

市场条件下，利润最大化是企业家的最终目的。在新技术的推动下，服务型制造能力成为制造企业获取利润的主要来源。当包装企业定位为服务型制造业之后，包装企业将按照服务型制造业的新要求进行发展。通常服务型制造企业会沿着价值链向两端延伸，而价值链的上端和下游分别是研发、设计和售后维护、品牌运作等高获利环节。因此，将包装产业定位为服务型制造业可以加大服务要素投入力度，真正实现基于制造的服务与基于服务的制造同步发展，企业绩效会相应地大幅度提升。此外，从服务连接来看，无论是传统的生产过程、分工深化后的分工过程，还是跨国生产与服务，顺畅的服务连接已成为整个价值链得以成功运作的保证，并且服务连接具有显著的边际成本更低的特征。下面用图 4 - 3 来说明。图中，TC（1）表示传统的同一地域生产总成本，TC（2）表示同一个经济体内不同区位价值链上下游生产分工的总成本，TC*（2）表示不同经济体不同区位价值链上下游生产分工的总成本。在制造业发展初期，同一地域的生产最为有效，企业按照 OI 路径组织生产。但随着技术创新速度加快，服务贸易投资不断增长，政策日益宽松，各生产环节之间的服务连接成本降低。于是，当企业产出达到 G 时，企业按照 IK 路径组织生产，即在同一经济体内不同区位价值链上下游分工协作。伴随着全球化的推进，各国之间经济发展深度融合，跨国界服务连接成本显著降低。于是，当企业产出达到 H 时，TC*（2）成本曲线最小，企业便在不同经济体不同区位价值链上下游进行生产分工协作。不难看出，服务连接边际成本最小特征会显著提升产业绩效（周大鹏，2010）。

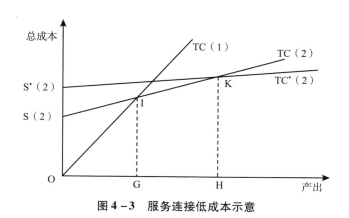

图 4 - 3 服务连接低成本示意

国内外企业的发展实践也表明，制造业实现服务化有效提升了企业的收益率。例如，经过十多年的整合，IBM 已经从单纯的硬件制造商成功转型为"提供硬件、网络和软件服务的整体解决方案供应商"，而通用电气的"技术＋管理＋服务"所创造的产值占总产值的比重已经达到 70%。因此，在新定位下，包装企业获利空间更大，企业绩效提升得更快。

（三）使包装产业真正实现绿色发展

在传统制造模式下，一个产品的整个生命周期都会对环境造成影响，而各个环节的承担者均需要对产生的环境成本负责。其中，制造企业和中间商需要分别承担产品销售之前和品牌营销的环境成本；用户承担产品使用和维护的环境成本；整个社会承担产品报废后对其处理所造成的环境成本。由此导致产品更新换代速度和设备折旧速度越来越快。报废产品可能还可以仍然使用，于是会导致环境污染的进一步加剧，不利于经济的包容性增长。而服务型制造具有绿色、柔性、协同、智能等特点。在服务型制造模式下，客户更加关注附属于产品的服务和一体化解决方案。此时制造企业要为客户提供从研发设计、生产到售后服务等一系列的"服务包"。实际上，制造企业与客户一起承担环境成本。因此制造企业有动力设计更加耐用的产品，从而最大限度地降低对环境的污染。例如，裕同科技公司通过推出绿色包装、智能包装、自动包装等解决方案，加快服务化进程。鉴于服务化的环境绩效，一些企业，尤其是印刷包装企业纷纷采取这一战略。所以，将包装产业定位于服务型制造业对于中国实现绿色发展、可持续发展具有重要意义。

（四）为包装企业提供差异化的发展路径

服务不仅是新的商业模式，更是实现差异化的工具，使企业免遭淘汰。当前，客户的个性化需求日益旺盛，仅仅依靠产品赢得市场显然是远远不够的。这种新的业务方式的演进方向，成为制造业服务化的主要动机。企业可以通过实施服务化战略，以原有产品为基础，通过更好的服务来突破发展困境。除此之外，服务具有自身的独特性。比如，服务对劳动的依赖性比较高，而产品则较低。服务的可见度较低，而产品则较高。此外，服务的种类非常多，服务质量更是存在差异，而高质量的服务通常难以模仿。在包装产业的新定位下，不同包装企业可以根据自身的特点，结合服务型制造的要求，探索出一条更适合自己的发展路径。

四、包装产业的"制造 + 服务"现状分析

根据大多数学者的做法，本文利用"1 - 主营业务收入/营业总收入"考察包装产业"服务 + 制造"水平，并将研究区间设定为 2008 ~ 2016 年。

由于包装产业的宏观和微观数据比较缺乏，本文选取 Wind 数据库中的包装印刷板块上市公司作为研究对象，并按照如下原则进行了剔除：（1）ST 等特殊处理的上市公司；（2）样本区间数据存在残缺的上市公司。最终，本文选取了陕西金叶、永新股份、东港股份等 33 家包装印刷企业。

下面首先从两个方面对中国包装产业服务化现状进行考察。

（一）总体情况考察

图 4 - 4 报告了 2008 ~ 2016 年间中国印刷包装产业服务化的平均水平。从中可以看出，2008 ~ 2016 年，中国包装产业服务化呈现波动上升趋势，其间有三次短暂衰退。具体来说，服务型制造指数由 2008 年的 0.049 上升至 2009 年的 0.068，之后短暂下降至 2010 年的 0.048，之后连续攀升至 2013 年的 0.104，之后短暂下降至 2014 年的 0.093，然后短暂上升至 2015 年的 0.111 之后，又在 2016 年下降至 0.107。不难发现，尽管本书采用了包装企业上市公司数据，但包装产业服务型制造水平仍然不高，尤其是与发达国家差距明显，而且还低于俄罗斯、巴西等金砖国家。

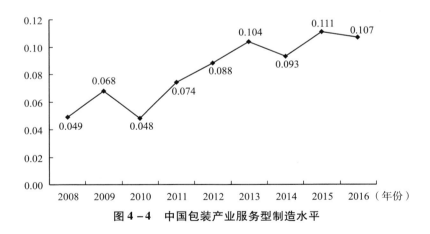

图 4 - 4　中国包装产业服务型制造水平

（二）按规模分组考察

图 4 - 5 报告了按企业规模分组的包装产业服务型制造水平比较结果。从中可以看出，企业规模较小的包装企业，其服务型制造水平要显著低于企业规模较大的包装企业。具体来说，规模较小的企业，其服务型制造水平均

值由 2008 年的 0.008 波动上升至 2016 年的 0.034；而规模较大的企业，其服务型制造水平均值由 2008 年的 0.098 波动上升至 2016 年的 0.195。横向比较来看，历年规模较大的企业服务型制造水平是规模较小企业的 4 ~ 12 倍。但两者之间的相对差距在逐渐减小。总体来说，伴随着企业规模的扩大，服务型制造成为包装企业转型升级的必选路径。

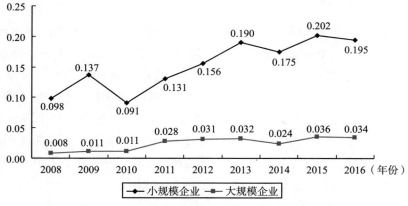

图 4 – 5   不同规模包装产业服务型制造水平比较

接下来，我们将分析包装企业服务化的差异性，并进行收敛性检验。

一是 σ 收敛性检验。σ 收敛是通过分析不同年份包装企业服务化水平变异系数的分布情况，从而进行收敛性的判断。若变异系数随时间推移而减小，意味着包装企业服务化水平差异越来越小，则存在 σ 收敛，否则不存在 σ 收敛。图 4 - 6 报告了 σ 收敛性检验结果。从中可以看出，包装企业服务化水平的变异系数由 2008 年的 1.21 上升至 2009 年的 1.52，之后持续下降至 2011 年的 0.9，又反弹至 2012 年的 1.19，随后一直保持下降趋势，最终保持在 2016 年的 0.97。通过添加趋势线，可以更清晰地发现包装企业服务化水平变异系数呈显著的下降趋势。因此，在包装企业服务化水平大体呈上升态势的同时，各包装企业服务化水平之间的差距在不断缩小。

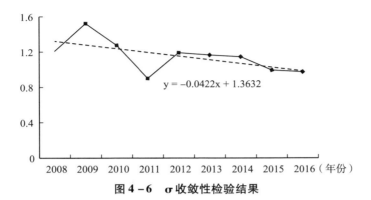

图 4-6 σ 收敛性检验结果

二是绝对 β 收敛性检验。绝对 β 收敛是分析不同企业服务化水平是否可以最终达到相同的稳定状态，以判断低服务化企业是否存在追赶高服务化企业的趋势。本书研究绝对 β 收敛的方程如下：

$$\frac{\ln(1 + ser_{i,T}) - \ln(1 + ser_{i,0})}{T} = \alpha + \beta \ln(1 + ser_{i,0}) + \varepsilon_{i,t} \qquad (4-1)$$

其中，$ser_{i,T}$ 表示第 i 个企业在第 t 年的服务化水平，α 表示常数项，β 表示回归参数，如果该值为负则表示存在绝对 β 收敛。从表 4-1 中可以看出，β 为 0.212，并且通过了 1% 的显著性检验。这表明，不同的包装企业的服务化水平无法达到相同的稳定条件。结合之前的 σ 收敛性检验，包装企业在服务化水平上不存在显著的绝对收敛性。

表 4-1 绝对 β 收敛性检验结果

	系数值	标准差	T 值	概率值
α	0.006	0.003	2.36	0.019
β	0.212	0.034	6.22	0.000

三是条件 β 收敛性检验。条件 β 收敛是分析不同包装企业的服务化水平是否可以最终达到各自的稳定状态。与绝对 β 收敛性不同，条件 β 收敛承认不同包装企业服务化水平之间的差距可能持续存在。本书研究条件 β 收敛的方程如下：

$$\ln(1 + ser_{i,t}) - \ln(1 + ser_{i,t-1}) = \alpha + \beta \ln(1 + ser_{i,t-1}) + \varepsilon_{i,t} \qquad (4-2)$$

其中，$ser_{i,t}$表示第 i 个企业在第 t 年的服务化水平，α 表示常数项，β 表示回归参数，如果该值为负则表示存在条件 β 收敛。从表 4 - 2 中可以看出，β 为 - 0.188，并且通过了 5% 的显著性检验。这表明，不同包装企业的服务化水平可以达到各自的稳定状态。

表 4 - 2   条件 β 收敛性检验结果

	系数值	标准差	T 值	概率值
α	- 0.016	0.006	- 2.69	0.032
β	- 0.188	0.032	- 5.82	0.000

综上所述，包装企业在服务化水平上不存在绝对收敛，在未来一段时期内，包装企业服务化水平之间的差距会一直存在。

第二节　新定位下包装产业发展路径和模式选择

一、新定位下包装产业发展的创新路径

在包装产业的新定位下，根据产业价值链和"微笑曲线"理论，其发展路径有以下四条（见图 4 - 7）。

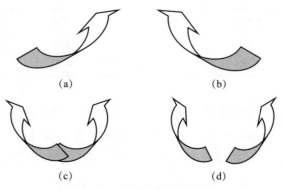

图 4 - 7　制造业服务化路径

（一）路径1：向产业价值链下游延伸

如图4-7（a）所示，该路径属于产出服务化范畴，因此也被称为产出服务化。该路径主要是加大对售后、品牌运作等下游环节的投入，对营销手段和客户体验进行重点关注，强调品牌效应，从而实现产品生产向系统解决方案服务的转变。由于对所需要的资源和组织结构变革要求均较低，路径1是大多数企业实现服务化的首选路径。例如，1980年底，通用电气服务产值在该公司总产值中的比重仅为12%。为适应全球服务化、网络化的总趋势，扭转企业经营困境，新任CEO韦尔奇将通用电气定位为销售高质量产品和提供全球化服务的公司。为此，1991～2000年间，通用电气采取了以拓展引擎服务为主的一系列"价值链下游服务化"优化措施，先后收购了威尔士一家大型维修服务商、巴西塞尔玛公司等17家企业。通用电气还设立了独立的引擎服务部门，特别设置了引擎服务副总裁这一职位。通过打通价值链下游环节，1994～2000年，在飞机引擎业务的总收入中，服务业务的收入比例由不足40%上升到60%以上，不仅对各种品牌的引擎服务实现了全覆盖，还开拓了零配件业务，客户的满意度直线上升。同样，作为全球最大的航空发动机制造商，罗尔斯-罗伊斯公司也通过向价值链下游延伸促进企业发展。波音、空客是该公司的主要客户，但罗尔斯—罗伊斯公司并不直接向它们出售发动机，而以"租用服务时间"的形式出售。在对方的租用时间段内，该公司不但提供发动机的保养、维修等业务支持，而且在每一个大型机场都提供发动机公司专人修理的驻点服务。于是便出现了发动机公司专注于研发、飞机制造商和廉价航空公司"难得一身轻"（不用专门养一批发动机维修队伍）的三赢局面。之后，该公司进一步改进运营模式，通过服务合同绑定用户和发动机数据分析管理等服务，2007年的服务收入达到公司总收入的53.7%。

（二）路径2：向产业价值链上游延伸

如图4-7（b）所示，该路径指制造企业加大对产业价值链上游环节的投入力度，提升企业创新能力和研发设计水平，从而增强企业的核心竞争力。这属于制造业投入服务化范畴，有时该路径也被称为投入服务化。通常选择路径2的包装企业都具有丰富的产品设计经验和较强的创新研发能力，并想进一步提高产品研发和创新能力。例如，江苏双良集团通过加大对价值链上游环节的投入，已经由单一的溴冷机制造发展成以节能环保为核心，集化工新材料、战略新兴、金融投资、酒店房产于一体的综合性企业集团。双良不断加大研发力度，通过相继开发溴冷机组系列，并形成完整的产品系列，一举打破了跨国公司对中国制冷行业的垄断。公司为阳泉煤电集团量身定制了全球第一套大型热电余热回收吸收式热泵，已经交付并成功应用。该热泵每年可为阳煤集团节约标准煤 3 万吨，减少二氧化碳排放 7.4 万吨，减少二氧化硫排放 660 吨，产生了显著的环境效益和社会效益。公司还为神华定州发电厂设计了国内首套空冷岛，并已成功投入应用。该项技术完全由双良集团自主研发，成功打破了国外的技术垄断。

（三）路径 3：同时向产业价值链上下游延伸

如图 4-7（c）所示，该路径是指制造企业既关注产业价值链的上游环节，又同时加大对产业价值链下游的投入，从而实现产业价值链前向、后向一体化的服务化融合。与路径 1 和路径 2 相比，路径 3 的优势十分明显。在该路径下，企业通过售后服务、品牌运作可以有效获取客户需求，从而改善产品设计；通过技术研发可以提升自身产品质量，引导客户需求。因此，该路径实现了产业价值链上下游一体服务化，增强了整个价值链的协调性和有效性，真正实现了"以客户为中心"的经营理念。但由于需要在价值链上游、中游和下游同时投入，路径 3 对企业管理层的经营能力和管理能力要求较高。所以，转型风险较大是该路径最大的缺点。目前，卡特彼勒和陕西陕鼓是走"产业价值链上下游一体服务化"路径实现企业成功转型的典型代表。作为全球最大的工程机械制造商，卡特彼勒公司不但在品牌运作、渠道推广等价值链下游下功夫，而且通过生产性服务系统开发等价值链上游环节能力提升来促进产品的销售。公司为客户提供定制服务——"生产商客户服务合约"（CSA），该合约真正体现了以客户需求为中心，客户可以选择定期的设备检查、周期性的维护保养、定期的液压系统检查维护，也可以选择全部的维护保养和修理。通过这种方式，施工企业的后顾之忧得到了缓解，制造商和代理商的销售额也相应得到了大幅提高。同样，陕西陕鼓也是依靠"产业价值链上下游一体服务化"获得成功的知名企业。早在 2001 年，陕鼓就将企业定位转变为透平机械系统的供应商和服务商。一方面，陕鼓在附加值较低的制造环节，深度开发了多种产品的运维服务——远程监测及故障诊断，以及全托式维护等，从而有效打通了价值链的上游环节。另一方面，陕鼓不断优化和改进售后服务环节，开发了旋转机械远程在线监测及故障诊断系统，可以实现全天 24 小时为用户提供在线技术支持，大大降低了用户维护检修成本。同时，陕鼓针对不同客户的需求，设计了"卖方信贷买方付息"融资模式、"预付款＋分期付款＋应收账款保理"融资模式等11 种融资模式。通过对产业价值链上下游延伸和配套资源进行优化整合管理，陕鼓的服务能力大大提升。

（四）路径 4：去制造化

如图 4－7（d）所示，该路径是指制造企业只从事研究设计、售后服务和品牌运营等产业价值链上游和下游的高端环节，将中游低附加值的制造、加工等环节通过外包等形式完全分离出去，从而充分发挥企业在价值链上的运营优势。在路径 4 模式下，企业的服务模式是完全基于客户需求提供服务，而不再以自身原有产品为基础。因此，路径 4 要求包装制造企业在产业链上处于核心地位，从而拥有较强的掌控能力和议价能力。该路径是服务化的最高级形式，通常建立在路径 3 的基础之上。在全球范围内，诺基亚是采用"去制造"路径的典型代表。众多周知，诺基亚是世界知名手机制造商，其手机销售量于 1996～2010 年连续居世界首位，其市场份额占据全球手机产品的 40% 以上。然而，伴随着共享经济和智能手机时代的到来，诺基亚的利润率急速下降。于是，2013 年 9 月 3 日，微软宣布以约 54.4 亿欧元的价格收购诺基亚设备与服务部门。但前者可以使用"诺基亚"品牌的时间只有 18 个月（自完成交易之日算起），即 2015 年底，"诺基亚"品牌会诺基亚被收回。在 2016 年诺基亚资本市场日活动上，公司规划诺基亚品牌将在 2017 年回归智能机市场。诺基亚提出"让手机具有服务价值"，将组织架构调整为以互联网与软件服务为主，专注于手机产品的研发与创新，提供强大的软件支持和互联网服务。例如，为助力运营商在其网络中实现云网络的灵活性、可扩展性、可编程性及可靠性，诺基亚打造了 AirGile 基于原生云的核心网（AirGile cloud-native core）。该产品组合包括了诺基亚共享数据层、诺基亚云化分组核心网、诺基亚 VoLTE 核心网［IP 多媒体子系统（IMS）和电信应用服务器（TAS）］、诺基亚会话边界控制器（SBC）和动态直径引擎（dynamic diameter engine，DDE）、诺基亚收益管理产品组合（策略和收费功能）、诺基亚 CloudBand 等内容。届时，诺基亚将不再从事手机的生产和组装，只负责"诺基亚品牌手机和配件的开发、营销和销售"，而手机生产将由富士康来完成。

二、新定位下包装产业创新发展的典型模式

根据新定位下包装产业发展的演化路径，结合包装企业的发展实践，本书整理出了个性化定制模式、互联网平台化模式、信息增值服务模式等包装产业六大服务模式，并就这些模式的适用性、增值特点、发展动力等进行详细说明，从而为包装产业在新定位下实现创新发展提供经验借鉴。

（一）个性化定制模式

伴随着同质化包装产品竞争的加剧以客户需求的深刻变革，个性化需求成为包装行业的发展趋势。当前，消费者不再被动地购买产品，已经成为生产的真正决策者和参与者。此外，企业在研发设计和生产环节融入客户的需求，会在一定程度上增加客户的品牌忠诚度。例如，为解决鲜花配送中的最后一公里存在的不可控因素，尽可能降低鲜花在运送过程中存在的包装变形、粗暴装卸等风险，更好地固定花瓶花束，让用户收到最美的周一礼物，进一步提升用户体验，一撕得包装公司工程师甜甜根据用户需求不同，分别做了 DIY 单装版、DIY 合装版（花瓶 + 花束）和礼盒版几种包装方案，并且为了让中高端产品也有更好的用户体验，她特意提升了配材品质、调整了内卡位置、扩大了花头存放空间，完美地满足了客户的需求，得到了客户和用户的一致好评。

（二）互联网平台化模式

伴随着"互联网 + "战略的推进，物联网、云计算等先进信息技术在一定程度上缓解了规模化生产与个性化之间的矛盾，为实现客户个性化需求与智能化生产、自动化管理之间无缝对接提供了可能。例如，金属包装龙头企业奥瑞金美与中科金财合资成立了以智能包装为入口的服务平台。该平台通过包装形式与内容创新、以二维码为代表的新技术应用以及大数据应用等方面带动包装产品的功能性拓展。印团标网在 2018 年倾力打造了"个性化

商品直销平台"。这是一个基于 90 后消费人群特点及企业市场推广需求，专门帮助包装印企从个性化市场中掘金的产品。该平台横跨包装印刷业、制造业、零售业，将 C2M、O2O、新零售等商业模式进行统一，进行全域营销。

（三）信息增值服务模式

信息技术的快速发展，加快了制造业与服务业之间的融合，为制造业依托互联网、物联网等大数据进行服务模式创新提供了可能。自动化管理、智能化设计、舆情管理、设备在线监测等均是依托互联网的服务业态创新。例如，裕同科技与 SAP HANA 合作，搭建了用于海量数据存储及分析和收集从客户工厂到终端用户信息的大数据平台，不仅整合了本身制造的所有产品信息，使数据分析更加智能，而且将客户网络服务数据的抽取速度提升了100 倍，包装产品和技术实现数字化。

（四）一体化包装服务模式

一体化包装服务模式是指包装公司为客户提供整体包装解决方案（CPS），包括方案设计与优化、包装产品生产与制造、JIT 物流与配送、第三方采购和客户现场包装辅助作业等一系列服务，从而与下游客户形成紧密的合作关系。这是目前包装企业采用较多的服务化模式。例如，新通联通过一体化服务，公司在霍尼韦尔及三菱电机的供货比例从原先的 10% 显著提升至90% 以上。目前公司已向近 20 家主要客户、30 个服务点提供"整体包装解决方案"一体化服务。未来公司会继续优化"整体包装解决方案"服务能力，通过产业链纵向延伸引进先进设备，积极开拓新领域、新客户。浙江东经科技股份有限公司通过 CPS 来帮助客户解决包装全流程的痛点，已初步形成了以一站式包装交易为基础，以产品包装解决方案、包装自动化解决方案为主体，以同城供应链物流为重点的新业务体系。尤其是同城供应链物流，东经自主研发的"一路好运"货运 App，正在引领一场同城供应链物流新体验的革命。2013 年 6 月，中国整体包装解决方案研发中心落户东经。2015 年 4 月，东经科技成为首批 200 家通过国家工信部两化融合管理体系贯标认证的企业之一。2018 年 12 月，东经科技召开 IPO 上市第一次协调会，这标志着东经科技正式启动上市倒计时。

（五）供应链管理模式

伴随着信息技术的高速发展，尤其是"互联网＋"与制造业的深度融合，包装企业纷纷打造智慧供应链，提升企业的服务能力和核心竞争力。例如，合兴包装的"联合包装网"网络运营模块 1.0 版已于 2017 年 5 月 1 日正式上线，截至 2017 年末，供应链运营业务（PSCP）所拥有的合作客户已达 700 多家，实现交易额 11.36 亿元。盛通也加快供应链系统改造，成立了北京盛通兴源供应链管理有限公司，实现了从原材料和零部件的采购、运输、生产加工、分销直至最终将产品送到客户手中的一体化服务。盛通在这一服务链条中，充分发挥企业优势，通过合作实现了多赢互惠，实现了资金流、信息流、知识流、物流的集成，很好地适应了市场的变化。

（六）研发设计服务化模式

研究设计处于产业价值链的上游环节，属于高附加值环节。提供令客户高度满意的研究设计方案已成为包装企业的主要收入来源。该模式通常适合于在包装行业中处于技术领先地位的企业。例如，劲嘉是一个大型综合包装产业集团，主营业务为高端包装印刷品和包装材料的研发生产，每年研发收入占销售收入的比重不低于 3%，研发团队人数超过 3000 人。公司先后成立了国家印刷标准研究基地、中国环保包装印刷材料与应用技术研究中心、全国绿色包装印刷标准化技术研究与推广基地等科研机构 8 个。截至 2016 年 6 月 30 日，公司参与 14 项国家标准和 13 项行业标准制定，累计获得授权专利 378 项，其中发明专利 57 项，实用新性专利 321 项。2016 年公司总收入达到了 27.77 亿元。

第三节　适应新定位的包装产业发展策略

一、新定位对包装产业发展的新要求

四种发展路径和六种典型模式对包装产业如何做好制造与服务有机融合具有很好的指导作用和参考价值。但包装企业类型众多，不同企业的发展基础、研发能力和企业定位存在较大差异。因此，包装企业要想真正实现基于制造的服务与面向服务的制造同步发展，真正做到不仅向价值链两端延伸，而且实现价值链整体提升，必须从自身特点出发，避免生搬硬套，导致转型升级失败。具体来说，在服务型制造业的新定位下，包装产业发展必须遵循以下三个原则。

（一）从产品特点和客户的潜在需求出发

对于大多数制造企业来说，制造业服务化的初级阶段是基于自身产品的特点，推出一系列更适合客户需求的服务。而不同企业主导产品具有较大差异，导致服务模式也具有差别。因此，企业必须深入考虑自身产品的特点，选择适合的服务模式。比如，包装材料企业向服务型转型应该重点考虑研发设计服务模式，而包装印刷企业则应该选择个性化定制模式或一体化包装服务模式。裕同科技便是典型代表。企业成立初期，与其他包装印刷企业一样，裕同也只能为小企业提供比较简单的包装产品。2002 年，裕同董事长王华君将企业定位为高端 IT 包装提供商。2008 年全球金融危机爆发后，全球制造业格局发生了重大调整，不管是哪个行业，一站式服务都成为新的趋势。2009 年底，王华君意识到，由于产品种类和流程复杂，印刷包装行业更适合一体化，而裕同的角色是做配套产品的供应链条，服务尤为重要。他认为裕同不仅仅属于制造业，还应属于"服务业 + 制造业"，裕同应该定位为高端品牌包装整体解决方案提供商，即为客户提供创意设计、创新研发、一体化制造、自动化大规模生产、多区域运营及就近快捷交付等专业服务，为客户提供一体化包装解决方案。在该方案下，公司为客户提供更高的产品附加值及更好的用户体验，根据市场趋势引导客户采用新型（如环保）包装材料，实现客户的社会责任感，客户黏性程度相对较高。2015 年，裕同开启全面战略发展，研发环保包装、智慧物联、云包装。2017 年，裕同服务化转型再次升级，"环保 + 科技 + 文化"成为裕同的代名词。裕同科技在深挖国内消费电子包装中高端蓝海市场的基础上，积极开拓新产品市场，提升其他细分领域的市场份额。

（二）以自身核心能力为基础

伴随着制造业转型升级，研发、设计、供应链管理和品牌运作成为包装制造企业服务化成功的根基。实践经验告诉我们，属于同一行业的不同企业，所采取的服务化战略也可能存在较大差异，而这与企业核心能力密切相关。比如合兴包装和新通联同属包装印刷的龙头企业，但前者采取供应链管理模式，后者则重点打造一体化包装服务模式。因此，累积的核心能力应该作为企业服务化的切入点，并在此基础上，深入挖掘客户需求，寻找更适合企业本身的服务增值业务，从而实现服务型制造的成功转型。

（三）注重服务模式和服务业态的创新

六大服务化模式是对当前包装企业向服务化转型典型做法的很好总结。但在全球化背景下，随着我国改革开放的深度推进，"互联网＋"等信息技术与工业的深度融合，制造业发展所面临的环境不断发生变化。因此，包装企业不能照搬六大服务模式或其他服务化模式，而应该根据新的市场环境实时推动服务模式创新。比如，裕同科技在一体化包装的基础上，又整合供应链、提升研发设计能力，并为客户提供大数据售后分析和融资服务，实现了多种服务化模式的整合和优化。

二、新定位下包装产业发展的具体对策

在"服务型制造业"的新定位下，包装企业应该从客户需求、企业网络和服务风险方面实施企业服务化提升工程。通过深入挖掘客户需求，开发出一体化包装、智能包装、功能包装和环保包装等多层次解决方案；通过提升企业能力，使企业的技术创新能力和现场管理能力得到极大增强；通过企业网络的拓展，增强网络中企业的协同性和共享性，为满足客户需求提供更好的保障。

（一）深入挖掘客户需求

传统制造业的主要特点是主要向客户提供产品，而服务型制造则更多关注客户的潜在需求，为客户提供高附加值的产品和依托产品的服务，甚至提供全生命周期的系统服务方案，从而满足客户的个性化需求。以前包装印刷企业很少参与到产品的策划、设计和研发中去。企业为客户提供的仅仅是单一的产品，而当产品交付后，包装企业的任务就基本完成，很难建立起稳定的客户群。因此，随着下游客户需求不断升级以及对高品质包装的需求，包

装企业需要为客户提供从包装材料的选取、方案设计、生产制造和物流配送的端到端服务。接下来，以裕同科技为例详细阐述包装企业如何深入挖掘客户需求。

第一，提供专业化的策划、设计和研发服务。例如，为解决某客户产品稽查串货问题，包装企业可以在包装盒上添加可变二维码、数字水印、AR增强现实技术。为解决某保健品客户品牌形象固化、销量难以突破瓶颈的问题，包装企业可以将原本普通的"包装盒"变成"会讲故事的包装""有情感的包装"。如在包装盒上添加数字水印和可变二维码，扫一扫包装盒上的二维码，添加想说的话、上传图片和视频，收到商品的人再次扫码后便能听到或看到这份特别的礼物，产品的内涵更加丰富，销量自然会大增。为提高化妆品的销量，包装企业可以为客户研发带有 AR 技术的包装方案，扫描产品即可出现该化妆品的 AR 互动画面。

第二，建立快速交付机制。包装企业的交付团队应该全程参与解决方案的制定，为大客户提供"嵌入式"服务，把包装盒直接送到客户的生产线，无缝对接，为客户节约时间和成本。例如，雀巢公司现在是直接将产品送到裕同，经过包装后，裕同再通过物流直接把产品送到雀巢的供应渠道，而不是送回雀巢工厂。快速交付机制不仅为快速响应客户需求并在最短时间内交付产品提供了坚实的保障，还可以满足企业潜在和增值的需求。

第三，为客户提供海量数据分析服务。伴随着"互联网＋"和"中国制造 2025"的推进，包装企业借助互联网进行大数据分析、创造新的商业模式将是大势所趋。为更好为客户提供售后服务和挖掘其潜在需求，包装企业有必要搭建大数据平台，为其客户提供增值服务，大幅提高客户的满意度。

第四，为中小企业提供金融服务。通过构建信息化管理系统，连接内外，从生产、仓储、交易、物流等各环节，实时汇集物流、信息流、资金流，形成三位一体的完整供应链信息，并进而提供大数据服务、金融服务，把资金作为整个供应链的溶剂，促进中小企业与包装企业建立长期战略协同关系，提升供应链的竞争能力。

（二）增强企业能力

在为客户提供一体化的解决方案、挖掘客户需求的同时，包装企业也要从自身出发，分别从创新研发、现场管理、自动化管理、集成供应链等方面进行企业能力的提升。

1. 增强创新研发能力

为提高企业的创新研发能力，包装企业必须加大力度建设技术研发和包装设计中心等创新研发平台，积极主导或参与包装国家及行业标准的起草与制定。

2. 现场管理能力

面对 2008 年全球金融危机所导致的世界经济增长乏力的外部压力，包装企业应该针对如何调整现场的作业手法来节省成本、如何更合理地布线、如何更有效运作物流等问题进行专门管理，提升效率。

3. 自动化管理能力

包装企业应该加快搭建集研发、工程、技术服务于一体的高端自动化设备制造供应团队，提高企业为客户提供大型自动包装及物流生产线、各类电子零部件的自动化装配设备、各类表面贴膜的自动化应用、视觉应用、机器人应用等服务的能力。

4. 集成供应链

一是集中采购，降低成本。包装企业要以大宗商品交易为核心业务，涉足传统印刷包装、环保纸托包装等业务领域，实时把握国际大宗商品的价格波动，规避风险，并通过集中采购，实现规模效益，降低成本。二是仓储物流，快速交付。通过自有仓库以及第三方合作仓储物流，提供专业化、高效率的仓储物流服务及大宗商品初加工服务，帮助企业实现快速高效的交付能力。

（三）拓展企业网络

要实现由"制造业"向"制造业＋服务业"转变，满足客户的一体化、个性化、定制化等需求，包装企业还必须由单一企业向服务型网络转变。主要做法如下：一是与重点客户进行战略合作。包装企业要巩固已有客户，对有重大需求的客户进行重点开发，并建立战略合作伙伴关系。二是与原材料供应商建立战略合作机制。尤其是对于国外公司，包装企业应该与供应商建立长期合作的价格协商机制和价格传导机制。三是聘请知名专家。这些专家在重大共性关键技术研发、企业科研成果转化、绿色环保包装材料研发的技术难题等方面作用重大。四是与金融机构开展战略合作。包装企业应该与多家银行建立战略合作关系，提高存贷款和金融服务质量。五是建立行业合作平台。例如，2017 年 10 月裕同科技成立了"国际印刷电子智能包装产业联合体"，并且是该联合体的发起单位之一，也是该联合体会员单位。

（四）控制服务风险

服务所具有的不确定性、异质性等特征导致包装企业在服务化过程中存在着巨大的不确定性风险。企业必须采取相应的策略对这些风险进行识别、预测、评价。为有效控制公司资产运营风险，保证公司资产安全，包装企业要制定并完善对外担保决策制度、投资决策管理制度和内部审计制度，并设立专门的风险控制岗位，健全赊销相关内部控制体系。

综上所述，当前产业边界已经日渐模糊，制造业企业应当寻求走服务化道路，提升企业绩效和长远发展。本章的理论分析和经验分析均表明，清楚地认识"服务型制造业"的新定位，不仅有助于建立更加牢固的客企关系，进一步降低企业成本，提升产业绩效，而且产业价值链整体协同性增强，包装产业对环境的污染和资源的消耗会大大减弱。在新的产业定位下，包装产业具有四大发展路径和个性化定制模式、互联网平台化模式、信息增值模式、一体化包装服务模式、供应链管理模式、研发设计服务模式等 6 大典型模式。但包装企业要真正实现转型升级必须遵循"服务性型制造业"新定位的新要求，从自身产品特点和客户需求、自身核心能力、服务模式和业务模式创新出发。唯有如此，包装产业发展的动力才更强，发展成效才更显著。

第五章

企业成长：宏观经济与中小包装企业成长性

近年来我国中小包装企业发展迅速，其在扩大就业、活跃市场、收入分配、社会稳定和国民经济结构布局等方面起着越来越重要的作用，为我国经济发展做出了巨大的贡献。因此，研究中小包装企业的成长性意义重大。

第一节　概念界定与理论基础

一、宏观经济背景

近年来，包装企业在我国发展迅速，对我国的经济增长起着不可忽视的作用。据统计，目前中小包装企业占据了包装市场的绝大部分，随着我国包装工业体系的不断完善和国民消费水平的不断提高，包装企业发展突飞猛进，尤其是中小型包装企业更是量大面广，有力地推动着我国包装工业经济的可持续发展。2016 年相关数据显示，全国包装企业有 25 万余家，主营业务收入突破 1.8 万亿元，年增长率高于工业平均增长水平，贡献了我国 GDP 的 2.2%，在全国 38 个主要工业门类中位列第 14 位，进一步稳固了我国作为世界第二包装大国的地位。在"十二五"期间，我国包装企业累计为销售额 120 万亿元的国内商品和销售额 50 余万亿美元的出口商品提供了配套服务。

包装消费是随着经济发展而发展的，包装消费的进步和发展，是经济发展的一面镜子，包装企业的繁荣发展，标志着我国的经济步入了一个新的快速发展时期，它是推动我国国民经济发展的润滑剂。随着全球化的进一步深入，我国的贸易机会将不断扩大，出口产品的增加，必将带动我国包装市场的扩张，这为包装企业的发展带来了良好的机遇。然而，随着市场容量的扩大，行业内的竞争也会加剧。国外大型包装企业看到我国巨大的市场容量，会越来越多地进入我国，市场竞争会日趋激烈。

我国包装行业经历了一个由缓慢发展到快速发展的过程，由封闭的作坊式、手工操作到现代化、产业化的变革。经过多年的发展，我国的包装行业已经基本上改变了"一等产品、二等包装、三等价格"的落后局面，如今的包装行业已经成为门类齐全、体系完整、产业关联度高的行业之一，是国民经济的重要组成部分。目前，我国生产的瓦楞纸包装产品、复合软包装、金属桶、集装箱、塑料编织袋等产品产量已居世界之首，包装产品已基本满足了国内社会消费品和出口商品的包装配套需求。包装行业作为我国新崛起的行业，在近几年的市场中充分显示出了它的活力，其调整增长的态势预示着包装市场更大规模的发展前景。随着我国经济的发展和物质的丰富，以及全球贸易增长和流通的加速，预计在未来 10～20 年内，我国包装需求量仍将保持较快的增长趋势，我国包装产业发展势头仍然很强劲。

二、中小包装企业的概念界定

包装企业是从事为社会专门提供包装产品（如成品包装材料、包装容器、包装印刷、包装机械等）、劳务（如包装设计、包装技术研究、包装教育和包装改进服务等）或储运等经济活动的企业。包装行业是涵盖科技、经济、文化、生活等多方面的综合性行业，是经济建设中极其重要的组成部分，同时也是一个较为特殊的行业，因为它没有自己的定型产品。包装与工业、农业、国防等国民经济领域有着非常紧密的关系，分布于生产、消费、流通等各个环节，在整个产业链中有着特殊的地位，对许多产业的发展也有着较为深刻的影响，比如制造业、运输业、食品业等，主要功能包括保护商品、美化商品、促进销售、方便使用以及方便储运等。

根据国家统计局发布的《统计上大中小微型企业划分办法（2017）》对中小企业的定义，中小企业是一个相对概念，是与大企业相比在人员规模、资产规模与经营规模上都比较小的经济单位。目前我国主要根据企业从业人员、营业收入、资产总额等指标，结合行业特点对 16 个行业进行了划分。

包装行业属于工业，因此参照工业的划分标准：从业人员在 20 人（含）至 300 人之间，并且营业收入在 300 万元（含）至 2000 万元之间的包装企业为小型包装企业，从业人员在 300 人（含）至 1000 人之间，并且营业收入在 2000 万元（含）至 4 亿元之间的包装企业为中型包装企业。

三、中小企业成长性研究综述及评价理论

企业的成长性是指企业在发展过程中，通过生产要素的重新配置与优化而获得的企业价值增长，其表现为企业所处的产业与行业具有成长性，所生产的产品前景广阔，企业规模逐年扩张，企业经营效益也不断增长。同时，企业成长性兼具持续性、动态性、效益性以及扩张性等特征。尤其是中小企业在技术创新和经济增长中的重要作用越来越受到理论界和企业界的关注，中小企业的成长性更是关注的焦点。

（一）中小企业的成长性研究

近年来，关于中小企业成长性的研究主题主要可以分为两类：

1. 成长性的评价指标

麦克米兰等（MacMillan et al.，1987）认为，反映中小型高技术企业成长性的评价指标有企业家的个人素质、企业家的经验、产品和服务的特点、市场的特点、财务特点和企业团队精神等 6 类 27 个标准。库珀（Cooper，1997）将中小企业成长性的评价指标界定为社会文化、管理者性格特征、企业所获取的信息网络以及经济发展状况，并且这些指标之间都是相互关联的。研究结论显示，管理者性格特征、相关服务机构和各项环境指标对中小企业成长性产生的影响较为显著。在此基础上，凯登（Cadenne，1997）对中小企业成长性的评价指标进行了拓展并上升到了战略高度。研究结论显示，管理实践、公司业务战略、所属行业类型、管理者素质以及公司目标等因素将影响中小企业的成长性。东克尔斯和米图宁（Rik Donckels and Asko Miettinen，1997）通过研究 1989～1996 年 55 篇相关文献之后，总结出包括市场份额、企业能力、固定资产状况、产量（或销售额）和企业的雇员人数在内的五种常用评价指标。

宋正刚和牛芳（2015）在将企业成长指标区分为效率成长和效能成长两大类的基础上构建了企业成长的二维评价模型，效率成长指标采用传统财

务指标进行测度，效能成长指标则通过员工的培训发展、客户满意度等企业内部管理和企业市场化指标来衡量。黎东升与郑芳芳（2011）采用2007年上市的中小企业三年的成长性数据对其影响因素进行研究，结果发现，企业盈利发展能力、企业竞争力以及企业资本结构都对企业成长性产生重要影响。在此结论基础上，他们提出通过调整企业资本结构和放宽资本市场准入等政策促进中小上市企业快速成长。

陈前前、张玉明和连慧颖（2016）通过研究发现，会计稳健性水平对中小企业成长性存在正向影响关系，因此提高会计稳健性水平能够促进中小企业发展，但会计稳健性水平与中小企业融资约束之间存在负相关关系，融资约束在会计稳健性和中小企业成长性之间发挥着中介作用，提高会计稳健性水平能够在一定程度上缓解中小企业的融资约束。

2. 成长性的评价分析方法

史蒂文和科文（Stevin and Covin，1990）通过建立模型来验证时间、外部环境的复杂性与中小企业成长之间的相关关系，他们认为，企业成长的快慢程度是由企业对成长的渴望程度和成长的驱动因素所决定的，其中驱动因素包括创业者的能力、市场条件及组织资源等。阿谢杜和弗里曼（Asiedu and Freeman，2007）通过研究美国中小企业2003年的财政调查数据发现，全球化程度反映了中小企业的竞争力，因此一定程度上能够促进中小企业的成长。

陈晓红（2005）通过建立回归模型检验了突变级数法和灰色关联度分析法对沪深股市中小上市公司成长性评价结果的有效性。赵驰、周勤、汪建（2012）研究了我国中小企业信用倾向、融资约束对成长性的影响，构建了信贷市场在信息不对称条件下的理论模型，经过研究发现，我国金融支持的不足导致中小企业外源性融资壁垒过高，金融机构配置的歧视性信贷也将阻碍中小企业融资约束从而影响其成长性。陈前前和张玉明（2015）通过构建PVAR模型进行实证分析得出，融资约束将不利于中小企业研发资金的增加，但研发资金的增加有利于促进中小企业成长，且中小企业成长反过来能缓解融资约束。王静（2012）采用重庆市348家中小企业的数据进行了实证研究，通过因子分析，得出生产技术水平、人员素质、资产流动性和扶持政策等因素与重庆市中小企业的成长性具有正相关性。

（二）中小企业成长性的评价理论

1. 中小企业成长性的评价指标

中小企业成长性常用的评价指标主要有以下七个。

（1）偿债能力。参考王淑君（2017）对偿债能力的定义，偿债能力是指中小企业是否具备偿还所欠债务、支付现金的能力。企业偿债能力可以反映企业的经营能力和整体的财务状况。企业总资产中有多少是由负债的方式获取的可以通过资产负债率来表示，该指标可以综合地反映企业的负债水平。流动比率可以衡量企业在短期债务到期以前所拥有的现金并可以用于偿还债务的能力。这两个指标可以较为全面地评价企业的负债能力。

（2）营运能力。营运能力是指企业经营过程中的资金周转能力，企业营运能力一定程度上可以衡量企业的成长性，因此可以通过其了解企业的营业现状和管理水平。企业的营运能力最终体现在企业应收账款周转率和存货周转率数值的高低程度上。

（3）盈利能力。同样参考王淑君（2017）的定义，盈利能力是指企业在一定环境下、一定时期内能够获得持续利润的能力，它是投资者判断中小企业是否可以投资时所依据的重要指标，是考量企业能否继续发展、企业所有者能否获得投资利益的直接指标，同时，企业良好的盈利能力也是保障企业可以健康成长的重要因素。

（4）发展能力。发展能力是指企业在一定时期的自身经营活动中所表现出来的成长能力，是直接测度企业是否具备可持续发展能力的重要指标，如盈利持续增长等。企业总资产增长率、营业收入增长率和净利润增长率这三个指标可以较为直观地反映出企业的发展能力。

（5）技术创新能力。技术创新能力指企业对商品是否具备设计、研发、吸收、使用进而提高其技术水平的能力，创新对于在日益激烈的竞争环境中的企业发展而言非常重要，企业所具备的技术创新能力与其未来的成长状况存在密切的联系，是中小企业获得竞争优势的关键所在。常使用的科研人员比例和科研经费比重可以较为全面地反映企业的科技创新能力。

（6）市场销售能力。企业的产品销售是企业盈利的前提，由于盈利能力中的主营业务收入增长指标需要对企业的销售绩效进行测度，因而销售能力的测度主要可以通过与销售有关的数据进行评价。营销人员的数量、营销人员比例以及销售费用所占比率是常用的衡量企业市场销售能力的指标。

（7）市场预期能力。众所周知，企业与所处市场的关系日益密切，因此市场预期对中小企业的成长有不可忽视的重要意义。企业市盈率是测度企业获利能力的主要指标，中小上市企业的股票市价是企业成长前景的市场预期，是成长性预测的关键指标之一。另一指标净资产倍率则可以反映市场预期与企业基本面的比较情况。

具体的评价指标体系及指标计算公式如表 5－1 所示。

表 5－1　　　　　　　　中小企业成长性评价指标体系

指标类型	常用指标名称	指标的具体计算公式
偿债能力	资产负债率	负债总额/资产总额
	流动比率	流动资产/流动负债
营运能力	总资产周转率	主营业务收入/平均资产总额
	应收账款周转率	主营业务收入/应收账款平均余额
盈利能力	每股收益	净利润/股份总数
	资产报酬率	息税前利润/平均总资产
	净资产收益率	净利润/平均净资产
发展能力	总资产增长率	(年末资产总额 － 年初资产总额)/年初资产总额
	营业收入增长率	本年营业收入增长额/上年营业收入总额
	净利润增长率	(本年净利润 － 上年净利润)/上年净利润
技术创新能力	科研人员比例	科研人员/企业当年员工总数
	科研经费比重	科研经费/营业收入
	科研人员人均创利	本期净利润/科研人员数
市场销售能力	企业销售收入增长与行业的对比	本期销售收入增长率/本期行业销售收入成长率×100%
	销售人员比例	销售人员数/全体员工数
	销售费用所占比率	销售费用/(营业费用 ＋ 管理费用 ＋ 财务费用)
市场预期能力	市盈率	每股市价/每股利润
	净资产倍率	本期最后交易日股价/本期每股净资产

2. 中小企业成长性的评价方法

一个完整的中小企业成长性评价体系应包括成长性评价指标体系和合理的指标处理方法。上文已对中小企业成长性的指标体系进行了阐述，下面将对中小企业成长性的评价方法进行介绍。目前进行成长性研究的分析方法主要有以下 6 种方法：

（1）单一指标法。单一指标法是指利用企业历年或最近一年的财务绩效指标直接测算企业各项总量指标的成长值。常用的指标包括销售额增长速度、主营业务收入增长率、净销售额增长、期间销售额的平均变化等。该方法的优点在于计算量小、便于操作。但我们发现，中小企业的成长性评价是一个复杂的系统问题，因此单一指标法的局限性就表现在其难以涵盖成长性的方方面面，不能全面地测度其成长性。

（2）多指标替换法。多指标替换法克服了单一指标法的局限性。从本质上说，多指标替换法中的多个单一指标都可以反映中小企业的成长性。通过考察各个单一指标变动对成长性评价的不同效果，能够测度各个指标对中小企业成长性评价的影响程度，有利于判断和确定企业的各项经济责任，从而进一步加强企业管理。

（3）二维判断法。参考陈晓红等（2004）和丁琳（2010）对二维判断法基本原理的阐述，二维判断法的分析步骤如下：在确定各指标状态值及标准分值的基础上，首先测算评估期前 3 年企业各指标的平均数值，并确定平均分值，考察企业评估期前 3 年的发展状况，然后根据企业评估期某一指标的实际值，测算企业该指标的行业比较得分，考察企业该项指标在同行业中所处的地位，据此再计算该指标行业比较得分与前 3 年平均分值的比值，考察企业该指标在整个测评期内的成长状态，最后将各指标的比值加总得出综合成长指数，从整体上反映企业的成长状况。该方法的局限性体现在仅能考察定量数据，因而使用该方法进行成长性评价时还需结合其他方法综合全面地考察定性与定量指标。

（4）突变级数法。源于突变理论的突变级数法最早由法国数学家雷内·托姆提出，近年来广泛应用于自然科学领域和社会科学领域。该方法的实施步骤如下：首先对评价目标进行多层次分解，其次采用突变理论与模糊数学相结合产生突变模糊隶属函数，然后通过归一公式进行综合量化计算，求出总的隶属函数，即归总为一个参数，最后完成对评价目标进行排序分析。该方法的最大优点在于不需要对评价指标主观地赋以权重，因而其评价结果更加科学准确，同时还能够对不易量化的指标进行定量分析。其局限性主要体现在最终评价值有可能相同，因此还需要采用其他方法进行辅助评价。另外，突变级数法还需区分同一层次指标的重要程度，这将会增加评价指标设计的难度和评价的主观性。

（5）灰色关联度分析。灰色关联度分析法是一种源自灰色系统理论的分析方法，该方法的应用首先要依据各种影响因素的样本数据，然后利用灰色关联度指标来描述各影响因素之间关系的强弱、大小与次序，而且关联度指标越大说明企业成长性越好。其中，样本公司的关联度值的获取主要有四个步骤，即确定序列、对数据进行无量纲化、求绝对差序列和关联系数。如果根据样本数据得出的结果显示两个影响因素变化的态势（如方向、大小和速度等指标）基本一致，则说明它们之间的关联度较大，如若不然，则说明其关联度较小。这种方法不仅思路明晰，使用者能充分利用自己所掌握的信息，在很大程度上减少信息不对称带来的损失，而且对样本数据的要求较低。该方法的不足之处在于指标体系确定的主观性太强，如在指标体系中难以确定最优值或其本身就无最优值时，会直接给评价带来很大的困难。

（6）加权评分法。加权评分法是依据一系列指标在评价总目标中的不同地位或价值，赋予其标准权数，同时确定各具体指标的标准值（通常为该指标的行业平均值），在此基础上比较指标的实际数值与标准值得到级别指标分值，最后汇总指标分值求得加权评估总分。该方法简便易行，已成为目前经济评价中应用最广泛的方法，但该方法在应用中需要对指标先进行标准化处理，并主要适用于考察横截面数据，所以其在连续判断企业的发展状况方面具有一定的局限性。

以上介绍的诸种不同评价指标的处理方法各有特色和适用范围，因此在应用具体的指标体系时应该根据所选指标以及考察对象的实际特点选用一种或综合使用多种处理方法。具体来说，就是首先要甄别绝对指标和相对指标在评价体系中的作用和地位。例如有些财务指标是越高越好，而另外一些财务指标则是处于某个区间为最优。其次，指标的动态性也需要进一步探讨与分析。这是因为如果只考察某个企业某一年度的数据，并以此来判断该企业的发展状况，会导致判断缺乏可信度，而将该企业的考察数据扩大到一段连续时间内则较为合理，同时在建立评价指标体系时要考虑指标处理的可行性，因此指标的规模要适度，一方面要避免重复出现包含相同信息的指标，另一方面应尽量根据指标处理方法的优缺点适当地剔除次要指标。最后，还要根据考察对象的特征，分析其所处的发展阶段、行业特点等因素。

第二节　我国包装企业现状

一、我国包装企业的发展现状

2015 年，我国包装行业企业累计完成主营业务收入 11365.48 亿元，同比增长 4.08%，增速比上年同期下降了 3.05%；全国包装行业累计完成利润总额 692.85 亿元，同比增长 6.20%，增速比上年同期下降了 3.26%；累计完成利税总额 1040.56 亿元，同比增长 5.75%，增速比上年同期提高了 1.12%；累计完成进出口总额 495.27 亿美元，同比增长 -0.62%，其中，累计出口额 280.98 亿美元，同比增长 4.18%，进口额 131.78 亿美元，同比增长 -8.52%。

2015 年 1～12 月，我国包装行业中，小型企业完成累计主营业务收入 7420.52 亿元，占比为 65.29%；中型企业完成累计主营业务收入 3080.05 亿元，占比为 27.10%；大型企业完成累计主营业务收入 864.91 亿元，占比为 7.61%。具体情况如表 5-2 和图 5-1 所示。

表 5-2　　　　　　全国包装行业主营业务收入企业规模分布　　　　单位：亿元

企业规模	2014 年主营业务收入	2015 年主营业务收入
小型企业	7160.38	7420.52
中型企业	2970.75	3080.05
大型企业	721.6	864.91
总计	10852.73	11365.48

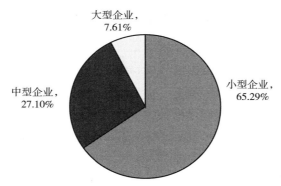

图 5-1 2015 年我国包装企业主营业务收入的企业规模占比

二、我国中小包装企业的发展现状

（一）我国中小包装企业总体情况分析

首先，本书将中国工业企业数据库中企业名称中包含"包装"及主要产品中包含"包装"这一关键词的企业认定为包装企业；其次，根据国家统计局大中小微型企业划分标准，按照主营业务收入和从业人员人数挑选出我国所有中小包装企业数据。以下针对 2008～2013 年我国中小包装企业主营业务收入、利润总额和出口交货值进行了统计，具体如表 5-3、表 5-4和表 5-5 所示。

表 5-3　　　　2008～2013 年我国中小包装企业主营业务收入及平均值

项目	2008 年	2009 年	2010 年	2011 年	2012 年	2013 年
主营业务收入（亿元）	13315.70	10487.77	7582.82	7303.50	7653.57	8292.19
平均值（万元）	15117.73	16655.18	17096.92	28319.12	28304.62	28772.35

表 5-4　　　　2008～2013 年我国中小包装企业利润总额及平均值

项目	2008 年	2009 年	2010 年	2011 年	2012 年	2013 年
利润总额（亿元）	485.23	354.42	245.68	280.50	240.39	286.08
平均值（万元）	550.90	562.84	438.33	1097.93	892.65	996.11

表 5 – 5   2008 ~ 2013 年我国中小包装企业出口交货值及平均值

项目	2008 年	2009 年	2010 年	2011 年	2012 年	2013 年
出口交货值（亿元）	802.90	607.33	204.55	489.69	500.88	457.17
平均值（万元）	911.56	964.47	364.94	1898.77	1852.37	1586.29

1. 主营业务收入

2008 ~ 2013 年，全国中小包装企业主营业务收入整体呈现一定的下降趋势，2012 年和 2013 年有一定幅度的上升。但从企业主营业务收入的平均值来看，整体呈现上升趋势，2008 ~ 2013 年同比增长率的平均值为 16.01%，2011 年主营业务收入平均值的增长率更是达到 65.64%。

2. 利润总额

2008 ~ 2013 年，全国中小包装企业利润总额整体呈现下降趋势。2013 年与 2012 年相比有一定程度的上升，但从我国中小包装企业利润总额的平均值来看，2008 ~ 2013 年整体呈现上升趋势，同比增长率的平均值为 24.68%，2011 年利润总额平均值的增长率最高，达到 150.48%。

3. 出口交货值

2008 ~ 2013 年期间，全国中小包装企业出口交货值整体呈现下降趋势。2012 年与 2011 年相比有一定程度的上升，但上升幅度不大。从我国中小包装企业出口交货值的平均值来看，2008 ~ 2013 年整体呈现上升趋势，同比增长率的平均值为 69.43%，2011 年利润总额平均值的增长率最高，达到 420.30%。

（二）我国中小包装企业主营业务收入的分布情况

1. 行业小类分布情况

2013 年，全国中小包装企业累计主营业务收入 8292.19 亿元，同比增长 8.34%。表 5 – 6 对 2013 年全国中小包装企业主营业务收入的行业小类分布情况中比重排名前十名的行业小类进行了统计。前十名行业小类主营业务收入占全国中小包装企业主营业务收入的比重达到 77.99%。

表5-6　　2013年全国中小包装企业主营业务收入的行业小类分布情况

项目	包装装潢及其他印刷	纸和纸板容器制造	塑料包装箱及容器制造	塑料丝、绳及编织品制造	塑料薄膜制造	机制纸及纸板制造	其他纸制品制造	金属包装容器及材料制造	书、报刊印刷	泡沫塑料制造
主营业务收入额（亿元）	2640.00	1080.00	680.38	473.40	329.97	312.59	271.82	257.21	223.95	195.99
比重（％）	31.85	13.03	8.21	5.71	3.98	3.77	3.28	3.10	2.70	2.36

2. 地区分布情况

表5-7对2013年全国中小包装企业主营业务收入的地区分布情况中比重排名前十名的地区进行了统计。前十名地区分类的企业占全国中小包装企业主营业务收入的比重达到78.71%。

表5-7　　　2013年全国中小包装企业主营业务收入的地区分布情况

项目	广东省	浙江省	江苏省	山东省	上海市	安徽省	福建省	四川省	湖北省	河北省
主营业务收入额（亿元）	1351.00	1350.00	1160.00	666.44	435.95	430.75	326.18	301.51	297.93	252.21
比重（％）	16.29	16.23	14.02	8.04	5.26	5.19	3.93	3.64	3.59	2.52

3. 企业注册类型分布情况

表5-8对2013年全国中小包装企业主营业务收入的企业注册类型分布情况中比重排名前十名的企业类型进行了统计。前十名企业注册类型分布的企业占全国中小包装企业主营业务收入的比重达到97%。

表5-8　2013年全国中小包装企业主营业务收入的企业注册类型分布情况

项目	私营有限责任公司	其他有限责任公司	私营独资企业	港澳台商独资经营企业	外资企业	合资经营企业	私营股份有限公司	中外合资经营企业	股份有限公司	股份合作企业
主营业务收入额（亿元）	4550.00	1970.00	377.42	333.21	238.99	160.95	140.01	125.50	92.06	61.89
比重（％）	54.84	23.71	4.55	4.02	2.88	1.94	1.69	1.51	1.11	0.75

（三）全国中小包装企业利润总额的分布情况

1. 行业小类分布情况

2013 年，全国中小包装企业累计利润总额 286.08 亿元，同比增长 19%。表 5-9 对 2013 年全国中小包装企业利润总额的行业小类分布情况中比重排名前十名的行业小类进行了统计。前十名行业小类利润总额占全国中小包装企业利润总额的比重达到 78.46%。

表 5-9　　　　2013 年全国中小包装企业利润总额的行业小类分布情况

项目	包装装潢及其他印刷	纸和纸板容器制造	塑料包装箱及容器制造	塑料丝、绳及编织品制造	塑料薄膜制造	其他纸制品制造	果菜汁及果菜汁饮料制造	泡沫塑料制造	机制纸及纸板制造	包装专用设备制造
利润总额（亿元）	97.66	29.14	28.15	18.02	11.45	10.94	9.37	7.01	6.93	5.78
比重（%）	34.14	10.19	9.84	6.30	4.00	3.82	3.28	2.45	2.42	2.02

2. 地区分布情况

表 5-10 对 2013 年全国中小包装企业利润总额的地区分布情况中比重排名前十名的地区进行了统计。前十名按地区分类的企业占全国中小包装企业利润总额的比重达到 76.53%。

表 5-10　　　　2013 年全国中小包装企业利润总额的地区分布情况

项目	浙江省	山东省	广东省	四川省	安徽省	江苏省	上海市	湖北省	河南省	福建省
利润总额（亿元）	36.73	35.52	26.04	22.16	19.52	19.29	16.86	16.22	15.38	11.24
比重（%）	12.84	12.42	9.10	7.75	6.82	6.74	5.89	5.67	5.37	3.93

3. 企业注册类型分布情况

表 5-11 对 2013 年全国中小包装企业累计利润总额的企业注册类型分布情况中比重排名前十名进行了统计。前十名企业注册类型分布的企业占全

国中小包装企业利润总额的比重达到 98.55%。

表 5 – 11　　2013 年全国中小包装企业利润总额的企业注册类型分布情况

项目	私营有限责任公司	其他有限责任公司	私营独资企业	外资企业	私营股份有限公司	港澳台商独资经营企业	股份有限公司	合资经营企业	中外合资经营企业	私营合伙企业
利润总额（亿元）	164.59	77.66	15.45	5.65	5.52	5.19	2.45	2.11	1.75	1.57
比重（%）	57.53	27.14	5.40	1.98	1.93	1.81	0.86	0.74	0.61	0.55

（四）全国中小包装企业出口交货值的分布情况

1. 行业小类分布情况

2013 年，全国中小包装企业累计出口交货值 457.17 亿元，同比下降 8.73%。表 5 – 12 对 2013 年全国中小包装企业累计出口交货值的行业小类分布情况中比重排名前十名的行业小类进行了统计。前十名行业小类累计出口交货值占全国中小包装企业出口交货值总值的比重达到 72.92%。

表 5 – 12　　2013 年全国中小包装企业出口交货值的行业小类分布情况

项目	包装装潢及其他印刷	塑料包装箱及容器制造	塑料薄膜制造	塑料丝、绳及编织品制造	纸和纸板容器制造	包装专用设备制造	金属包装容器及材料制造	其他纸制品制造	日用塑料制品制造	塑料零件及其他塑料制品制造
出口交货值（亿元）	98.61	54.16	44.44	30.29	24.20	17.75	17.73	16.99	15.11	14.05
比重（%）	21.57	11.85	9.72	6.63	5.29	3.88	3.88	3.72	3.31	3.07

2. 地区分布情况

表 5 – 13 对 2013 年全国中小包装企业累计出口交货值的地区分布情况中比重排名前十名的地区进行了统计。前十名地区分类的企业占全国中小包装企业累计出口交货值的比重达到 97%。

表 5 – 13   2013 年全国中小包装企业出口交货值的地区分布情况

项目	广东省	浙江省	上海市	江苏省	福建省	山东省	辽宁省	天津市	重庆市	河北省
出口交货值（亿元）	131.97	113.12	57.60	42.70	31.34	30.10	10.42	10.05	8.61	7.59
比重（%）	28.87	24.74	12.60	9.34	6.85	6.58	2.28	2.20	1.88	1.66

3. 企业注册类型分布情况

表 5 – 14 对 2013 年全国中小包装企业累计出口交货值排名前十的企业注册类型进行了统计。前十名企业注册类型分布的企业占全国中小包装企业累计出口交货值的比重达到 99.38%。

表 5 – 14   2013 年全国中小包装企业出口交货值的企业注册类型分布情况

项目	私营有限责任公司	港澳台商独资经营企业	外资企业	其他有限责任公司	中外合资经营企业	合资经营企业	私营独资企业	私营股份有限公司	股份合作企业	合作经营企业
出口交货值（亿元）	171.95	110.03	69.96	37.43	35.79	17.20	3.85	3.79	2.39	1.99
比重（%）	37.61	24.07	15.30	8.19	7.83	3.76	0.84	0.83	0.52	0.43

第三节   中小包装企业成长性评价体系构建与评价

一、基于突变级数法的我国中小包装企业成长性评价模型的建立

（一）确定评价目标体系各层次的突变系统类型

根据突变级数法的基本原理，并从图 5 – 2 的我国中小包装企业成长性评价指标体系图可以看出，各层指标的突变系统类型如下：

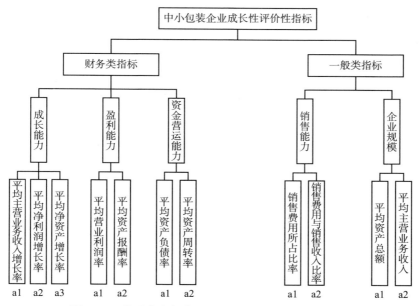

图 5-2　我国中小包装企业成长性评价指标体系构建

第三级指标系统：成长能力为燕尾突变系统，为非互补型，控制变量标记为 a1、a2、a3；盈利能力为尖点突变系统，为互补型，控制变量标记为 a1、a2；资金营运能力为尖点突变系统，为非互补型，控制变量标记为 a1、a2；销售能力为尖点突变系统，为互补型，控制变量标记为 a1、a2；企业规模为尖点突变系统，为互补型，控制变量记为 a1、a2。

第二级指标系统中的财务类指标包含成长能力、盈利能力以及资金营运能力，因此财务类指标为燕尾突变系统，为非互补型，控制变量记为 x_{A1}、x_{A2}、x_{A3}；一般类指标包含销售能力与企业规模指标，因此为尖点突变系统，为互补型，控制变量标记为 x_{A4}、x_{A5}。

最上层的中小包装企业成长性评价系统包含财务类指标和一般类指标，因此为尖点突变系统，也是非互补型，控制变量标记为 xA、xB。

（二）利用归一公式进行评价排序

计算各被评价的中小包装企业最底层评价指标的控制变量，按照突变级数法的要求，控制变量必须取 0~1 之间的数值，且能分出各被评价的中小包装企业在该指标上的等级，测算公式如下：

$$y_{ij} = \frac{z_{ij} - \min\limits_{1 \leqslant j \leqslant n} z_{ij}}{\max\limits_{1 \leqslant j \leqslant n} z_{ij} - \min\limits_{1 \leqslant j \leqslant n} z_{ij}} \quad (i = 1, \cdots, m) \tag{5-1}$$

其中，y_{ij} 为第 j 个被评价企业的某个目标体系中第 i 个指标的控制变量数值，z_{ij} 为第 j 个被评价企业的某个目标体系中第 i 个指标的指标数值，n 为被评价企业数，m 为某个目标体系中的指标个数。利用归一公式计算各被评价企业的各评价指标控制变量的突变级数，归一公式如式（5-2）和式（5-3）所示。

尖点突变系统的归一公式为：

$$x_{a1} = a1^{\frac{1}{2}}, \quad x_{a2} = a2^{\frac{1}{3}} \tag{5-2}$$

其中，x_{a1} 表示对应 a1 的 x 值，x_{a2} 表示对应 a2 的 x 值。

类似地，燕尾突变系统的归一公式为：

$$x_{a1} = a1^{\frac{1}{2}}, \quad x_{a2} = a2^{\frac{1}{3}}, \quad x_{a3} = a3^{\frac{1}{4}} \tag{5-3}$$

在这里，归一公式实质上是一种多维模糊隶属函数。

取每个被评价企业的各评价子系统的突变级数，并作为上一层评价系统各指标的控制变量。例如，在成长能力评价系统中，取出一个指标控制变量的突变级数作为财务类指标评价系统中的成长能力这一指标的控制变量。取级数的原则是：按照突变级数法的要求，非互补型突变系统以"大中取小"的原则来取，即取突变级数最小的一个；而互补型突变系统取各突变级数的平均数。所以对财务类指标而言：

$$\begin{cases} x_{A1} = \min(x_{a1}, x_{a2}, x_{a3}) \\ x_{A2} = \dfrac{x_{a1} + x_{a2}}{2} \\ x_{A3} = \min(x_{a1}, x_{a2}) \end{cases} \tag{5-4}$$

对一般类指标而言：

$$\begin{cases} x_{A4} = \dfrac{x_{a1} + x_{a2}}{2} \\ x_{A5} = \dfrac{x_{a1} + x_{a2}}{2} \end{cases} \tag{5-5}$$

依此先用归一公式类推计算各被评价企业上一层指标控制变量的突变级数，再取级数作为再上一层指标的控制变量，最后以取级数的方式得到各被评价企业的中小企业成长性评价总得分。由此得分可对被评价单位的成长性进行排序。

二、2009～2012 年我国中小包装企业成长性评价排名

(一) 样本的选择

本章关于 2009～2012 年我国中小包装企业成长性评价的样本来自中国工业企业数据库。根据以下样本选择步骤筛选样本。

首先，在 2009～2012 年中国工业企业数据库中，选择企业名称中含"包装"或三种主要产品中含"包装"的企业。

其次，根据国家统计局大中小微型企业划分标准，按照工业的主营业务收入和从业人员人数标准挑选出我国所有中小包装企业，具体标准为，从业人员人数在 20 人（含）至 1000 人之间，并且营业收入在 300 万元（含）至 4 亿元之间的企业为中小企业。

再次，鉴于要计算主营业务收入增长率、净利润增长率以及净资产增长率，因此本章选取企业样本中 2008～2012 年连续四年都有各变量数据的样本。

最后，根据平均资产总额排序，选择了排在前 50 名的企业作为样本，再剔除掉资产总额、主营业务收入、销售费用、营业利润等关键变量缺失的企业样本，最终选择企业样本数为 44 家。

通过以上选择步骤，本章确定的 2009～2012 年符合条件的研究样本共 44 家企业如表 5-15 所示。

表 5-15　　　　　2009～2012 年我国中小包装企业样本选择

企业名称	所属行业	所属省份
艾利（福州）包装系统产品有限公司	包装装潢及其他印刷	福建省
长乐市兴达塑纸包装彩印有限公司	包装装潢及其他印刷	福建省
慈溪市飞兰包装有限公司	纸和纸板容器制造	浙江省
东莞富城饰物包装品有限公司	包装装潢及其他印刷	广东省
东莞市华光包装材料有限公司	包装装潢及其他印刷	广东省

企业名称	所属行业	所属省份
东莞市粤源包装有限公司	塑料丝、绳及编织品制造	广东省
东莞艺嘉包装印刷有限公司	包装装潢及其他印刷	广东省
富阳新丰包装材料有限公司	塑料包装箱及容器制造	浙江省
高碑店市双捷包装制品有限公司	纸和纸板容器制造	河北省
广东省教育厅教育印刷厂	书、报刊印刷	广东省
广州市快美印务有限公司	包装装潢及其他印刷	广东省
杭州迪宝彩印包装有限公司	纸和纸板容器制造	浙江省
杭州乐安金属制品有限公司	金属包装容器及材料制造	浙江省
杭州日益包装材料有限公司	包装装潢及其他印刷	浙江省
杭州紫江包装有限公司	塑料包装箱及容器制造	浙江省
河南省远航包装机械有限公司	皮箱、包（袋）制造	河南省
济南宏金龙印务有限公司	包装装潢及其他印刷	山东省
联盛（大连）彩印包装有限公司	包装装潢及其他印刷	辽宁省
辽宁利达集团包装有限公司	金属包装容器及材料制造	辽宁省
南通环球塑料工程有限公司	塑料包装箱及容器制造	江苏省
宁波阿拉斯嘉包装制造有限公司	皮箱、包（袋）制造	浙江省
宁波保税区大红鹰彩色包装有限公司	包装装潢及其他印刷	浙江省
宁波金马彩印包装有限公司	纸和纸板容器制造	浙江省
宁波龙安包装科技有限公司	卫生材料及医药用品制造、药用辅料及包装材料	浙江省
宁波市金晨彩印包装有限公司	包装装潢及其他印刷	浙江省
宁波新力包装材料有限公司	塑料薄膜制造	浙江省
山西鹏远塑料彩印有限公司	包装装潢及其他印刷	山西省
山西新华时信包装印刷有限公司	包装装潢及其他印刷	山西省
上海宝莱包装有限公司	塑料薄膜制造	上海市
上海美高金属制品包装有限公司	其他金属制日用品制造	上海市
上虞市铝业包装有限公司	金属包装容器及材料制造	浙江省
深圳吉立印刷包装制品有限公司	书、报刊印刷	广东省

企业名称	所属行业	所属省份
深圳市吉安泰纸品包装有限公司	纸和纸板容器制造	广东省
四川中金医药包装有限公司	其他金属制日用品制造	四川省
延边龙川包装机械有限公司	皮箱、包（袋）制造	吉林省
殷昌（苏州）包装有限公司	玻璃包装容器制造	江苏省
营口辽海包装制品有限公司	塑料丝、绳及编织品制造	辽宁省
永康市天一包装材料有限公司	纸和纸板容器制造	浙江省
余姚市日晨果蔬包装发展有限公司	纸和纸板容器制造	浙江省
张掖市金鼎包装有限责任公司	金属包装容器及材料制造	甘肃省
浙江跨跃印刷有限公司	包装装潢及其他印刷	浙江省
浙江圣雷机械有限公司	制药专用设备制造	浙江省
浙江天成医药包装有限公司	日用塑料制品制造	浙江省
中山达跃彩印包装有限公司	包装装潢及其他印刷	广东省

（二）基于突变级数法的排名实证分析

鉴于实证分析涉及的样本数太多，因此本章以第一家样本企业"艾利（福州）包装系统产品有限公司"为例介绍实证分析过程，其余样本的计算过程同理可得。该企业的各指标项数据如表 5 – 16 所示。

表 5 – 16　　艾利（福州）包装系统产品有限公司各指标项数据

指标	数值	y_{ij}	指标	数值	y_{ij}
平均主营业务收入增长率	0.1861856	0.5046	平均资产周转率	0.6122527	0.1159
平均净利润增长率	0.2175587	0.4717	销售费用所占比率	0.6567814	1
平均净资产增长率	0.3430407	0.1661	销售费用与销售收入比率	0.1255936	1
平均营业利润率	0.3052399	1	平均资产总额	60745	0.2601
平均资产报酬率	0.2106255	1	平均主营业务收入	36578.8	0.7024
平均资产负债率	0.6637354	0.1820			

1. 第三级指标

三级指标平均主营业务收入增长率、平均净利润增长率以及平均净资产增长率为燕尾突变系统，为非互补型，计算过程如下：

$$x_{a1} = a1^{\frac{1}{2}} = \sqrt{0.5046} = 0.7103 \tag{5-6}$$

$$x_{a2} = a2^{\frac{1}{3}} = \sqrt[3]{0.4717} = 0.7784 \tag{5-7}$$

$$x_{a3} = a3^{\frac{1}{4}} = \sqrt[4]{0.1661} = 0.6384 \tag{5-8}$$

鉴于成长能力系统为非互补型燕尾突变系统，因此按"大中取小"的原则，成长能力指标的计算过程如下：

$$x_{A1} = \min(x_{a1}, x_{a2}, x_{a3}) = 0.6384 \tag{5-9}$$

三级指标平均营业利润率与平均资产报酬率为尖点突变系统，为互补型，计算过程如下：

$$x_{a1} = a1^{\frac{1}{2}} = \sqrt{1} = 1 \tag{5-10}$$

$$x_{a2} = a2^{\frac{1}{3}} = \sqrt[3]{1} = 1 \tag{5-11}$$

按照互补型尖点突变系统的特点，我们采用互补求均值的原则，对盈利能力指标的计算过程如下：

$$x_{A2} = \frac{x_{a1} + x_{a2}}{2} = 1 \tag{5-12}$$

三级指标平均资产负债率与平均资产周转率为尖点突变系统，为非互补型，具体计算过程如下：

$$x_{a1} = a1^{\frac{1}{2}} = \sqrt{0.1820} = 0.4266 \tag{5-13}$$

$$x_{a2} = a2^{\frac{1}{3}} = \sqrt[3]{0.1159} = 0.4876 \tag{5-14}$$

资产营运能力系统为非互补型尖点突变系统，按"大中取小"的原则，资产营运能力的指标计算过程如下：

$$x_{A3} = \min(x_{a1}, x_{a2}) = 0.4266 \tag{5-15}$$

三级指标销售费用所占比率、销售费用与销售收入比率为尖点突变系统，为互补型，具体计算过程如下：

$$x_{a1} = a1^{\frac{1}{2}} = \sqrt{1} = 1 \tag{5-16}$$

$$x_{a2} = a2^{\frac{1}{3}} = \sqrt[3]{1} = 1 \tag{5-17}$$

销售能力系统为互补型尖点突变系统，按照互补求均值的原则，对销售能力指标的计算过程如下：

$$x_{A4} = \frac{x_{a1} + x_{a2}}{2} = 1 \qquad (5-18)$$

三级指标平均资产总额与平均主营业务收入为尖点突变系统，为互补型，具体计算过程如下：

$$x_{a1} = a1^{\frac{1}{2}} = \sqrt{0.2601} = 0.5100 \qquad (5-19)$$

$$x_{a2} = a2^{\frac{1}{3}} = \sqrt[3]{0.7024} = 0.8889 \qquad (5-20)$$

企业规模系统为互补型尖点突变系统，因此按照互补求均值的原则，对企业规模指标的计算过程如下：

$$x_{A5} = \frac{x_{a1} + x_{a2}}{2} = 0.6995 \qquad (5-21)$$

2. 第二级指标

第二级指标成长能力、盈利能力与资产营运能力为非互补型燕尾突变系统。具体的计算公式如下：

$$x_{A11} = x_{A1}^{\frac{1}{2}} = \sqrt{0.6384} = 0.799 \qquad (5-22)$$

$$x_{A22} = x_{A2}^{\frac{1}{3}} = \sqrt[3]{1} = 1 \qquad (5-23)$$

$$x_{A33} = x_{A3}^{\frac{1}{4}} = \sqrt[4]{0.4266} = 0.808 \qquad (5-24)$$

财务类指标系统为非互补型燕尾突变系统，按"大中取小"的原则，对财务类指标的计算过程如下：

$$x_A = \min(x_{A11}, x_{A22}, x_{A33}) = 0.799 \qquad (5-25)$$

第二级指标销售能力指标和企业规模指标为互补型尖点突变系统，具体的计算公式如下：

$$x_{A44} = x_{A4}^{\frac{1}{2}} = \sqrt{1} = 1 \qquad (5-26)$$

$$x_{A55} = x_{A5}^{\frac{1}{3}} = \sqrt[3]{0.6995} = 0.8877 \qquad (5-27)$$

一般类指标系统为互补型尖点突变系统，按照互补求均值的原则，对一般类指标的计算过程如下：

$$x_B = \frac{x_{A44} + x_{A55}}{2} = 0.9438 \qquad (5-28)$$

3. 第一级指标

第一级指标包含财务类指标和一般类指标两项，为非互补型尖点突变系统，计算公式如下：

$$x_{AA} = x_A^{\frac{1}{2}} = \sqrt{0.799} = 0.8939 \qquad (5-29)$$

$$x_{BB} = x_B^{\frac{1}{3}} = \sqrt[3]{0.9438} = 0.9809 \qquad (5-30)$$

第一级指标系统为非互补型尖点突变系统，因此按"大中取小"的原则，中小包装企业成长性指标的计算过程如下：

$$x = \min(x_{AA}, x_{BB}) = 0.8939 \qquad (5-31)$$

因此，艾利（福州）包装系统产品有限公司的成长性指标的最后得分为 0.8939，根据以上测算方法同理可得其他 43 家企业成长性指标的分值。具体得分情况如表 5–17 所示。

表 5–17　　根据突变级数法计算的 2009～2012 年中小包装企业成长性排名

企业名称	成长性得分	成长性排名
高碑店市双捷包装制品有限公司	0.9298	1
东莞市粤源包装有限公司	0.9170	2
宁波市金晨彩印包装有限公司	0.9100	3
中山达跃彩印包装有限公司	0.9005	4
杭州乐安金属制品有限公司	0.8960	5
济南宏金龙印务有限公司	0.8955	6
艾利（福州）包装系统产品有限公司	0.8939	7
宁波龙安包装科技有限公司	0.8922	8
富阳新丰包装材料有限公司	0.8891	9
山西鹏远塑料彩印有限公司	0.8720	10
浙江跨跃印刷有限公司	0.8694	11
宁波保税区大红鹰彩色包装有限公司	0.8655	12
长乐市兴达塑纸包装彩印有限公司	0.8638	13
上虞市铝业包装有限公司	0.8613	14
杭州日益包装材料有限公司	0.8599	15
辽宁利达集团包装有限公司	0.8584	16
四川中金医药包装有限公司	0.8519	17
慈溪市飞兰包装有限公司	0.8472	18

企业名称	成长性得分	成长性排名
浙江圣雷机械有限公司	0.8409	19
营口辽海包装制品有限公司	0.8389	20
南通环球塑料工程有限公司	0.8360	21
延边龙川包装机械有限公司	0.8326	22
杭州迪宝彩印包装有限公司	0.8283	23
浙江天成医药包装有限公司	0.8246	24
山西新华时信包装印刷有限公司	0.8217	25
河南省远航包装机械有限公司	0.8187	26
联盛（大连）彩印包装有限公司	0.8187	27
杭州紫江包装有限公司	0.8105	28
余姚市日晨果蔬包装发展有限公司	0.8082	29
东莞艺嘉包装印刷有限公司	0.7993	30
广州市快美印务有限公司	0.7955	31
上海美高金属制品包装有限公司	0.7939	32
深圳吉立印刷包装制品有限公司	0.7811	33
东莞市华光包装材料有限公司	0.7575	34
宁波阿拉斯嘉包装制造有限公司	0.7559	35
永康市天一包装材料有限公司	0.7455	36
东莞富城饰物包装品有限公司	0.7372	37
宁波金马彩印包装有限公司	0.6912	38
张掖市金鼎包装有限责任公司	0.6716	39
广东省教育厅教育印刷厂	0	40
上海宝莱包装有限公司	0	40
宁波新力包装材料有限公司	0	40
殷昌（苏州）包装有限公司	0	40
深圳市吉安泰纸品包装有限公司	0	40

（三）排名结果的检验

本部分还将对根据突变级数法所得到的结果（见表 5-17）进行分析，由
于表 5-17 为 2009~2012 年 44 家企业的成长性排名，因此我们在研究中考虑

使用样本企业滞后一年的基本情况来衡量以上成长性排名的效果，即采用2013年样本企业主要成长性影响因素作为衡量标准，本部分主要采用主营业务收入和利润总额的增长率两个评价指标对其效果进行检验，表 5 – 18 和表 5 – 19 依次根据主营业务收入增长率和利润总额增长率两大指标将所有企业分成四种类型，即业务收入超标、业绩增长、业绩持平和业绩下滑。其中，业务收入超标和业绩增长为正面评价标准，业绩持平和业绩下滑为负面评价标准。表 5 – 18 和表 5 – 19 中 2013 年样本企业基本情况中的四种划分遵循逐步剔除原则，即当主营业务收入超过 4 亿元时将被认定为业务收入超标并从样本企业中剔除，然后再在样本企业中依次选取业绩增长、业绩持平和业绩下滑的样本企业数。主营业务收入增长率或利润增长率大于 5% 的企业为业绩增长型企业，处于 0% ~5% 之内的企业为业绩持平的企业，小于 0% 的企业为业绩下滑企业。

表 5 –18   主营业务收入增长率指标下 2013 年企业成长性排名的效果分析

	样本企业 2013 年的基本情况				评价	
	业务收入超标	业绩增长	业绩持平	业绩下滑	评价有效率（%）	评价失误率（%）
前 10 名	3	2	1	4	50	50
前 20 名	3	7	2	8	50	50
后 10 名	1	2	4	3	70	30
后 20 名	4	4	6	6	60	40
平均					65	35

表 5 –19   利润总额增长率指标下 2013 年企业成长性排名的效果分析

	样本企业 2013 年的基本情况				评价	
	业务超标	业绩增长	业绩持平	业绩下滑	评价有效率（%）	评价失误率（%）
前 10 名	3	3	0	4	60	40
前 20 名	3	8	0	9	55	45
后 10 名	1	4	0	5	50	50
后 20 名	4	5	0	11	55	45
平均					55	45

从以上评价效果来看，表 5 - 18 的评价有效率为 65%，表 5 - 19 的评价有效率仅为 55%，但总的来说，评价结果基本令人满意。

第四节 宏观经济背景下中小包装企业成长性的影响因素分析

我国中小包装企业成长性的影响因素可以分为外在影响因素和内在影响因素，外在影响因素又可分为宏观经济运行情况、政策因素、产业环境和融资环境等，内在影响因素可分为技术创新、企业规模、企业偿债能力、营运能力、盈利能力等。以下将对我国中小包装企业的各影响因素进行具体的分析。

一、我国中小包装企业成长的影响因素

（一）外在影响因素

1. 宏观经济运行情况

宏观经济运行状况将对中小包装企业的成长性产生影响并制约着企业的成长。例如 2008 年金融危机之前，宏观经济环境普遍呈现向好的局面，因此非常有利于我国中小包装企业的成长。2008 年美国的金融危机使我国企业的出口贸易受挫，因而导致了我国许多企业关停的现象，中小包装企业也不例外。

2. 政策因素

国家政策因素对我国中小包装企业的成长具有重要的影响作用。国家政策因素主要包括以下三个方面：第一，国民经济发展战略。国民经济发展战略因素是我国中小包装企业发展的基础，并能决定中小包装企业获取各种要素资源的难易程度，从而影响我国中小包装企业的成长能力。第二，经济管理体制。一国的经济管理体制决定了该国是否具备独立自主的行为主体和要素的可流动性程度。因此，我国中小包装企业的形成和发展取决于要素的流动，而要素的流动性将受到我国经济体制的制约。第三，政府的直接扶持计划。国家通过各种政策扶持计划对包装企业进行宏观调控和干预，将对包装

企业的成长起到促进或阻碍的作用，不同类型的企业在享受优惠政策上存在明显差异，从而导致不同包装企业的成长性差异。

3. 产业环境

著名的战略管理学家迈克尔·波特在其《竞争战略》一书中强调，一个企业的成长既依赖于该企业所处产业的吸引力，也取决于该企业在所处产业中的竞争地位，二者缺一不可。由此可见，产业的外部性影响非常重要。

4. 融资环境

我国中小包装企业多数规模较小、资产少，负债能力比较低，技术创新能力不足，同时中小包装企业融资特点与其他中小企业基本一致，也表现为融资金额少、时间紧急、融资频率高，这将使银行管理成本与潜在收益不对等，从而增加了银行的经营成本和风险，使银行对中小包装企业贷款的积极性不高，这种收紧的融资环境将严重阻碍中小包装企业的快速成长。

（二）内在影响因素

1. 技术创新能力

关于技术创新能力对企业成长和发展影响的相关研究有很多，这些研究几乎一致地证明了技术创新能力能够促进企业的成长和发展。对于中小包装企业而言，技术创新能力更为重要，因为中小包装企业规模小、数量多，要使自己在市场竞争中立于不败之地，其必须在各方面的不断创新中形成企业的核心竞争力，从而不断发展壮大。

2. 管理层素质

企业管理层的素质是决定企业成长的核心要素。尤其在中小企业中，个人对企业的贡献度更大，影响也将更大。中小包装企业的管理层素质决定了企业的发展方向、经营战略、经营范围、管理模式等，对中小包装企业稳定地进行生产经营活动和企业的成长与发展都起着关键性的作用。

3. 企业的管理能力

本部分讨论的企业管理能力包括企业的偿债能力、营运能力、盈利能力三种类型。企业的偿债能力指中小包装企业是否具备偿还所欠债务、支付现金的能力。企业偿债能力可以反映企业的经营能力和整体的财务状况。营运能力是指企业经营中的资金周转能力，企业营运能力一定程度上可以表现企业的成长性。对营运能力进行分析，可以了解企业的营业现状和管理水平。

参考王淑君（2017）的定义，盈利能力是指企业在一定环境、一定时期内能够获得持续利润的能力，它是投资者判断是否可以对中小企业进行投资的重要指标，是考量企业能否继续发展、企业所有者能否获得投资利益的直接指标，同时，企业良好的盈利能力也是保障企业可以健康成长的重要因素。

4. 企业规模

罗伯特·吉布拉（Robert Gibrat）第一次提出了企业规模与企业成长之间的动态模型，即均衡效率法则，该法则认为，企业规模对企业成长性的影响不显著。近年以来，东西方诸多学者大部分以制造业作为研究对象，针对企业规模对中小企业成长性进行了大量的实证研究，大部分结论都拒绝了均衡效率法则。研究发现了，企业规模越大，企业成长的规模优势将会越高，也就证明了企业的规模越大越有利于中小企业的快速成长。

为了进一步对中小包装企业成长性的影响因素进行研究，本节选取我国458家中小包装企业作为实证研究样本。

二、数据与典型事实特征描述

（一）数据的选取

本节首先选取中国工业企业数据库中所有企业名称或三种主要产品中含"包装"的企业；其次，根据国家统计局关于中小企业的标准，选取从业人员人数在20人（含）至1000人之间，并且营业收入在300万元（含）至4亿元之间的企业为中小企业；最后，筛选出2008～2013年各变量有连续数据的样本，筛选出的样本企业为458家。被解释变量选择主营业务收入、利润和资产总额的增长率，样本数据的时间范围为2009～2013年，观测值总数为2290个。

（二）典型事实特征描述

关于中小包装企业成长性变量的选取，我们考虑到实证分析过程中容易产生的内生性问题，同时参考其他相关文献对成长性变量的测度，仅选择主营业务收入增长率、利润增长率以及资产增长率作为中小包装企业成长性变量的测度指标。

关于影响因素变量的选取，我们根据以上对中小包装企业影响因素的分析，同时考虑到数据的限制问题，选取外在影响因素中宏观经济运行情况与产业环境两种因素以及企业内在因素中企业偿债能力、企业营运能力、企业盈利能力以及企业规模四种因素进行实证分析。表 5 – 20 为选取的各影响因素变量指标。

表 5 – 20 中小包装企业成长性变量和影响因素变量的选取

变量名称	变量说明	变量代码
主营业务收入增长率	本年度相比上一年度主营业务收入增长率	Y1
利润增长率	本年度相比上一年度利润的增长率	Y2
资产增长率	本年度相比上一年度资产总额的增长率	Y3
宏观经济运行情况	企业所在省、自治区、直辖市的 GDP	GDP
产业环境	企业所在行业分类	δ_i
企业偿债能力	资产总额/负债总额	CZ
企业营运能力	营业收入/资产总额	YY
企业盈利能力	利润/主营业务收入	YL
企业规模	资产总额	GM

表 5 – 21 选取了中小包装企业成长性的内在影响因素进行描述性统计分析。从表中可以看出，2010 年主营业务收入增长率较低，资产增长率出现了负数，但利润增长率非常高，从企业内在影响因素来看，仅有企业偿债能力不高、资产规模不大与其相对应，其中原因可能与企业所处的外部环境相关，2010 年为美国金融危机过后的第二年，中小包装企业的成长性可能受宏观经济运行情况的影响较大。

表 5 – 21 中小包装企业成长性影响因素的描述性统计分析结果

年份	主营业务收入增长率	利润增长率	资产增长率	企业偿债能力	企业营运能力	企业盈利能力	企业规模（万元）
2009	0. 146	0. 4404	0. 1824	3. 377	2. 0546	0. 0351	19014. 44
2010	0. 088	3. 156	– 0. 5032	1. 4529	8. 0238	0. 04515	9357. 60
2011	0. 9418	5. 6224	5. 9372	4. 4214	2. 1539	0. 0337	25299. 77

续表

年份	主营业务收入增长率	利润增长率	资产增长率	企业偿债能力	企业营运能力	企业盈利能力	企业规模（万元）
2012	0.0783	0.0777	0.1208	2.8812	2.1523	0.0303	27226.36
2013	0.0841	0.0493	0.1359	3.0894	2.1831	0.0291	29370.77
平均值	0.2677	1.870	1.175	3.314	0.0347	3.0444	22053.79

三、计量模型的构建

针对以上中小包装企业影响因素的分析以及变量指标的选取，本小节拟构建三个线性模型并采用统计软件 Stata 进行分析，模型（5－32）、模型（5－33）、模型（5－34）分别为选取不同成长性评价指标下的影响因素估计。

$$Y1 = \alpha_0 + \alpha_1 GDP_{pt} + \alpha_2 CZ_{qt} + \alpha_3 YY_{qt} + \alpha_4 YL_{qt} + \alpha_5 GM_{qt} + \delta_t + \delta_i + \varepsilon_{qt}$$

$$(5-32)$$

$$Y2 = \beta_0 + \beta_1 GDP_{pt} + \beta_2 CZ_{qt} + \beta_3 YY_{qt} + \beta_4 YL_{qt} + \beta_5 GM_{qt} + \delta_t + \delta_i + \varepsilon_{qt}$$

$$(5-33)$$

$$Y3 = \gamma_0 + \gamma_1 GDP_{pt} + \gamma_2 CZ_{qt} + \gamma_3 YY_{qt} + \gamma_4 YL_{qt} + \gamma_5 GM_{qt} + \delta_t + \delta_i + \varepsilon_{qt}$$

$$(5-34)$$

在以上三种计量模型中，Y1、Y2、Y3 分别表示主营业务收入增长率、利润增长率以及资产增长率，CZ、YY、YL 和 GM 分别表示企业当年的偿债能力、营运能力、盈利能力以及企业规模，本小节为了避免重要解释变量缺失带来的估计结果有偏的问题，在以上模型中均加入了时间和企业所处行业的固定效应，分别表示为 δ_t 和 δ_i，ε_{qt} 为模型估计中的误差项。

四、模型估计结果分析

中小包装企业成长性影响因素的估计结果如表5－22所示，（1）列、（2）列和（3）列依次为选择主营业务收入增长率、利润增长率以及资产总额增长率作为成长性被解释变量的影响因素估计结果。鉴于该面板数据为短面板数据，本部分对以上三个模型均进行了混合回归、固定效应和随机效应模型估计，并经过 F 检验和豪斯曼检验，之后对第（1）列和第（3）列的模型最终采用固定效应模型估计，对第（2）列的模型采用随机效应模型估计。

表5 – 22   中小包装企业成长性影响因素的估计结果

变量名	（1）	（2）	（3）
GDP	0.00003 *** (3.97)	0.00004 (0.86)	0.0002 *** (3.86)
企业盈利能力	0.73381 * (1.72)	19.24352 * (1.83)	3.836 * (1.72)
企业偿债能力	0.00237 (1.15)	− 0.02077 (− 0.33)	− 0.00426 (− 0.32)
企业营运能力	0.03618 *** (7.42)	− 0.01595 (− 0.1)	− 0.05479 * (− 1.72)
企业规模	0.46453 *** (10.74)	0.28822 (0.28)	2.25465 *** (7.97)
行业	Y	Y	Y
年份	Y	Y	Y
观测值	2290	2290	2290

注：*** 、 ** 、 * 分别表示参数的估计值在1%、5%、10%的统计水平上显著，括号内数值为 z 值；每个模型均对企业所在行业和年份的固定效应进行了控制；企业规模变量以对数形式进行回归。

在外部影响因素中，企业所在的省份的 GDP 在三个模型中的结果都为正，并且在选择主营业务收入增长率和资产总额增长率作为被解释变量时非常显著，仅在选择利润增长率作为被解释变量时不显著。这说明宏观经济运行情况在一定程度上对中小包装企业的成长性产生了显著影响，尽管影响并不大。此外，在外部影响因素中我们对企业所在行业的固定效应进行了控制，从回归结果来看，在第（1）列和第（3）列的结果中，行业的固定效应也表现为显著，这意味着企业所在行业的环境确实对中小包装企业的成长性产生了影响。

在中小包装企业成长性的内在影响因素估计结果中，我们发现企业盈利能力变量在第（1）列、第（2）列和第（3）列的结果中均对中小包装企业的成长性产生了显著的正向影响，并且影响效应较大。企业规模变量在第

（1）列、第（2）列和第（3）列的结果中均对中小包装企业成长性产生了正向的影响，但在选择利润增长率为被解释变量的结果中不显著，这意味着企业规模越大，中小包装企业将越能快速成长。企业营运能力变量在第（1）列的结果中对中小包装企业的成长性产生了显著正向的影响，但在第（3）列的结果中对其成长性的影响表现为负向的影响效应，原因可能在于第（3）列中被解释变量为资产总额的增长率，而解释变量企业营运能力的表达式为营业收入与资产总额的比值，因此从表达式来看，被解释变量与解释变量存在一定程度的负向变动关系，企业偿债能力变量在三列估计结果中均不显著。

第五节　解决中小包装企业成长性的系统对策研究

根据本章第三节中小包装企业的成长性评价和第四节中小包装企业部分成长性影响因素的分析，本节我们将对中小包装企业成长性的对策建议进行探讨。拟从宏观层面和微观企业层面两个角度对其成长性的对策进行梳理。

一、宏观层面的对策建议

（一）建立完善的中小包装企业金融服务体系

中小包装企业自身的信用一般较低，这需要政府建立完善的中小包装企业金融服务体系，具体包括以下几个方面：第一，政府应鼓励和督促银行等金融机构积极推行和实施现有的融资政策，如2014年8月出台的《国务院办公厅关于多措并举着力缓解企业融资成本高问题的指导意见》中强调，银行等金融机构需切实满足符合融资条件的中小企业的融资诉求，缓解中小企业的融资约束。第二，逐步改善中小包装企业对银行等大型金融机构融资过分依赖的窘境。因此，应鼓励中小包装企业积极拓宽融资渠道，如向小银行借贷、民间借贷以及直接融资等渠道。第三，中小包装企业如选择向小银行借贷或者民间借贷，政府应发挥监督管理作用，不断规范资金借贷市场，鼓励小银行和民间借贷机构做好中小包装企业的信用评级，建立统一的信用档案数据库，在此基础上，根据信用等级的评价结果对中小包装企业提供差异化的融资额度，从而营造健康诚信的融资环境。第四，需要在直接融资方面不断完善创业板市场，在一定程度上兼顾中小包装企业的实际情况，降低准入标准，使中小包装企业能够直接进入资本市场进行融资，满足生产和销售所需的资金。

（二）建立健全的中小企业社会化中介服务体系

许多发达国家的中小企业蓬勃发展的原因在于其具有比较完善有效的社会化中介服务体系。例如，遍及美国各地的"小企业发展中心"和"企业信息中心"的建立依赖于美国小企业管理局（SBA）的协助，另外，还包括美国教育界近500所高校集体成立的"小企业学院"、金融界的银行机构设立的"小企业信贷部"、科技界各类企业协助建立的各种"技术推广中心"。当然，其他国家也有类似的官方或半官方的中介机构。

因此，政府应重视发挥专门的中小包装企业服务机构的作用，其中包括中小企业研发服务机构、中小企业创新资源共享服务机构、信息共享服务机构、专业人才培训机构、中小企业技术转移服务机构、市场开拓及产品出口服务机构等，负责为中小包装企业制定、实施扶植政策和提供各种服务。

（三）建立完善的中小包装企业创新服务体系

政府可从以下三方面着手促进建立完善的中小包装企业创新服务体系：第一，应把中小包装企业的技术需要与高校、科研系统的创新优势紧密结合起来，使高校、科研系统成为中小包装企业技术创新的坚强后盾。第二，大力推进重点骨干企业发展成为中小企业技术创新和新产品培育中心，建立企业孵化器与创新基金，以加快科技成果的商业化步伐。第三，建立有利于中小技术创新的投入条件、建立科学技术共享机制，尤其鼓励研究机构向民营高科技中小企业转移技术。关于这一点，日本的经验是经常无偿地向中小企业转让专有技术、国立研究所的科研成果与实验成果，并且通过向中小企业提供补贴同科研中心共同进行科学研究等形式来支持中小企业的技术创新。

二、微观企业层面的对策建议

（一）提升中小包装企业的管理能力

中小包装企业要提升其管理能力，应主要从其盈利能力、偿债能力和营运能力三方面进行加强和改善。中小包装企业要提升盈利能力，首先应开源节流，做好成本管控。企业管理成本实则是管理导致成本发生的内在流程和作业过程。传统成本控制方法并未消除产生成本的动因，即作业，仅仅进行了预算削减，当然成本最终也会恢复到原有水平，但企业在管理成本的过程中经过细致的价值链分析之后再削减作业，成本也就相应减少。因此把成本控制的立足点从传统的生产阶段转移到产品规划设计阶段，从业务下游转移到源头非常必要。这种源头式的成本管理方法，从一开始就实施充分、透彻、有针对性的分析，有利于避免后续生产制造过程中大量的无效作业发生，从而大幅度节省成本，即消除非增值作业流程，提高增值作业效率，从而优化作业链和价值链。其次是以利润为导向的业绩管理。中小包装企业应实行以利润为导向的发展战略，一个企业要生存、要发展、要壮大，最重要的是要制定发展战略，对未来一段时期进行统筹规划，以实现企业可持续成长和发展。

企业应通过以下途径提升中小包装企业的偿债能力：首先，企业应提升应收账款、预付账款和存货的变现能力。加强企业内外部数据核对，提高往来账款准确性，可借助抵押等方式，为账款变现提供保障，并重点关注铺货和退货风险，同时控制预付账款规模，关注供应商经营状况。其次，应强调提升应收账款、预付账款、存货的使用效率。运用比较分析法，制定合理预警指标，将应收账款回款加入考核指标，加大考核力度，并采取各种措施，降低历史旧账损失。

中小包装企业要提升营运能力，除了需加强企业成本管理和企业应收账款管理之外，还需提高存货管理控制和调整优化生产销售环节。例如强化存货管理意识，建立科学高效的存货管理制度，建立健全企业存货内部控制制度以完善存货管理控制。同时，改善企业内部的生产管理结构和外部的组织销售结构，这样才能既保障产品质量和服务，又能将不必要的环节舍去，以此来提升企业营运能力。

（二）提高中小包装企业的技术创新能力

中小企业是我国技术创新的重要主体，也是建设创新型国家的基础力量，因此，大力提升中小包装企业技术创新能力，促进中小包装企业的健康成长，是巩固和发展实体包装经济的重要基础，同时也是提高我国自主创新能力的必然要求。提高中小包装企业的技术创新能力应做到以下几点：首先，应提高中小包装企业的自主创新意识，树立创新理念。其次，扩大资金投入，优化创新项目。最后，加快人才引进和培养，重视产学研结合。中小包装企业应千方百计吸纳科技人才，不断壮大企业创新队伍，建立良好的激励机制，充分调动科技人才的积极性，切实发挥科技人才的创新作用。

（三）有效扩大中小包装企业的企业规模

规模效益即指因经营规模变动所引起的成本或收益的变动，一般先随着企业规模变大而出现规模收益递增，达到最佳规模后，将随着企业规模的扩大而出现规模收益递减，因此在有效扩大中小包装企业规模的过程中，需要确定企业的最佳经营规模。企业最佳生产经营规模的形成受到诸多因素的制约，大致包括以下几个方面的因素：生产要素的均衡性、企业所处行业的市场变化以及科学技术和管理的现实水平。在确定了企业最佳生产规模之后，中小包装企业要实现企业规模的有效扩大，应重点考虑以下途径：其一，通过股份制改造，组织优势互补、联合发展的大型企业集团；其二，通过市场竞争，以经济利益为纽带，兼并那些规模不经济或低效益的弱小包装企业，在兼并中达到企业规模的扩张；其三，提高经营管理水平，充分挖掘内涵式发展的潜力，因为如果难以达到相应的管理水平，那么即使企业规模已经达到最佳经营规模，也将难以实现规模收益递增。

第六章

包装强国：评价指标与建设路径

在 2002 年"中国包装产业发展战略与亚洲包装中心建设座谈会"上，中国包装技术协会邱纯甫会长首次提出了"包装强国"的概念，并提出要"推动我国从包装大国向包装强国迈进"。之后，经由历届包装联合会理事会的推动，建设包装强国逐渐成为我国包装行业管理层的共识。2016 年，工业和信息化部、商务部联合发布了《关于加快我国包装产业转型发展的指导意见》，中国包装联合会也制定并发布了《中国包装工业发展规划（2016~2020 年）》，明确了建设包装强国的目标。包装强国建设正式成为中国包装产业发展的战略目标。尽管既有政策性文件和学术文献都有对包装强国内涵和路径的探讨，但包装强国建设的指标体系研究仍是薄弱环节，目前尚无系统的评价指标体系。有鉴于此，本章重点探讨我国包装强国建设指标体系，并基于指标体系探讨我国包装产业发展的对策。

第一节 包装强国评价的理论基础

一、包装强国概念的提出与演变

在 2002 年"中国包装产业发展战略与亚洲包装中心建设座谈会"上，中国包装技术协会邱纯甫会长认为，我国包装工业经过 20 多年的努力，取得了跨越式发展，年平均增长速度高于 18%，到 2001 年产值已达 2376 亿元，在国民经济 40 个行业中从第 40 位上升到第 15 位，包装工业的整体水平得到较大提高，缩小了与发达国家的差距，正在逐步成为"包装大国"。①
但从产品的质量品种、产品的技术含量、产品的出口能力和新产品的开发能
力来看，包装工业的成长发育尚不成熟，缺乏可持续发展的后劲，与发达国
家相比还有很大的差距，主要体现为：包装企业大都规模较小，产业集中度
较低；包装工业受国外包装跨国公司的冲击和牵制，主要高技术含量的包装
设备和原辅材料还严重依赖进口；包装制品成本较高，对商品竞争力有较大
影响；包装管理和技术人才严重匮乏，企业技术创新能力较差；包装生产的
宏观管理亟待加强，涉及包装的法规严重不足。② 基于上述判断，邱纯甫提
出要推动我国从包装大国向包装强国迈进。这是我国包装行业协会首次提出
"包装强国"的概念。显然，"推动我国从包装大国向包装强国迈进"作为一
个行业发展目标被提出，针对的是包装工业"大而不强"的现状，侧重点是
包装企业规模、包装产业集中度、包装设备和原辅料的进口依赖度、包装制
成品成本、包装管理和技术人才、企业技术创新能力、包装生产宏观管理、
包装立法等相对具体而紧迫的行业问题，并未明确"包装强国"的具体内涵。

　　自"包装强国"目标被首次提出后，中国包装联合会的历届全国代表大
会或理事会的报告中均进一步明确了"包装强国"作为包装行业发展目
标的重要性，并且对如何建设包装强国的思考也逐步深化。在 2003 年 10 月
18 日至 19 日举行的中国包装技术协会第六次全国代表大会上，新当选的石
万鹏会长发表题为《继往开来，创新发展，为从包装大国向包装强国迈进
而努力奋斗》的讲话，明确提出要把建设现代化包装强国作为中国包装技
术协会的奋斗目标，指出建设现代化包装强国的主要任务包括：按照走新型
工业化道路的要求，大力促进包装产业结构调整；加强包装法规和包装标准
体系建设；依靠科技进步，加强包装教育；坚持"引进来"与"走出去"
相结合，全面提高对外开放水平。③

　　同时，中国包装联合会对包装强国特征的认识也进一步深化。2007 年，
在中国包装联合会第六次全国代表大会上，石万鹏代表第六届理事会做了题
为《在科学发展观的统领下为建设中国特色包装强国而努力奋斗》的报告，

---

①② 邱纯甫：《坚持市场导向，实施战略重组，推进我国从包装大国走向包装强国》，载《中
国包装》2002 年第 8 期。
③ 石万鹏：《继往开来，创新发展，为从包装大国向包装强国迈进而努力奋斗》，载《中国包
装》2003 年第 8 期。

指出衡量具有中国特色包装强国的标志主要体现在六个方面：一是包装产业总产值位居世界前列，能充分满足国民经济、出口贸易和人民生活的需求；二是成为世界包装设计和技术创新的主导国家之一，关键技术、材料和设备主要依托国内，部分先进技术对外输出；三是具有完整的包装产业体系和完善的产业链与价值链；四是包装产品单位产值的能源和材料消耗率达到世界先进水平，成为节能减排的先进行业；五是企业管理先进，综合经济效益名列前茅；六是包装产品的名牌信誉和包装企业的社会信誉获得用户与社会高度认可。① 石万鹏提出的中国特色包装强国的六个标志，是中国包装联合会官方首次对包装强国特征进行界定，强调包装强国应该在产业总产值、包装设计和技术创新、包装产业体系和产业链与价值链、包装产品单位产值的能源和材料消耗率、包装企业综合经济效益、包装产品名牌信誉和包装企业社会信誉等方面在世界上处于主导或者领先地位。

2016 年是中国包装行业发展进程中非常关键的一年。这一年，工业和信息化部、商务部联合发布了《关于加快我国包装产业转型发展的指导意见》，中国包装联合会发布了《中国包装工业发展规划（2016～2020 年）》。这两个政策性文件都明确了包装强国建设目标，并对包装强国建设的内容和目标提出了更加明确的要求。《关于加快我国包装产业转型发展的指导意见》明确提出包装产业是服务性制造业，要进一步提升我国包装产业的核心竞争力，巩固世界包装大国地位，推动包装强国建设进程。该意见认为，我国包装产业"大而不强"主要体现在以下几个方面：行业自主创新能力弱，重大科技创新投入和企业技术研发投入严重不足，高新技术难以实现重大突破，先进装备和关键技术进口依赖度高；企业高投入、高消耗、高排放的粗放生产模式仍然较为普遍，绿色化生产方式与体系尚未有效形成；包装制造自动化、信息化、智能化水平有待提高；产业区域发展不均衡、不协调；低档次、同质化产品生产企业重复建设问题突出，无序竞争现象未能得到遏制。② 同时，该意见确定了产业规模、自主创新、两化融合、节能减排、军民融合和标准建设六个主要发展目标。以《关于加快我国包装产业转型发展的指导意见》为

---

① 石万鹏：《在科学发展观的统领下为建设中国特色包装强国而努力奋斗》，载《中国包装》2007 年第 10 期。

② 《工业与信息化部 商务部关于加快我国包装产业转型发展的指导意见》，中华人民共和国商务部网站。

指导制定的《中国包装工业发展规划（2016-2020年）》，从产业规模、创新能力、两化融合、军民融合、节能减排、标准建设6个方面构建了包括28个指标的"十三五"包装工业发展指标体系（见表6-1）。

表6-1   "十三五"包装工业发展主要指标

类别	指标	2020年	指标属性
产业规模	包装工业年收入（万亿元）	2.5	预期性
	出口总额增长（%）	>20	预期性
	全球市场占有率（%）	≥20	预期性
	年产值50亿元以上企业（个）	≥15	约束性
	新增国际品牌（个）	>10	预期性
创新能力	规模以上企业专业技术人才比重（%）	>15	约束性
	规模以上企业全员劳动生产率年增长率（%）	≥7.5	约束性
	规模以上企业研发投入与主营收入比（%）	≥1.6	约束性
	国家级创新平台建设（个）	30	预期性
	重要包装装备国产化率（%）	75	预期性
	专利授权总量增长率（%）	50	约束性
	科技成果转化率（%）	25	预期性
两化融合	处于集成提升阶段以上的企业（%）	>80	约束性
	中小企业应用信息技术比例（%）	>55	约束性
	企业间电子商务交易额（亿元）	≥5000	预期性
	规模以上企业装备数控化率（%）	≥70	约束性
军民融合	民品包装技术用于军品包装的比例（%）	>50	约束性
	先进包装防护技术进入军品包装领域（%）	>30	约束性
	军民融合包装产业基地（个）	≥60	预期性
节能减排	单位工业增加值能源消耗下降（%）	20	约束性
	工业二氧化碳排放强度下降（%）	20	约束性
	单位工业增加值用水量下降（%）	25	约束性
	主要污染物排放总量下降（%）	10	约束性
	主要包装材料再循环率（%）	≥15	约束性
	再利用包装废弃物总量（万吨）	≥2500	约束性

类别	指标	2020 年	指标属性
标准建设	全国包装标准推进联盟	建成	约束性
	包装标准信息化专业网站	建成	约束性
	包装标准创新研究基地（个）	≥5	约束性

从包装强国概念的提出不难看出，包装强国建设是立足我国已经成为包装大国的现实基础，直面与发达国家之间的差距，而提出的国家层面的产业发展战略。从包装强国概念在政策性文件中的演变则可看出，我国包装行业协会对"什么是包装强国"与"如何建设包装强国"的认识经历了一个不断深化的过程。从最初对与发达国家差距的审视，到提出中国特色包装强国应该具有的六个标志，再到建立包括产业规模、创新能力、两化融合、军民融合、节能减排、标准建设 6 个方面 28 个指标的"十三五"包装工业发展指标体系，都反映了中国包装行业协会对包装产业的定位、目标和发展战略的不断探索。这些也为本书构建我国包装强国建设指标体系提供了有力的理论基础。

二、包装强国的内涵与特征

目前，无论是理论研究，还是政策性文本，国内外对于"包装强国"的概念和内涵都没有统一的界定。《关于加快我国包装产业转型发展的指导意见》明确提出包装产业是服务性制造业，属于制造业的范畴。那么，我们讨论包装强国的内涵，就需要放到我国制造强国建设的战略目标中，尤其是立足"中国制造 2025"战略。朱高峰和王迪（2017）认为，一个国家制造业的强弱是与他国比较而言的，是一个相对的概念，可从产业规模、产业基础、产业效率和产业潜力等多个维度进行判断和综合考量，从而突出制造业的比较优势。[1] 刘丹等（2015）认为，制造强国是拥有规模效益优化、位居世界前列、具备良好发展潜力的制造业的国家，构成制造强国内涵和特征的要点是一国制造业获取竞争优势的必要条件，使该国能够多层次、多角

---

[1]　朱高峰、王迪：《当前中国制造业发展情况分析与展望——基于制造强国评价指标体系》，载《管理工程学报》2017 年第 10 期。

度、多方位参与并影响全球制造业的总体格局，进而形成较强的综合竞争力。① 从包装产业的服务型制造业产业属性出发，借鉴学界观点，我们认为，包装强国是指一国包装产业在产业规模、产业基础、产业效率和产业潜力等方面的综合影响力和竞争力处于世界前列。结合包装强国的内涵，包装强国应该具有以下几个方面的特征：

一是庞大的产业规模。表现为产业规模较大、产业总产值位居世界前列。产业规模主要反映了一国包装产业在全球包装产业中的体量，是包装强国建设的基础。

二是优化的产业结构。表现为产业结构合理，具有完备的涵盖设计、生产、检测、流通、回收循环利用等产品全生命周期的包装产业链体系，先进包装材料和包装设备的进口依赖度低。优化的产业结构主要反映了产业间的合理结构及产业之间的密切联系，是包装强国的重要基石。

三是良好的效率效益。表现为包装产业设计与生产技术水平世界领先、劳动生产率高、占据价值链高端环节等。效率效益体现了包装产业发展质量，是包装强国的核心表现。

四是良好的品牌声誉。拥有较多国际知名的包装企业和品牌包装产品，在包装产业国际标准的制定中有较强的话语权。品牌声誉体现了包装产业的国际影响力，是包装强国的外显特征。

五是持续的发展潜力。表现为具有较强的自主创新能力，在绿色包装、智能包装领域竞争力明显，具有较强的产业可持续发展能力。发展潜力体现了高端化发展能力和长期发展潜力，是包装强国的持续保障。

三、包装强国评价的经验借鉴

作为发展中大国，建设现代化社会主义强国是我国国家建设的重要目标。为此，我国在各领域提出了很多强国建设目标，如"文化强国""体育强国""制造强国"等，并积累了一些强国评价经验。这些经验对于建构包装强国建设评价指标体系有重要的借鉴价值。

---

① 刘丹等：《"制造强国"评价指标体系构建及初步分析》，载《中国工程科学》2015 年第17 期。

（一）文化强国评价经验

国家社会科学基金重点项目"扎实推进社会主义文化强国建设研究"课题组参照"资源—能力—环境"的分析框架，按照从"微观"到"宏观"的"大文化"逻辑路线，分别从"核心价值体系的凝聚力""公民文化素质的能动力""文化产业的创新力""文化对发展方式转型的带动力""文化在世界上的吸引力和影响力"五个方面构建了文化强国评价指标体系。[①] 该课题组选取上述五个方面作为一级指标，并选择一些客观的、可以量化的指标作为二级指标构成了指标体系，同时运用主成分分析法确定了指标的权重（见表6-2）。

表6-2 　　　　　　　　　　　　文化强国指标体系

一级指标	二级指标	指标权重
核心价值体系的凝聚力	收听广播小时数（亿小时）	0.060
	收看电视小时数（亿小时）	0.060
	上网人数（万人）	0.060
全民文化素质的能动力	博物馆参观人次（万人次）	0.060
	就业者受教育年限（亿人年）	0.058
文化产业的创新力	图书出版（万种）	0.056
	电影发行（部）	0.047
	文化经费（亿美元）	0.023
	文化产业增加值（亿美元）	0.057
文化对发展方式转型的带动力	专利数（万件）	0.061
	论文数（万篇）	0.059
	知识密集型产业和知识产业增加值（亿美元）	0.061

---

① 洪晓楠等：《文化强国评价指标体系：中国与美国的比较》，载《东岳论丛》2015年第4期。

一级指标	二级指标	指标权重
文化在世界上的吸引力和影响力	文化出口（亿美元）	0.061
	留学生数（万人）	0.049
	诺贝尔奖获得者数（人）	0.060
	世界文化遗产数（项）	0.027
	国际文化获奖（项）	0.032
	使用本国语言的外国人数量（百万人）	0.060
	入境旅游人数（万人）	0.049

（二）体育强国评价经验

北京奥运会后我国政府提出了体育强国战略，引发了学界对体育强国评价的研究。有学者运用文献资料法、专家访谈法、德尔菲法以及层次分析和目的树分析等方法，借鉴哈佛大学的约瑟夫·奈的国家综合实力理论，把国家体育综合实力分为体育硬实力和体育软实力两个层面，建构了包括目标层、准则层、要素层和指标层四个层面的涵盖体育软实力和体育硬实力2个维度，包括竞技体育、群众体育、体育科技、体育教育、体育产业与体育文化6个二级指标，以及62个三级指标的体育强国评价指标体系。指标的权重采用层次分析法确定（见表6-3）。[①]

表6-3　　　　　　　　　　体育强国评价指标体系

准则层	要素层	指标层
体育硬实力	竞技体育	夏季奥运会项目的综合水平 冬季奥运会项目的综合水平 运动员在世界主要赛事中取得奖牌的数量 运动员在世界主要赛事中创新世界纪录数量 基础项目（田径、游泳）竞技水平 三大球竞技水平 竞技体育的科研创新及辅助水平 竞技体育后备人才结构与数量 专业运动员及教练员的数量及水平 竞技体育的运行机制、管理体制与管理水平

---

① 王智慧、池建：《体育强国的指标体系研究》，载《中国体育大学学报》2014年第11期。

续表

准则层	要素层	指标层
体育硬实力	群众体育	人均拥有体育场馆的面积 每万人拥有体育场馆数量 每万人拥有体育指导员数量 体育人口数量 经常参加体育锻炼的人口占总人口的比率 群众体育发展规划与保障措施 居民对体育锻炼的需求程度 居民对体育锻炼认识状况 居民体育消费占总消费支出的比重 人均拥有体育指导员的数量及水平 体育锻炼参与人群的数量及年龄分布状况 群众体育的物力资源（信息资源、设施、经费、健身组织等）投入情况 群众体育的人力资源（体育指导员、体育管理人员）投入情况 群众体育经费投入情况 体育设施供给情况 居民体质健康状况及综合水平 体育公共服务设施的供给、维护与更新状况 机关、企事业体育场馆面向社会的开放率 学校体育场馆对外开设情况 健身知识的宣传与普及水平 群众对体育设施、服务水平的满意度
	体育科技	运动训练的科技含量及水平 运动训练的方法与收益 群众体育设施的科技水平 体育领域的科技自主创新能力 体育科技成果的转化和应用水平 在世界领先（SCI、SSCI）的体育科技期刊上发表成果的数量 研究成果的国内外转载数量及影响力水平 国内体育科技期刊的综合影响力水平
	体育教育	教练员教育质量及水平 运动员教育质量及水平 居民体育教育质量及水平 学校体育教学质量 学生体育教育质量及水平 学生体质健康状况及环比同比水平 生均体育教师数量 体育院校的教学质量及水平 体育人才的就业及应用水平 体育的社会地位及认识程度 体育教师的社会地位及认同状况

续表

准则层	要素层	指标层
体育硬实力	体育产业	年均体育彩票公益金的数量 体育产业生产总值占 GDP 的比重 体育产业领域解决就业人口数量 居民体育消费占总支出的比重 体育产业的国际影响力 体育赛事职业化程度与国际影响力 体育产业国内市场占有率 体育产业市场化程度
体育软实力	体育文化	体育物态文化发展水平 体育组织管理与制度文化发展水平 体育精神文化发展水平 体育行为文化发展水平

（三）制造强国评价经验

中国工程院重大研究课题"制造强国战略研究"课题组在研究国内外指标体系、工业发达国家强国之路的基础上，分析了我国制造业现状，提出了制造强国的内涵和特征，并构建了制造强国评价指标体系。该课题组认为，"制造强国"的内涵应包括规模和效益并举、在国际分工中地位较高、发展潜力大三个方面，核心要素体现在"大、好、久"三个字上，其主要特征包括庞大的产业规模、良好的质量效益、优化的产业结构和可持续的发展能力和空间。[①] 基于上述内涵界定与特征概括，该课题组将"制造强国"的评价定位为"产业评价"，从"产业实力"和"产业潜力"两个维度出发，将"产业实力"分解为"规模发展"和"质量效益"；将"产业潜力"分解为"结构优化"和"可持续发展"，并据此构建了"制造强国"评价指标体系，指标权重采用"专家打分法"进行量化并加权（见表 6 - 4）。[②]

---

①② "制造强国的主要指标研究"课题组：《制造强国的主要指标》，载《中国工程科学》2015 年第 17 期。

表 6-4   **"制造强国"评价指标体系**

一级指标	二级指标	权重
规模发展	制造业增加值	0.1287
	制造业出口占全球制造业出口总额比重	0.0664
质量效益	出口产品召回通报指数	0.0431
	本国制造业拥有的世界知名品牌数	0.0993
	制造业增加值率	0.0356
	制造业全员劳动生产率	0.0899
	高技术产品贸易竞争优势指数	0.0689
	销售利润率	0.0252
结构优化	基础产业增加值占全球基础产业增加值比重	0.0835
	全球《财富》500强中本国制造业企业营业收入占全部制造业企业营业收入比重	0.0686
	装备制造业增加值占制造业增加值比重	0.0510
	标志性产业的产业集中度	0.0085
持续发展	单位制造业增加值的全球发明专利授权量	0.0821
	制造业研发投入强度	0.0397
	制造业研发人员占制造业从业人员比重	0.0132
	单位制造业增加值能耗	0.0748
	工业固体废物综合利用率	0.0116
	网络就绪指数（NRI指数）	0.0099

（四）主要启示

通过对"文化强国""体育强国"和"制造强国"等"强国"评价经验的简单梳理，可以得到如下启示：

一是评价指标体系的构建是"强国"评价的关键，没有科学的评价指标体系，就难以有科学的评价。

二是"强国"评价指标体系的构建要基于"强国"的内涵与特征，也即"强国"评价要紧扣"强国"的核心要素，契合"强国"建设的实际需要，能为"强国"建设提供参考和指导。

三是"强国"评价指标的遴选要遵循数据可得性原则，没有数据来源或者指标不可量化，评价将难以具备可操作性。

四是指标权重的确定方法有主成分分析法、层次分析法和专家打分法，三种方法都充分发挥了专家在指标权重确定上的专业作用。

第二节　包装强国建设指标体系的建构

一、评价框架与维度

包装强国是一个综合性的概念，包装强国建设是一个动态的进程，对其进行评价首先应构建一个合适的评价框架，并选择科学的评价维度。

（一）评价框架

评价框架是评价的逻辑结构，即遵循什么样的逻辑来评价。评价框架的选择既要考虑评价对象内在的内涵结构，也要考虑评价主体的评价目的。

包装强国评价的对象"包装强国"，评价框架构建要立足包装强国的内涵结构。《关于加快我国包装产业转型发展的指导意见》明确提出包装产业是服务性制造业，属于制造业的范畴。因此，包装强国评价本质上是一种产业评价，也即对一国包装产业在世界包装产业发展中是否位居前列的评价。关于包装强国的内涵，《关于加快我国包装产业转型发展的指导意见》主要是从我国包装产业"大而不强"的逆向维度来定义包装强国的内涵的，也即我国包装产业由于具有行业自主创新能力弱，高投入、高消耗、高排放的粗放生产模式，自动化、信息化、智能化水平不高，产业区域发展不均衡、不协调，低档次、同质化产品生产企业重复建设问题突出的特点，所以我国只是"包装大国"还不是"包装强国"。换言之，包装强国内涵应该包括自主创新能力强、绿色的生产模式、信息化和智能化水平高、区域发展均衡协调、产品品牌化程度高等内容。那么，我们对包装强国的评价，在评价维度和指标的选择上，要基本能涵盖上述内容。

包装强国的评价的目的是为包装强国建设这一行业发展战略目标服务

的，是为了衡量我国与世界主要包装强国之间的差距，识别我国包装产业发展的短板与不足，以便为包装产业政策的制定和包装企业发展战略的选择提供指南。因此，包装强国评价框架的构建，应该充分考虑国际产业竞争力比较和国内产业政策评价这两个现实目的。前者是水平评价，即我国包装产业的国际相对竞争力评价；后者当属政策评价，即评价和诊断既有产业政策的实施效果。

综合包装强国的评价对象的内涵结构和评价目的的双重属性，我们认为，我国包装强国评价在评价内容上应该基本涵盖自主创新、绿色发展、信息化智能化水平、产业结构优化和产品品牌化等内容，在评价目的上应该可以用于评价我国包装产业的国际相对竞争力和国内产业政策的实施效果。

（二）评价维度

评价维度是指从哪些相互联系的角度来对评价对象进行评价。我们认为，我国包装强国评价应该从规模发展、创新发展和绿色发展三个维度来进行评价。理由如下：

一是"规模发展"维度主要是指：从产业规模角度来评价，包装强国的包装产业总体规模应该居于世界前列，也即包装强国首先必须是包装大国。包装大国是包装强国的基础，没有量的积累就没有质的飞跃。包装大国主要体现在行业总产值、从业人员规模等量的指标上。

二是"创新发展"维度主要是指：从创新能力角度来评价，包装强国的包装产业应该在产业创新能力方面居于世界前列，包装企业能够在技术研发、设备制造、生产智能化等方面引领全球包装产业的发展。

三是"绿色发展"维度主要是指：从发展模式的可持续性角度评价，包装强国应该在产业可持续发展方面居于世界前列，单位产值能耗、污染物排放、废弃物再利用等各项指标都有全球领先的经营管理水平和生产技术水平，能引领全球包装产业绿色发展。

规模发展、创新发展、绿色发展三个维度构成了包装强国评价的框架（见图6－1）。需要说明的是，在前文界定包装强国的内涵时，我们认为包装强国应该具有庞大的产业规模、优化的产业结构、良好的效率效益、良好的品牌声誉、持续的发展潜力五个特征。这五个特征有些可以体现在三个维度中，如庞大的产业规模体现在规模发展维度，可持续发展体现在绿色发展维度。有些特征则是部分体现在三个维度中，如优化的产业结构部分体现在规模发展维度，良好的效率效益部分体现在创新发展维度。而良好的品牌声誉则并没有体现在三个维度中，主要是因为良好的品牌声誉更多的是三个维度发展的结果，即只要实现了三个维度的发展，自然就会形成良好的品牌声誉。同时，良好的品牌声誉更多的是一种相对主观的评价性特征，缺乏客观可得的数据来反映，所有该特征就没有纳入包装强国评价框架。

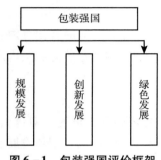

图 6 - 1　包装强国评价框架

二、指标选择原则与指标解释

（一）指标选择原则

根据相关强国评价体系在指标构建方面的经验，指标的选取应当遵循以下原则：

一是全面性。即选择的指标要能够全面反映评价框架确定的维度，体现一国包装产业在全球范围内的相对综合实力。具体而言，指标体系要能覆盖包装强国评价框架的四个维度，体现四个维度所代表的产业发展方向。

二是代表性。体现某一评价维度的指标可能有很多，但是要从中选取一些最能代表评价维度内涵的具体指标，这种指标应该有较高的业界认可度，并且最能反映某一评价维度的现实状况。

三是数据可获得性。在现有国内外统计数据库中，评价指标的数据应该是可以获得的，这样便于数据收集和国家间的横向比较。包装产业在全球产业体系中的地位越来越重要，但是，由于包装产业与其他产业有着高度融合的特点，几乎所有产业最终产品都涉及产品包装，以及相应包装产品的设备制造、材料生产、产品设计与生产，故既有的全球性产业统计数据库并没有独立的包装产业统计数据，甚至一国内部对于包装产业的统计数据也只是零碎地体现在其他产业统计数据中。所以，对于包装强国评价而言，最大的困难是缺乏全球层面的统计数据和国内的连续性统计数据，导致指标的选取困难。

四是独立性。选取的指标相互间应该有较强的独立性，不能两个指标或者多个指标都衡量同一具体的内容，指标相互之间在内容上不能重复或交叉。

（二）指标选择及解释

根据上述指标选择原则，在专家调查法的基础上，我们根据评价框架的三个维度分别选择评价指标。

首先，规模发展维度选择"产业年度总产值"和"产业年度出口总额"两个指标。

"产业年度总产值"是产业经济学中用于评价产业规模的通用指标，它既可以反映行业产值的总体规模，也可以通过横向对比反映行业产值的相对规模。"产业年度总产值"指标数据可以从《中国包装工业年度运行报告》中获取。

"产业年度出口总额"可以反映一国某产业在全球市场上的竞争力，出口总额大，增速高，可反映该国该产业产品的全球市场占有水平，也可反映该国该产业在全球范围内的相对规模。"产业年度出口总额"指标数据可以从《中国包装工业年度运行报告》中获取。

其次，创新发展维度选择"规模以上企业专业技术人才比重""规模以上企业研发投入与主营收入比"和"专利授权总量增长率"三个指标。

"规模以上企业专业技术人才比重"反映某行业从业人员中的专业技术人员占比。专业技术人员是企业创新的生力军，其在行业从业人员中的占比可在一定程度上反映该行业的创新能力。由于既有包装行业统计数据缺乏，包装产业又被定位为服务型制造业，包装产业的数据在工业统计中也被纳入制造业统计，因此，具体评价时可以用既有统计中"规模以上制造业企业专业技术人才比重"来替代"包装行业规模以上企业专业技术人员比重"，统计数据可从年度统计年鉴中获得。

"规模以上企业研发投入与主营收入比"指标是常用的反映企业研发投入强度的指标。研发投入是评价企业对研发活动的重视与支持的重要指标，在一定程度上可以反映企业创新能力。由于既有包装行业统计数据缺乏，具体评价时，该指标用万德数据库中包装行业上市公司的"研发投入与主营收入比"来替代，相关数据可根据万得数据库中包装行业上市公司数据计算获得。

"专利授权总量增长率"指标反映的专利授权总量及其增长情况。专利授权量是常用的用于反映一国或地区创新能力的重要指标。由于既有包装行业统计数据缺乏，具体评价时，该指标用万得数据库中包装行业上市公司的"专利授权总量增长率"来替代，相关数据可根据万得数据库中包装行业上市公司数据计算获得。

最后，绿色发展维度选择"单位工业增加值能源消耗""主要包装材料再循环率""再利用包装废弃物总量"三个指标。

"单位工业增加值能源消耗""主要包装材料再循环率"和"再利用包装废弃物总量"这三个指标是《中国包装工业发展规划（2016～2020年）》确定的"十三五"包装工业发展主要指标中"节能减排"类别下的指标，能够较好地反映包装产业的绿色发展水平。相关数据可从正在建设的包装产业统计数据库中获取。

包装强国评价指标汇总见表6-5。

表6-5　　　　　　　　　　　　包装强国评价指标

一级指标	二级指标	
A　规模发展	A1	产业年度总产值
	A2	产业年度出口总额
B　创新发展	B1	规模以上企业专业技术人才比重
	B2	规模以上企业研发投入与主营收入比
	B3	专利授权总量增长率
C　绿色发展	C1	单位工业增加值能源消耗
	C2	主要包装材料再循环率
	C3	再利用包装废弃物总量

三、指标权重的确定

在构建包装强国评价框架和选取评价指标后，还必须确定各项指标在总体指标体系中的权重。我们采用德尔菲法，以专家背对背匿名打分的形式计算指标权重。

由于包装产业的研究者较少，我们选择了近三年曾主持相关研究课题的6位专家进行调查。具体的方法是：首先，制定评价打分表，每个指标列根据五分位法设计"很重要""比较重要""一般""比较不重要""不重要"五个选项，分别计分100分、75分、50分、25分和0分，供专家进行评价选择。其次，把评价打分表发给6位专家打分。经典德尔菲法一般包括开放式打分、评价式打分、重审式打分和复核式打分四轮打分，由于前述指标选择已经进行了开放式专家调查，指标权重调查只进行评价式打分、重审式打分和复核式打分三轮打分。再次，在专家打分的基础上，根据公式"某指标得分＝某指标专家打分总分/6"计算出每个指标的具体得分。最后，以指标权重总分为1分，根据每个指标具体得分计算每个指标的权重。具体计算公式为：某指标权重＝该指标具体得分/所有指标具体得分总和。经计算指标权重后，形成有权重的指标体系（见表6-6）。

表6-6　　　　　　　　　　　包装强国评价指标权重

一级指标	二级指标		指标权重
A 规模发展	A1	产业年度总产值	0.1132
	A2	产业年度出口总额	0.1006
B 创新发展	B1	规模以上企业专业技术人才比重	0.1321
	B2	规模以上企业研发投入与主营收入比	0.1447
	B3	专利授权总量增长率	0.1321
C 绿色发展	C1	单位工业增加值能源消耗	0.1384
	C2	主要包装材料再循环率	0.1258
	C3	再利用包装废弃物总量	0.1132

第三节 包装强国评价主要指标国际比较

本章第二节构建了包装强国评价指标体系,由于缺乏世界包装产业发展的权威统计数据,难以进行实证评价。本节我们选择对包装强国评价指标体系中的一些有数据来源的指标进行国际比较,以探讨我国包装产业在全球包装产业中的地位以及与主要包装强国之间的差距。

一、包装产业规模发展的国际比较

产业规模是产业发展水平评价的基础性评价维度。从产业发展规模来看,我国已经是全球当之无愧的包装大国。

根据中国包装行业运行报告,包装产业的主要产品构成包括纸包装、塑料包装、玻璃包装、金属包装、竹木包装和包装机械六大类,全行业和分类行业的主营业务收入、进出口额等都有年度统计,但是缺乏其他国家的包装行业相对应的主营业务收入、进出口额等数据,难以进行国际比较。因此,对于包装产业规模发展的国际比较,我们主要用包装行业进出口额来比较。

《2014年度中国包装行业运行报告》对全国包装行业进出口情况进行了统计分析,其中包括中国对其他国家和地区的进出口统计数据。2014年中国包装行业累计完成出口269.7亿美元,进口144.07亿美元,整体贸易顺差125亿美元。

我们选取美国、日本、德国、韩国四个公认的包装强国的进出口额进行比较,可在一定程度上反映中国包装产业相对于主要包装强国的年度进出口额规模。

从表6-7可以看出,中国纸包装行业出口规模远远大于进口规模,2014年全国纸包装行业贸易顺差43.4亿美元。中国对美国、日本和德国三个包装强国的出口远远大于进口。不考虑进出口产品的技术含量,仅从规模来看,中国纸包装行业相对这三国都有明显的规模优势。但相对于韩国,则不具备产业规模优势。

表 6 - 7　　　2014 年中国纸包装行业对主要包装强国进出口情况比较　　单位：亿美元

	出口	进口	顺/逆差
美国	9.92	0.17	顺差
日本	2.48	0.11	顺差
德国	1.44	0.14	顺差
韩国	—	0.2	不详
全国累计	45.05	1.65	顺差

　　资料来源：中国包装联合会统计部：《2014 年度中国包装行业运行报告》，引自《中国包装年鉴 2015》，中国财富出版社 2015 年版。

　　从表 6 - 8 可以看出，中国塑料包装业出口规模总体大于进口规模，2014 年全年塑料包装行业贸易顺差超过 180 亿美元，对四个主要包装强国中的美国、日本和韩国都有巨大的贸易顺差。对德国的进口数据不详，无法得知进出口顺逆差情况。这表明，就算不考虑进出口产品的技术含量，仅从规模来看，中国塑料包装行业相对于美国、日本和德国三个主要包装强国具备产业规模优势。

表 6 - 8　2014 年中国塑料包装行业对主要包装强国进出口情况比较　　单位：万美元

	出口	进口	顺/逆差
美国	262900	13.43	顺差
日本	155600	38.25	顺差
德国	—	5.64	不详
韩国	45800	28.62	顺差
全国累计	1803500	128.48	顺差

　　资料来源：中国包装联合会统计部：《2014 年度中国包装行业运行报告》，引自《中国包装年鉴 2015》，中国财富出版社 2015 年版。

　　从表 6 - 9 可以看出，中国玻璃包装行业出口规模远远大于进口规模，2014 年全国玻璃包装行业贸易顺差高达 11.55 亿美元。尽管由于《2014 年度中国包装行业运行包括》没有提供中国对日本、德国和韩国的出口统计数据，但是在报告中出口统计单位为"亿美元"，进口统计为"万美元"，结合全国累计统计数据，基本可以推算出中国对四个主要包装强国都存在巨大的贸易顺差，这表明中国玻璃包装行业产业规模相对于主要包装强国具有明显的产业规模优势。

表 6 - 9　2014 年中国玻璃包装行业对主要包装强国进出口情况比较　单位：万美元

	出口	进口	顺/逆差
美国	31800	257.27	顺差
日本	—	443.28	不详
德国	—	760.85	不详
韩国	—	296.98	不详
全国累计	121100	5592.79	顺差

资料来源：中国包装联合会统计部：《2014 年度中国包装行业运行报告》，引自《中国包装年鉴 2015》，中国财富出版社 2015 年版。

从表 6 - 10 可以看出，中国金属包装行业出口规模大于进口规模，2014 年全国金属包装行业贸易顺差 12.87 亿美元。对美国、日本、德国三个包装强国的出口都大于进口。不考虑进出口产品的技术含量，仅从规模来看，中国金属包装行业至少相对这四个包装强国中的三个具有规模优势。

表 6 - 10　2014 年中国金属包装行业对主要包装强国进出口情况比较　单位：亿美元

	出口	进口	顺/逆差
美国	2.45	0.21	顺差
日本	0.41	0.21	顺差
德国	0.61	0.17	顺差
韩国	—	0.13	不详
全国累计	14.24	1.37	顺差

资料来源：中国包装联合会统计部：《2014 年度中国包装行业运行报告》，引自《中国包装年鉴 2015》，中国财富出版社 2015 年版。

从表 6 - 11 可以看出，中国竹木包装业出口规模远远大于进口规模，2014 年全年塑料包装行业贸易顺差高达 4.44 亿美元。中国对四个主要包装强国中的美国、日本和德国都有较大的贸易顺差。这表明，不考虑进出口产品的技术含量，仅从规模来看，中国竹木包装行业相对于美国、日本和德国都具备产业规模优势。

表 6-11　2014 年中国竹木包装行业对主要包装强国进出口情况比较　单位：万美元

	出口	进口	顺/逆差
美国	19600	16.09	顺差
日本	2500	7.93	顺差
德国	2600	10.72	顺差
韩国	—	—	不详
全国累计	44500	146.08	顺差

资料来源：中国包装联合会统计部：《2014 年度中国包装行业运行报告》，引自《中国包装年鉴2015》，中国财富出版社 2015 年版。

从表 6-12 可以看出，中国包装机械行业出口规模总体略大于进口规模，2014 年全年塑料包装行业贸易顺差 1.49 亿美元。但是对于四个主要包装强国，仅对美国有贸易顺差，对日本、德国和韩国则多为贸易逆差。这表明，不考虑进出口产品的技术含量，仅从规模来看，中国包装机械行业相对于日本、德国和韩国并不具备产业规模优势。

表 6-12　2014 年中国包装机械行业对主要包装强国进出口情况比较　单位：亿美元

	出口	进口	顺/逆差
美国	0.85	—	顺差
日本	—	4.68	逆差
德国	—	3.60	逆差
韩国	—	0.53	逆差
全国累计	13.49	12.00	顺差

资料来源：中国包装联合会统计部：《2014 年度中国包装行业运行报告》，引自《中国包装年鉴2015》，中国财富出版社 2015 年版。

综合上文对中国纸包装、塑料包装、金融包装、玻璃包装、竹木包装和包装机械六个包装分类行业对美国、日本、韩国和德国四个主要包装强国的进出口统计分析，不难发现，中国纸包装、塑料包装、金融包装、玻璃包装和竹木包装这五个包装分类行业在全球市场具有明显的产业规模优势，但是在包装机械这一技术含量相对较高的分类行业中，中国相对主要包装强国并无规模优势。因此，一方面，从总体上说，中国包装产业规模巨大，具有明显的全球比较优势，的确是当之无愧的包装大国；另一方面，从行业内部结构来看，在产品技术含量高的包装机械行业，中国与世界主要包装强国相比不具备规模优势，甚至处于劣势，包装机械的进口依赖性值得引起关注。

二、包装产业创新发展的国际比较

创新是一国产业的核心竞争力。根据包装强国评价指标体系，包装企业专业技术人才占比、研发投入在主营业务收入中的占比和专利授权总量是评价创新发展维度的三个指标。由于全球国别统计数据不足，我们选择企业研发投入强度指标进行国际对比分析。

上市公司往往是处于行业排名前列的企业，包装行业上市公司研发投入情况在一定程度上可以代表包装行业研发投入情况。我们选取全部 34 家包装行业上市公司，利用万得数据库对这 34 家包装行业上市公司研发投入强度（研发投入占主营业务收入比重）进行了统计。

由表 6 – 13 可以看出，2010～2015 年，34 家包装行业上市公司研发投入强度均值总体呈上升趋势，有 2010 年的 2.21% 逐步上升到 2015 年的 2.65%。这表明，处于中国包装企业前列的上市公司越来越重视研发。但是，从表 6 – 14 可以看出，上市公司中包装企业平均研发投入强度明显低于上市公司整体平均研发投入强度。由此可以推断，包装行业的研发投入水平低于国家整体的研发投入水平。那么，比较中国与世界各主要科技强国间整体的研发投入水平，就可以大体比较中国与主要包装强国的研发投入。

表 6 – 13　　34 家中国包装行业上市公司研发投入强度（2010～2015 年）　单位：%

	2010 年	2011 年	2012 年	2013 年	2014 年	2015 年
奥瑞金	1.04	2.06	1.86	2.09	1.81	1.32
宝钢包装	2.75	2.48	2.33	1.93	1.91	2.00

续表

	2010 年	2011 年	2012 年	2013 年	2014 年	2015 年
晨光文具	3.25	2.95	3.05	3.18	3.12	2.82
创新股份	2.37	2.52	2.73	2.82	3.40	3.52
东风股份	3.38	4.40	4.36	4.52	4.35	4.54
东港股份	5.35	4.60	5.78	5.49	5.54	5.92
海顺新材	6.07	5.53	4.82	5.66	5.57	5.71
合兴包装	1.17	1.27	1.23	1.20	1.14	1.05
鸿博股份	4.02	1.82	1.51	1.76	1.72	3.64
华源控股	1.69	2.02	2.35	2.36	2.27	3.13
环球印务	2.99	3.06	3.77	0.88	0.62	1.04
吉宏股份	0.06	0.25	0.19	0.11	0.11	0.08
界龙实业	0.02	0.13	1.13	1.63	1.51	1.83
劲嘉股份	2.25	2.55	3.36	4.60	4.43	3.93
康欣新材	3.37	0.92	3.69	3.71	2.85	2.61
美盈森	2.57	2.59	2.11	2.86	3.38	2.68
纳尔股份	3.08	3.13	2.88	3.04	2.76	3.12
山东华鹏	1.26	1.38	1.03	1.37	1.39	1.59
山东药玻	0.10	0.45	0.13	0.12	0.15	0.22
陕西金叶	0.64	0.71	0.78	1.10	0.87	0.89
昇兴股份	0.49	0.40	0.40	0.30	0.28	0.26
盛通股份	0.15	0.34	0.48	3.00	1.32	1.35
双星新材	3.10	3.07	3.11	3.13	3.11	3.14
顺灏股份	0.76	2.92	2.25	1.89	2.34	2.76
通产丽星	6.50	5.03	4.96	5.05	4.98	4.44
万顺股份	1.58	1.27	0.88	2.96	2.89	3.07
新宏泽	3.21	2.98	1.32	0.44	1.45	2.41
新通联	0.13	0.27	0.46	0.56	1.02	1.13
永新股份	3.59	3.81	4.28	4.45	5.10	5.14
裕同科技	0.56	1.28	1.23	1.53	2.19	2.64

续表

	2010 年	2011 年	2012 年	2013 年	2014 年	2015 年
粤华包 B	2.07	2.19	2.65	2.64	3.25	3.85
浙江众成	3.15	4.86	4.14	3.83	3.99	3.93
紫江企业	0.09	0.20	1.67	1.70	1.61	1.69
平均值	2.21	2.23	2.33	2.48	2.50	2.65

资料来源：万得数据库。

表 6 – 14　　　　中国包装行业上市公司与上市公司整体平均
研发投入强度比较（2010 ~ 2015 年）

	2010 年	2011 年	2012 年	2013 年	2014 年	2015 年
包装行业上市公司研发投入强度均值	2.21	2.23	2.33	2.48	2.50	2.65
上市公司研发投入强度均值	4.00	3.91	3.81	4.02	4.01	4.21

资料来源：万得数据库。

由表 6 – 15 可以看出，中国研发投入强度尽管在 2011 年以后超过了英国，但与其他世界主要国家相比仍然差距较大，并且明显低于美国、日本、德国和韩国这四个主要包装强国。因此基本可以推断，中国包装行业研发投入强度与美国、日本、德国和韩国这四个主要包装强国研发投入强度相比仍然存在较大差距。

表 6 – 15　　　　世界主要国家研发投入强度情况（2010 ~ 2014 年）　　单位：%

年份	以色列	韩国	日本	德国	美国	法国	英国	中国
2000	4.0	2.65	3.12	2.48	2.69	2.15	1.86	0.90
2004	4.42	2.85	3.13	2.49	2.68	2.16	7.88	1.23
2007	4.68	3.47	3.44	2.54	2.68	2.08	1.79	1.49
2011	4.4	4.03	3.39	2.88	2.77	2.24	1.70	1.84
2012	4.2	3.45	3.48	2.87	2.81	2.24	1.84	1.98

年份	以色列	韩国	日本	德国	美国	法国	英国	中国
2013	4.21	4.15	3.49	2.94	2.81	2.23	1.63	2.08
2014	4.11	4.29	3.58	2.84	2.74	2.26	1.70	2.08

　　资料来源：根据《中国科技统计年鉴》《主要科学技术指标》整理而得，转引自赵立雨等：《科技投入强度的国际比较及对中国的政策启示》，载《未来与发展》2016 年第 12 期。

三、包装产业绿色发展的国际比较

　　单位 GDP 能耗是评价包装产业绿色发展的重要指标。由于包装产业单位 GDP 能耗缺乏统计数据，我们从世界银行数据库查找到中国与美国、日本、德国和韩国四个主要包装强国的单位 GDP 能耗数据进行国家单位 GDP 能耗比较。

　　从表 6 - 16 可以看出，中国单位 GDP 能耗逐年降低，但是与美国、日本、德国和韩国相比有较大差距。2014 年，中国每消耗 1 千克石油当量创造的 GDP 为 5.7 美元，同年，美国、日本、德国和韩国分别为 7.5 美元、10.8 美元、10.9 美元和 6.3 美元。由此基本可以推断，中国包装产业单位 GDP 能耗也比美国、日本、德国和韩国要高出许多。

表 6 - 16　　　　　　　　中国与主要包装强国单位 GDP 能耗

（单位：2011 年不变价购买力平价美元/千克石油当量）

国家	2010 年	2011 年	2012 年	2013 年	2014 年	2015 年
美国	6.9	7.1	7.4	7.4	7.5	7.8
日本	9.2	9.9	10.3	10.4	10.8	11.0
德国	10.1	11.0	11.0	10.9	10.9	11.5
韩国	6.0	6.0	6.1	6.2	6.3	6.3
中国	4.9	5.0	5.2	5.4	5.7	——

　　资料来源：根据世界银行数据整理。https：//data. worldbank. org/indicator/EG. GDP. PUSE. KO. PP. KD？ year_high_desc = false。

第四节　包装强国建设的路径选择

通过包装强国评价主要指标国际比较可以看出，在规模发展上，中国包装产业总体规模有比较优势，短板在包装机械产业的发展上；在创新发展上，中国包装产业与主要包装强国差距较大，尤其在研发投入上；在绿色发展上，中国包装产业与主要包装强国也存在较大差距，在单位 GDP 能耗上尤其突出。因此，包装强国建设的基本思路应该是"强优势，补短板"，具体建设路径如下：

一、重点扶持包装机械产业发展，继续巩固规模优势

包装产业是一个庞大的产业体系，涵盖设计、生产、检测、流通、回收循环利用等产品全生命周期，分为包装材料、包装制品、包装设备三大类别和纸包装、塑料包装、金属包装、玻璃包装和竹木包装五大子行业。庞大的产业体系支撑着包装产业世界第二的产业规模。但是，根据第三节的国际比较分析，在这个庞大的产业体系中，我国包装设备产业是整个包装产业的主要短板。包装机械是纸包装、塑料包装、金属包装、玻璃包装和竹木包装等包装子行业进一步发展的基础，继续巩固包装产业规模优势也需要大力发展包装机械产业。我国先进的包装设备基本都依靠进口，对外依赖度非常高。因此，重点扶植包装机械产业是我国包装强国建设的内在需要。

近年来，中国包装产业快速发展，产业总产值已跃居世界第二，但是大量技术含量高的成套包装机械设备主要依靠向发达国家进口，严重制约了我国包装产业的发展。例如，塑料薄膜双向拉伸设备，一条生产线就近 1 亿元，从 20 世纪 70 年代开始引进，截至 2015 年，国内包装企业相继进口此类生产线 110 条；乳品业大量使用的无菌包装盒、灌装设备都依赖进口，且几乎都由瑞典利乐公司一家提供。① 因此，扶持包装机械产业发展，重点是扶持高端成套包装生产线和设备的研发和生产。

高端包装机械产业发展，既受制于前沿技术发展，又受制于大规模长期

---

① 佚名：《中国包装机械对国外高端技术的过度依赖》，载《中国包装》2014 年第 10 期。

投资的影响，因此，需要政府产业政策、科研院所技术研发和企业投资三方面同时发力，方可实现突破。在政府产业政策方面，要考虑把高端包装机械产业列入国家重点扶持的战略性新兴产业，同时，通过研发补助、税收优惠等多政策工具予以重点扶持。在科研院所技术研发方面，要鼓励产学研合作，分领域设立若干重点研发平台，加大经费投入和人才引进力度，重点攻关当前包装机械设备研发与生产的关键技术。在企业投资方面，要鼓励企业建立战略联盟，引入风投机构，与相关科研院所合作，加大研发投入力度，破解关键技术与关键设备进口依赖难题。

二、努力提升产业研发投入强度，切实推进自主创新

我国包装产业"大而不强"，最主要的体现就是包装产业自主创新不足，关键技术和关键设备受制于人。在全球包装产业系统中，发达国家凭借研发优势占据产业链上游，产品科技附加值高，我国作为发展中国家更多的是依靠自然资源、人力资源和市场规模优势，产品科技附加值较低。作为后发国家，模式借鉴和技术模仿是产业发展的常规路径，但也容易造成路径依赖，不重视自主创新，而是依靠相对简单的规模扩张来获取利润。然而，从包装大国迈向包装强国，意味着要打破路径依赖，通过自主创新实现产业转型升级，不仅提高产业科技附加值，还要实现关键技术和关键设备研发与成果转化上的突破，跃升到全球产业链的上游。没有研发投入就不可能有研发产出。研发投入强度过低是制约我国包装产业转型升级和我国由包装大国迈向包装强国的关键因素。因此，努力提升包装产业研发投入强度，切实推进自主创新，是我国包装强国建设的必然选择。

首先，通过宣讲引导包装企业提高研发意识。中国包装联合会作为行业协会，可以探索建立宣讲机制，聘用一批宣讲员，围绕包装产业发展形势、国际包装产业研发动态、包装产业前沿技术、国家研发支持政策等专题，通过在各类包装行业交流培训会上开展巡回宣讲，提高包装企业家的研发投入意识。

其次，争取国家和省市科技计划对包装产业关键技术研发的支持。中国包装联合会要加大沟通协调力度，遴选一批包装行业关键技术研发项目选题，列入国家和各省市科技计划申报指南，尤其是应争取列入国家自科基金和省市自科基金申报指南，引导高校科研院所开展包装行业关键技术研发。

最后，鼓励知名包装企业和高校科研院所开展产学研合作。中国包装联合会可以发挥行业协会作用，搭建合作平台，为企业研发需求和高校科研院所研发力量对接提供信息支持，鼓励包装企业和高校科研院所开展产学研合作，促进包装产业研发投入。

三、系统构建循环发展产业体系，加快推进绿色发展

绿色发展理念是"五大发展理念"的重要内容，是包装产业发展的指导性理念。推进包装产业绿色发展就是要架构覆盖生产、流通、消费、回收与资源循环利用的包装全生命周期的循环发展产业体系。

首先，要大力倡导绿色发展理念。整个包装行业要牢固树立适度包装与包装材料循环再利用理念，旗帜鲜明地反对和限制过度包装及一次性包装材料的发展。要通过立法和制定行业标准，把绿色发展理念贯彻到相关法律法规和行业标准体系中，引导包装企业和全社会形成包装产业绿色发展氛围。

其次，要大力发展绿色包装材料。建立包装材料分类及回收体系，倡导包装材料材质标准化，形成以可降解和回收利用的主导型包装材料材质体系，逐步减少难以回收利用的复合材料的使用，逐步建立完备的包装材料回收体系。扶持绿色包装材料研发与生产，扶持包装材料回收再利用产业发展。

最后，大力推广绿色包装技术。加大绿色包装关键材料、技术、装备、工艺及产品的研发力度，鼓励高校科研院所与企业建立产学研合作机制，开展包装废弃物再利用关键技术攻关。大力推广简约化、减量化、复用化和精细化包装设计技术及无溶剂、水性胶等环保型包装复合技术。大力扶持和推广废塑料改性再造技术、废（碎）玻璃回收利用技术、纸铝塑等复合材料分离技术，以及包装废弃材料自动识别、分拣、脱墨等循环利用技术。

四、建立健全包装产业统计制度，推进包装强国建设评价

实现由包装大国向包装强国迈进，需要建立科学的包装强国建设评价体系，来跟踪和检测建设进程，为包装产业政策的制定和调整提供信息支持。包装强国建设评价的基础是有相对健全的包装产业统计数据库。当前，中国包装产业数据统计机制尚处于初创阶段，远远不足以支撑包装强国建设评价。因此，急需建立健全包装产业统计制度。

　　首先，建立健全国家包装产业统计制度。中国包装联合会统计部已经建立了初步的产业统计制度，并连续多年发布了《中国包装行业年度运行报告》，成为包装产业研究重要的数据资料来源。但是，该统计制度涉及的统计范围、统计口径、行业分类等都不完善，需要进一步拓展完善。

　　其次，建立全球包装产业跟踪统计制度。由包装大国迈向包装强国，需要站在全球包装产业发展的视域来规划和引导中国包装产业的发展，需要系统跟踪收集全球包装产业发展数据。中国包装联合会可以与相关高校科研院所合作，探索建立全球包装产业发展统计数据库，通过收集和分析各国国家统计年鉴、联合国和世界银行等国际机构的统计数据，系统编写和发布全球包装产业发展报告，为包装产业研究和包装强国建设提供数据支撑。

第七章

政策助推：国家政策与包装产业发展

第一节　供给侧改革政策与我国包装产业发展

一、当前我国正深入推进供给侧改革

当今世界，科学技术与产业不断发生深刻变化，供给体系也出现了深刻变革。新一轮的科技产业革命正在发生。信息技术、生物技术、新材料技术和新能源技术得到广泛应用，对世界产生重大影响的创新也不时出现。尤其是新一代信息通信技术与制造业的深度融合，产生了智能制造、经济共享等新技术与新业态。世界的供给侧在不断调整，我国必须正确应对，深入进行供给侧改革，为我国的持续发展提供动力。

我国在供给侧改革方面出台了一系列政策措施，主要体现在以下方面：一是持续"去产能"。"去产能"是供给侧结构性改革的一项重要任务，也是优化存量资源配置的重要途径。二是因城施策去库存。去掉库存是房地产市场供求关系得到改善的重要举措。必须坚持分类调控，重点解决三、四线城市房地产存量过大的问题。三是积极稳妥去杠杆。促进经济去杠杆化也是供给侧改革的关键任务之一，同时也是为了防范与化解金融风险。四是综合施策降成本。降低企业成本有助于提高企业竞争力，是扩大优质产品供应的重要举措。五是扎实有效补短板。补短板也有助于扩大有效供给。

"习近平总书记所作的党的十九大报告指出，必须坚持质量第一、效率

优先，以供给侧结构性改革为主线，推动经济发展质量变革、效率变革、动力变革，提高全要素生产率。这是我们党对供给侧结构性改革这条经济发展和经济工作主线的新定位、新要求，充分体现了以习近平同志为核心的党中央以新发展理念为指导、推进供给侧结构性改革的坚定决心和历史担当。"[①]我们要深刻领会习近平总书记十九大报告的精神实质，准确把握新的历史条件下深化供给侧结构性改革的方向和基本要求，切实推进供给侧结构性改革。

二、包装产业供给侧存在的问题

（一）产能过剩

中国包装产业目前的产能过剩问题非常严重。持续的大规模产能过剩将通过以下两个方面影响我国企业的竞争力：在国内市场，大量低价、低附加值产品引起低价竞争，严重影响行业的发展，从而导致包装产业的科技创新步履艰难；在国外市场，由于产品附加值低，大量的中国产品在国外市场低价销售，利润率低，而低价销售还遭到其他国家的反倾销调查。

（二）供需结构失衡

中国消费者的需求结构发生了变化，对包装产品提出了更多要求，但供给结构不能适应需求结构的变化。中国居民收入水平不断提高，产品的需求结构也不断升级，对高端产品追求多样化、个性化，对产品质量的要求不断提高，对产品的包装也提出了更高的要求。而包装产业供给方不能应对这种变化的需求，无效和低端供应过剩，有效的高端供应严重不足。近年来，我国居民在全球疯狂购买的行为是中国高端产品供给不能满足需求的最好例证。因此，有必要加快包装供给侧改革和供给制度的升级，使供给方能够对需求方及时做出反应。包装产业的竞争异常激烈，部分原因是包装产品同质化严重。在市场上出现一种产品之后，如果该产品市场销量好，更多厂商马上就会跟进，以致产品到后来销售出现问题。中国包装企业出现产能过剩根本原因在于自身，并不是国内经济不振和需求不足。中国的消费市场巨大，消费能力也非常强。但是，中国的消费者买到符合自身需求的好产品并不容

---

① 陈和：《深化供给侧结构改革》，载《经济日报》2017 年 11 月 14 日。

易，在国内买不到，就只好转向国外。因此，根本的问题不是需求侧的问题，而是供给侧不能满足需求。

（三）"僵尸企业"的存在

"僵尸企业"被认为是没有生存能力，但由于种种原因无法从市场上消失的企业，它们一般主要依靠政府补贴、银行贷款、资本市场融资或借款维持企业经营。"僵尸企业"的定量识别非常复杂，对于"僵尸企业"的认定一般有以下标准：一是企业获得贷款利率的高低，"僵尸企业"的贷款利率要低于市场的正常最低利率；二是企业经营的效益，"僵尸企业"连年出现亏损；三是股东的收益，在扣除非经常性损益以后，每股收益近三年都是负数。怎么对"僵尸企业"进行处置，各地政府有不同的标准，要看该企业能源的消耗、产品质量、对于环境的影响、企业负债是否超过资产、企业是否停产或者半停产状态、企业是否处于产能过剩产业等等。事实上，由于各种因素存在，要完全认定并不容易。这几年来，在经济新常态下，经济增长的速度减缓，市场需求不足，产能过剩的问题更加严重，许多企业的经营难以为继，但市场无法自动清理，故形成了许多"僵尸企业"。目前，"僵尸企业"在中国主要分布在产能过剩的行业中，绝对的产能过剩行业有钢铁、水泥、电解铝等，相对过剩的产业有光伏和风力电力行业，而包装行业同样有许多这样的"僵尸企业"。从根本而言，包装"僵尸企业"存在是由于政府过度保护的结果，政府干预市场，利用产业政策、银行贷款和各种优惠政策来使企业存活。包装企业"僵尸企业"的存在不利于中国经济和包装产业健康发展，使得资源不能得到最优配置，市场竞争的秩序也遭到破坏，也加剧了金融市场风险。

（四）包装企业成本快速上涨，制约其健康发展

成本快速上涨的原因是多方面的，如原材料成本不断上涨、用人成本不断提高等。在供给侧结构性改革环境下，国家鼓励高新技术与低污染和低能耗产业发展，很多传统包装企业难以得到国家优惠政策，这使得包装企业以前的低成本优势不复存在，失去了国际竞争优势。包装企业大多数都是中小企业，企业规模不大，技术水平不高，产品附加值不高，利润较低，加之产能过剩，成本一再上涨，企业生产就面临困难。企业要创新发展，就需要金

融支持，而在这种困难情况下，银行不愿意贷款，企业融资成本较高，制约了包装产业的创新发展。

三、供给侧改革背景下包装产业的应对措施

（一）主动适应供给侧结构性改革

包装企业要对当前供给侧结构性改革有清醒的认识，要主动适应这一改革。供给侧结构性改革是当前我国经济工作的重中之重，是解决当前我国发展难题的关键所在。政府出台了一系列推进供给侧改革的政策和措施，以此来推动经济持续健康发展。包装企业要对供给侧结构性改革有清醒的认识，着重弄清其中的重点与关键，特别要认识到供给侧结构性改革的主体是企业，努力提高推进供给侧结构性改革的主动性和自觉性。

（二）合理确定规模

包装企业的规模要合理确定，在具备条件的情况下，应扩大企业规模，以实现规模经济。规模大的企业具有信息优势，并可以利用雄厚的资本及时对设备进行技术改造和引进。但大部分包装企业规模不大，多为中小民营企业，由于资金等限制，所有包装企业都实现规模化并不现实。盲目多元化和扩大规模并不一定能使企业发展壮大，反而可能会造成企业效益不佳，利润下降，甚至破产。这就要求中小包装企业搞好定位，不要盲目追求大而全，要专注于企业产品的核心竞争力，力求在市场中占有一席之地。在这方面，做得好的典型是德国的制造业。德国制造业很强，但并不是都是大规模企业，中小企业才是德国制造业的主体，它们占到德国企业的98%以上，市场占有率也高达80%。这种企业大部分是家族企业，规模并不是很大，产品品种也不是很多，大都专注于某一类或某一种产品。产品的专业化程度高，技术水平高，质量好，相当多的产品是世界级的水平，在市场上竞争力非常强。例如德国宝马汽车世界闻名，但这个厂家并不生产全部的零件，很多零件来自德国众多的生产汽车零部件的中小企业。这些中小企业的存在构成了德国制造业的坚实基础。在多样化、个性化的时代，社会分工不断深化和细化，包装中小企业在细分的领域做得越好，就越会有竞争力。

（三）产品应充分满足市场需求

供给侧结构性改革并不只是考虑供给侧，其实，其目的还是要满足和提升需求侧，因此，企业更要研究市场，满足市场。市场是由供给与需求两方面构成的，是一个事物的两个方面。需求创造供给，需求是推动供给不断发展的动力，这是凯恩斯经济学的理解。而萨伊的供给创造需求同样也是符合现实的。比如说苹果公司对手机产品的升级就创造了巨大的需求，推动了全球经济的发展。可见，供给侧结构性改革着眼点还是需求侧，要通过满足人民的需求、提升人民的需求来实现供给与需求在更高层次上的平衡，让企业与消费者实现共赢。随着社会经济的发展，社会主要矛盾已经转化为人民日益增长的美好生活需要和不平衡不充分的发展之间的矛盾，人民对生活的需求层次已经提高，包装产业供给侧改革就是要满足人民更高层次的需求，在实现包装产业发展的同时，提高人民的生活水平。

（四）不断创新

供给侧改革就是要提高供给侧供应的质量和水平。毋庸置疑，只有创新，才能提升供给侧。提升创新能力是包装企业推进供给侧结构性改革的根本动力。包装企业要多方面着手来提高创新能力：一是包装企业领导层要重视创新，要有创新意识；二是包装企业要加大研发投入，并注重创新平台的建设和创新人才的培养；三是包装企业要和科研院所合作，以发挥各方面的力量；四是要建立有利于企业创新的激励机制，激发研发人员的积极性。

（五）优化企业资本结构，降低成本

国家为了去杠杆，在金融方面出台了许多优惠政策，包装企业要利用好这些政策，合理控制债务水平，优化资本结构。这样不仅能降低资本成本，而且能够有效防范财务风险，使企业的价值得到提升。供给侧改革过程中国家为了切实降低企业成本，提高企业竞争力，也在合理降低企业用工成本、物流成本、用能成本、用地成本方面出台了很多优惠措施。包装企业要充分利用好这些政策，同时还要加强企业内部成本控制，降低企业成本，提高企业竞争力。

（六）提高服务水平

企业的信誉和品牌是企业的生命，企业要避免短期行为，不能竭泽而渔。要建立信誉与品牌，需要企业全方位提升，而不能仅仅是通过打价格战来实现。在当前经济不断发展、人民生活水平不断提高的情况下，人民不仅对产品的质量有高要求，还对产品的服务提出了更高的要求。服务同样创造价值，好的企业服务能使产品的价值链延长，也能提升企业的效益。包装企业在提升产品质量的同时，还要做好生产和生活服务，从而更好地推动包装经济的发展。

第二节 生态体制改革政策与包装产业发展

一、当前我国正大力推进绿色发展

习近平总书记从我国长远的健康发展出发，提出了生态文明建设的重要战略思想，由此中国生态环境保护实现了从认识到实践的历史性、转折性和全局性的转变，生态文明建设取得了显著成效。

国家先后出台了《关于加快生态文明建设的意见》和《生态文明建设总体规划》等一系列保护环境的政策措施，中央全面深化改革领导小组实施了40多项生态文明和环境保护专项改革，启动了多项标志性和支柱性改革举措，保护环境的制度体系不断完善。

政府对环境保护进行了严格监管。修订了《环境保护法》《大气污染防治法》《水污染防治法》《环境影响评价法》《环境保护税法》《核安全法》等重要法律。《土壤污染防治法》进入全国人大常委会立法审议程序。特别是2015年颁布了新的《环境保护法》，该法被称为"历史上最严"的环保法，有力地打击了环境违法行为。各级环保部门也做出了前所未有的努力，加大了行政处罚力度。

自然环境得到了有效改善。2016年，北京、天津、河北、长江三角洲、珠江三角洲的细颗粒物（PM2.5）平均浓度比2013年下降了30%以上。中国酸雨面积由历史高点的30%下降到7.2%。地表水国家控制断面Ⅰ~Ⅲ级水的比例增加到 67.8%，劣 V 类水的比例下降到 8.6%，河流干流水质稳步改善。森林覆盖率从 21 世纪初的 16.6% 增加到 22% 左右①。

全党和全国对于贯彻落实绿色发展观的自觉性和主动性大大增强，忽视生态环境的形势发生了重大变化。越来越多的企业意识到加强环境保护符合其长远利益，保护环境的法治意识、主体意识正在形成。随着绿色消费和共享经济的快速发展，整个社会更加关注环境，参与环境保护，为环境保护做出贡献。

二、当前包装产业绿色发展面临的主要问题

(一) 包装产业庞大，但资源能源利用率低

根据世界包装组织提供的信息，包装业已跻身世界工业前 10 位，全球包装业的规模较大，总的营业收入超过了 5000 亿美元，包装制造业公司也非常多，达到了 10 万多家，所雇佣的员工超过了 500 万人。在发达国家，包装行业规模在所有行业中排在第 9 位或第 10 位。我国包装行业的规模同样较大，在制造工业中大概处于第 14 位。我国的包装企业正从粗放型发展模式向集约型发展模式转变，资源利用率与能源利用率都比较低。中国单位产量能耗是日本的 7 倍，是世界平均水平的 2 倍，是美国的 6 倍。这种情况充分说明中国包装产业离低碳发展还有一定的距离。资源能源消耗巨大的同时，对自然环境也造成了严重的影响。其中包装废弃物对环境的污染尤其大，包装废弃物占到了整个城市废弃物的 30% 以上。随着经济的不断发展，包装废弃物也不断增多。不可降解的塑料废弃物对环境影响特别大，比如泡沫塑料引起白色污染，这些都需要引起充分重视并认真解决。

(二) 包装工业环境污染比较大

对环境污染最大的是包装废弃物。包装废弃物如果不能循环使用的话，就要进行处理。如果进行焚烧，则既要浪费能源，还会对大气造成污染。如果进行填埋，就需要占用土地，还会对土地造成污染。包装废弃物越多，对环境的影响就会越大。尤其是现在土地越来越珍贵，垃圾的填埋场也越来越

---

① 环保部：《中国特色生态环境治理模式基本形成》，载《科技日报》2017 年 12 月 12 日。

少，不少城市都被垃圾包围。不可降解的塑料废弃物还对土壤产生了严重的污染，使得农作物的生长受到影响。不少塑料薄膜留在河沟渠道和土壤里，既影响土壤微生物活性，也会阻碍植物吸收水分和正常生长。

（三）包装行业的绿色发展需要进一步提升

中国包装行业需要充分重视绿色发展。从地区来说，东部经济发达的沿海地区绿色包装发展迅速，而中西部地区产品的绿色包装还不尽如人意。总体来说，我国包装产品的使用和回收处理系统还不完善。在我国包装工业中，许多国外限制或禁止使用的包装材料仍在使用，造成了严重的环境污染。因此，我国必须重视发展绿色包装产业，提高绿色包装的发展空间。

（四）中国包装产业对绿色发展的投入还需要增加

包装产业要实现环保，必定要增加成本，因为发展绿色包装需要先进技术，需要进行投入。与一般的包装产品相比，绿色包装的成本肯定要高一些，造成产品没有价格优势，在竞争中难以赢得先机，这使得很多包装企业对环保投入的积极性不高。鉴于这种情况，政府要适当进行金融支持，来帮助与激励包装企业搞绿色包装。绿色包装需要技术，而人才是关键，企业还要重视人才的培养，提高绿色包装技术水平和管理水平。

（五）使用的包装材料不够环保

目前，我国绿色包装材料的技术和设备水平有限，新型包装材料的技术创新能力较弱，符合绿色包装标准的质量较高的原辅材料还难以生产。例如，美国广泛用于食品包装的聚偏二氯乙烯（PVDC）具有无毒、安全、健康、环保的特点，但中国的 PVDC 生产量偏低。在包装辅料领域，在发达国家，特别是欧美国家，软包装胶黏剂已开始转向水性或无溶剂绿色产品，而国内市场上最常用的产品是聚氨酯的胶黏剂和甲苯油墨产品，都有严重副作用，这些溶剂材料在使用过程中会对环境造成污染。

（六）我国包装生产使用的设备还不能完全满足绿色生产的要求

国内包装设备仍存在单机自动化、稳定性差、造型不理想、寿命不长等问题，使得国内设备在竞争中处于不利地位。客户需求是市场发展的源泉，包装机械市场同样如此。目前，国际包装机械的发展主要是针对大客户的需求，然后开发相关的机械。国内大多数企业都是低端模仿，不愿意投入研发，研发能力缺乏和资金短缺是包装机械行业的一大瓶颈。由于产品的生命周期相对于设备的使用寿命来说要短，产品和包装的变化比投入昂贵的包装生产线更省钱，因此大多数企业都选择把精力投入到低端产品的竞争中，没有投入资金和技术人员开发新的产品和设备，没有形成核心技术。这些都使得包装机械设备行业难以满足包装行业绿色生产的需要。

三、生态体制改革背景下包装产业发展的应对措施

（一）要搞好包装产品的生态设计

生态设计也被称为绿色设计，是指在产品的设计中，充分考虑环境因素，对产品的全生命周期与环境的关系进行全面的规划，设计出来的产品既有利于环境保护，又能充分满足消费者需求。包装产品绿色设计是在产品生产的规划阶段就充分考虑了资源、能耗和环境因素。绿色设计从保护环境角度出发，有利于减少能源、资源消耗，也有利于企业可持续发展，还与提升质量、降低成本相结合，有助于提高企业竞争力。包装绿色设计要做到减量化、可降解，产品要无毒无害、清洁，争取能够循环使用。包装绿色设计，材料的选择至关重要，它决定了包装产品影响环境的程度。包装产品的绿色设计应尽量不使用过多材料，这样有利于回收和重复使用。这方面的典范是惠而浦公司，该公司包装产品尽量减少使用材料的品种，由曾经的 20 种减为 4 种，这种做法不仅降低了材料成本，包装废弃物的处理成本也大为降低，不仅有利于企业，也有利于社会。要充分考虑到包装物使用对环境产生的影响，搞好包装回收。如果包装物能够回收再利用，则不仅有利于保护环境，还对社会资源是一种节约。

（二）包装行业应进行清洁生产，注重保护环境

对包装企业的所有生产过程都要进行控制，防止污染发生。要做好生产前的预防工作，凡事预则立，不预则废，不要等污染发生了再去治理。有些包装物生产过程对环境影响比较大，比如玻璃、纸、塑料、金属等包装材料的生产过程会产生的废水、废物，对环境造成严重的破坏。因此，包装企业

不仅要考虑生产的包装物产生的污染问题，还必须在自身的生产过程中严格控制，做到清洁生产。根据我国包装行业发展的实际情况，要循序渐进，先从简单入手，不断通过创新工艺和提高设备水平，减少废弃物的产生。对于纸质包装企业来说，能源短缺及煤炭、水电价格上涨已成为制约企业发展的重要因素。企业还要注意生产过程中的节约，以减少资源的使用量。

（三）转变包装产业发展方式

包装产业要转变发展方式。传统包装业发展模式过于依赖自然资源，资源、能源消耗大，环境破坏严重，不利于社会经济的可持续发展。目前，中国一些地区仍以资源消耗型、高污染型产业为主。有些地方为了发展经济，降低企业环保标准，以环境为代价换取微薄的利润。可见，在经济发展过程中，传统的生产方式已经不能实现人与自然的和谐、循环与绿色发展。循环经济作为产业发展转型的新路径，是包装业可持续发展的新方向，它力图让经济活动遵循生态学的规律，遵照自然生态系统的循环模式，形成能够对物质不断循环使用的模式。

（四）建立合理的包装废弃物回收利用体系

目前，我国还没有建立完善与合理的包装废弃物回收体系。要解决包装废弃物回收利用问题，当务之急就是要采取多种办法，建立回收体系。

一是要建好包装废弃物回收的网络。在城市的配送中心、街道社区、各种住宅小区要建立完备的回收站点，各种站点之间设计要合理，并保持密切的联系。处理包装废弃物的企业也要与这些站点建立稳定的供需关系，适时处理。

二是要做好包装废弃物的分类堆放工作。在源头做好分类工作，能大大降低处理成本，提高处理效率。比如居民在丢弃包装废弃物时，可放到分类的垃圾桶中，由处理包装废弃物的企业统一进行回收。

三是要成立专门回收利用包装废弃物的企业。这些企业主要是回收各种包装废弃物，再根据情况处理、回收或者利用。这些企业主要分类收集配送中心、社区、小区回收网点的包装废弃物，预处理后再送到再加工企业处理。

四是要提高包装废弃物回收利用的技术。包装废弃物回收利用，可以变废为宝，减少资源的消耗，有着很好的经济社会效益，同时减少了污染物的排放与堆积，可以更好地保护环境。因此，大力开发回收利用技术是非常必要的，这对于包装产业可持续健康发展有着重要意义。

五是要提高政府管理水平。包装废弃物回收网点、回收企业、再加工企业应密切结合，通过互联网/物联网、信息中心平台来实现回收利用。这涉及很多部门，还与千家万户相联系，因此需要各个部门之间统一协调，政府部门的管理水平需要提高。

（五）正确选择包装材料

包装企业要正确选择包装材料，这是包装产业实现绿色发展的关键所在。

企业要以循环经济与绿色低碳理念为指导，正确选择绿色包装材料，从我国国情出发，以保护环境、节约资源为原则，实现资源的回收与再利用。选择合理的包装材料要遵循下面的原则：

一是减量化。要用较少的包装材料来达到既定的生产消费目的，这就从源头上减少了资源的使用与环境的污染。当然，在开发利用时，也需要注意，既要降低成本、减少材料消耗，也要满足包装的各种基本功能。

二是反复利用。包装材料一般并不会消耗掉，因为人们消费的主要是包装物里面的物品，因此，包装物可以再回收利用。包装企业需要大力发展可回收利用包装材料，以节约资源、保护环境。

三是可降解。包装如果不能回收利用，那就需要使用可降解材料，让其不使用后自然消失，这既有利于环境的保护，也有利于处理成本的降低。在当前，可降解塑料的使用前景比较广阔。如果用稻草、棉秆、谷壳、蔗渣等天然植物纤维来做塑料原材料，就能够起到很好的保护环境、节约资源的作用。因为这些材料来源丰富，无毒无害，使用以后又能够自然降解，是非常理想的绿色包装材料。

总之，包装企业合理选择包装材料，既能够保护环境，又能够提高社会经济效益。这就需要包装企业在进行材料选择时充分考虑自然环境，在后续的生产、废弃物处理等环节中进行全方位的绿色评价。当然，我们也要立足国情，根据我国原材料的情况，大力发展绿色低成本的包装产品。此外，还要借助现代科技，开发出合理的包装材料。

（六）包装行业要绿色发展，高技术人才是关键

当前我国包装企业绿色发展人才严重不足，包装企业要采取多种措施培养人才。要和高校密切合作，与科研院所合作，培养和引进人才。还要加强包装企业的绿色管理，管理出效益，要通过管理创新与技术创新，提高包装产品质量，使中国包装业逐渐摆脱"科技含量低、环境污染严重"的局面，让包装业逐渐走出困境，使包装产业由传统包装向绿色包装发展。

第三节　科技政策与包装产业发展

一、当前我国正深入推进科技体制改革

十八大以来，我国科技水平迅速提高，科技创新取得了历史性的成就，创新成果不断出现，科技实力大为增强，中国已成为世界上具有全球影响力的科技大国。

为了推进科技强国，国家出台了《深化科技体制改革实施方案》，该方案提出了 10 个方面 32 项改革举措 143 项政策点和具体成果。主要举措有：在建立技术创新市场导向机制方面，出台了重点实施建立企业主导的产业技术创新机制，使创新转化为实实在在的产业活动；在构建更加高效的科研体系方面，推出了加快科研院所分类改革、完善高等学校科研体系、推动新型研发机构发展的改革举措；在改革人才培养、评价和激励机制方面，重点实施改进创新型人才培养模式、实行科技人员分类评价、深化科技奖励制度改革、改进完善院士制度 4 项改革举措，以充分调动科技人员的积极性和创造性；在健全促进科技成果转化机制方面，主要实施深入推进科技成果使用、处置收益管理改革、完善技术转移机制等改革举措，以有效打通科技成果转化的通道；在建立健全科技和金融结合机制方面，重点实施壮大创业投资规模、强化资本市场对技术创新的支持、拓宽技术创新间接融资渠道 3 项改革举措，以加快构建支持创新的多层次投融资体系。此外，在创新治理机制、开放创新、区域创新和营造激励创新的良好生态方面，该方案也推出了针对性很强的改革举措。

十九大后，科技部部长万钢又指出："践行习近平总书记关于新时代中国特色社会主义科技创新思想，坚定实施创新驱动发展战略，以建设创新型国家为目标，突出科技第一生产力、创新引领发展第一动力的重要作用，着力加强基础研究和应用基础研究，着力突破关键核心技术，着力提高系统化技术能力，着力加速科技成果转移转化，着力强化战略科技力量，着力打造高水平科技人才队伍，着力加强创新能力开放合作，着力深化科技体制改革。"①

二、当前包装企业科技发展面临的主要问题

（一）资金问题

包装企业在科技创新方面进行了不懈的努力，但资金的缺乏始终是包装企业技术创新面临的最大障碍，相当多的企业设备没能及时进行技术改造，这在很大程度上制约了包装产业的发展。这主要是因为通过市场直接融资非常困难，以及政府支持力度不够。融资成本高限制了大多数民营中小包装企业的创新。

（二）企业规模问题

中小包装企业难以实现规模效应，产品设计不够灵活，品种也不丰富，难以及时满足用户快速变化的需求。这使得其单位产品开发成本较高，在产品创新竞争中的地位极其不利。我国包装印刷企业的规模都不大，产业集中度不是很高，造成竞争力不强。

（三）人才问题

企业要进行科技创新，一方面需要有勇于创新的企业家，另一方面必须有能够进行创新的技术人才。目前，我国包装企业的技术人才比例远低于全国工业技术人员的比例。以包装印刷业为例，大部分包装印刷企业都采用小作坊生产方式，企业员工很少具有高等教育的背景，具有中级以上职称的人员比例也要远低于机械、化工、电子、汽车等行业。即使是一些规模比较大

---

① 科技部党组 2018 年 1 号文：明确当年和今后一个时期科技工作的整体思路。

的企业，其人才结构与专业结构也不尽人意，专业的工程师、技师、高级技工比例不高，高级工程师、高级技师更少。包装企业的人力资源管理也存在不少问题，许多一线的技术工人没有得到专业的培训，造成这种局面的原因是民营企业怕进行人力资源投入后，员工会离开企业，导致投资没有回报。这使得包装企业员工的素质就难以得到有效的提高。此外，包装企业的人员与同行交流的机会也不多，这也阻碍了企业及时获得信息。

（四）包装企业核心竞争力不强

企业的核心竞争力是企业自己独自拥有的、被消费者认可并能使企业在市场中拥有竞争优势的能力。拥有核心竞争力的企业在竞争中处于有利地位，从而创造良好的效益。而要拥有核心竞争力的一个前提是具有独特的技术，其核心内容体现了技术进步和技术创新。由于企业规模、资金、技术、人员等方面的限制，目前我国拥有核心竞争力的包装企业并不多。

（五）没有品牌效应

品牌是企业经济实力与市场信誉的集中反映，同时也是其产品质量与服务口碑的体现。品牌不仅是资源配置、经营管理水平、科技创新能力等各种因素的结果，也是一个国家政策制度、法律环境、文化道德、价值体系、诚信观念等多种因素的综合体现。很长时间以来，我国多数的包装企业对产品的研发和原创性不重视，对产品的设计与生产工艺环节的创新性认识不够。其实，只有好的设计与生产工艺，产品才易于生产、验证和控制，这是决定产品先天性质量的关键环节。近些年来包装企业申请的技术专利也很多，但是没有关键核心技术的突破，还在很大程度是要依靠引进，大量的关键零部件、系统软件和高端装备基本都需要从外国进口，造成品牌影响力较低。

三、包装企业科技发展的主要措施

（一）协同创新，成果转化

当前我国包装协同创新的一个典型是中国绿色包装产业技术创新战略联盟。该联盟于2013年6月5日由中国包装总公司、中国科技产业化促进会、赛伯乐（中国）投资作为核心发起单位成立。随着智能包装、绿色包装、低碳包装、运输包装和物流包装的不断发展，该联盟采用知识创新和技术创新相结合的生产、学习和研究的发展模式，增强了中国包装产业的技术创新能力，加快了包装产业的绿色转型，为中国循环经济的健康发展做出了贡献。从该联盟的实践来看，产学研协同发展有利于包装产业科技创新。为此，高校要发挥积极作用。高等学校教育是人力资源培养和科技创新的关键结合点，其发展质量与水平决定了人才是否有创新能力。科研院所从事包装研究的人员应该积极与企业共同推进协同创新，做到产学研的深度融合。企业也要采取措施，加强投入。这样才能够共享各种资源，利用各方力量，重点研究我国包装工业急需的、重大的、前瞻性的关键科学理论与技术。科研创新还要与人才培养同步进行，通过协同创新，推进科研与教学的结合，实现教研的相互推进，要鼓励学生参与包装的课题研究，让学生的动手能力和创新本领得以提高，以实现寓教于研、研中有教。

（二）加大产学研共同开发的力度，加快科技成果转化步伐

当前，我国包装科学技术成果的转化率还很低，与发达国家相比差距较大。因此，包装行业协会要协助政府制定包装行业的科技创新计划，并及时面向全社会发布产业科技信息。高等院校在从事包装科学与技术工程的研究时，应重视包装科学技术的实用性、未来市场的发展和未来市场的趋势等。同时，行业协会应协助政府搭建产学研合作平台，鼓励高校和包装企业进行合作，吸引国内外科技力量进入包装企业，研究出具有自主知识产权的技术，形成自己的核心专业技术，从而提高竞争力。

（三）品牌建设

产品的技术含量和质量是品牌的生命和品牌的灵魂。因此，对于中小企业来说，在打造品牌的过程中，要严格把握产品的科技含量和质量，实现优质服务。要时刻紧盯市场需求，生产出高质量的产品，让产品被市场与消费者认可，并培育出对产品忠诚的消费者，这方面的典范是世界500强企业，它们都以其高质量的产品和服务而闻名。

当前，许多包装企业在产品的定位上存在不少问题。在生产初期没有明确的方向，只是跟着感觉走。而如果企业的品牌定位不明确，它给消费者留下的印象就不会深刻，一旦市场出现波动，企业的产品就会被淘汰。

企业还要搞好品牌文化建设。品牌文化使一种产品的价值超越其实用价值，它是一种印象、感觉，如归属感、身份、自豪感等。企业文化是在共同价值观基础上形成的思维方式、产品模式和行为模式的总和。品牌文化是向外的，企业文化对外产生影响，主要通过产品销售、事件的应对、广告与宣传、企业认可度等。要建立品牌，首先要了解企业品牌的基本含义是什么，与消费者、政府、竞争对手和其他市场有什么关系，产品提倡什么样的企业价值观，产品开发理念、产品概念、市场观念和服务理念又是什么。企业精神、品牌文化的核心和内涵等价值观都源于此。为了促进企业品牌文化的推广，企业往往使用精练的语言来表达和展示其文化。由于品牌文化最终会使顾客受益，因此有必要依次考虑顾客的特征、效率、道德、尊严和精神特征，并将"形象化"和"象征性"应用于这些品牌。内部识别对品牌文化起基础支撑作用：一是企业规章制度要完善；二是做好对员工的培训，以规章制度的形式引进和提升品牌价值，渗透到员工队伍中去。

做好包装品牌建设，是当前供给侧改革背景下调整经济结构的要求，有利于生产方式的转变，是新型中国工业化道路的需要。它可以扩大内需，让人民的消费潜力得到释放，企业可以在国际上增强竞争力。它也是当前创新科技发展的体现，只有通过创新发展，企业才能真正建立自己的品牌。

（四）资金投入

包装科技企业技术落后的一个重要原因是对科技创新的投入不够。我国包装企业的研究开发经费占销售收入的比重偏低，绝大部分企业没有研发机构，包装企业也很少有专职人员从事研发活动。企业的创新投入要紧密联系市场的需求情况。企业创新的重点是发展市场，发展市场必须与市场实际相结合。如果企业的创新紧紧把握市场需求，则企业可以通过人性化、环境保护、便利化和工艺技术创新，或对已有技术进行深化改造，以较少的投入实现较好的效果。而对于涉及企业生存和发展的创新，则需要投入大量的投资。在创新活动中，企业必须遵循市场规律。一切都要立足于企业的实际，立足于现实，着眼于未来，以开发出符合市场需求的新产品，以更低的成本实现可持续发展。

（五）人才培养

目前，中国包装行业的专业技术人员还是明显低于全国工业企业平均水平，高级职称者更少。由于人才的缺乏，中国包装技术创新落后的局面没有得到根本改变。中国的包装行业职业技术培训也与国外先进国家存在很大差距。因此，在投资不足和人才匮乏的情况下，包装业的技术进步难以适应向包装业强国转变的需要。必须尽快建立有效的激励机制，吸引人才，留住人才。国家对包装研究和教育的投入应该加大，科技部重点项目应也包含包装技术。同时，要做好高等教育和中等教育工作，培养先进的包装人才，这是提高自主创新发展能力的关键。所有包装企业都应重视包装人才的使用和培训，逐步营造吸引包装技术和管理人才的环境。

（六）包装科技创新要搞好风险控制

企业技术创新的战略先导性和竞争性决定了企业创新的高风险。对于包装企业来说，在很多情况下，创新的风险往往是由于缺乏信息，缺乏必要的可行性分析和论证，以及由此产生的决策失误。因此，在包装科技创新过程中，我们应该充分认识到社会风险、技术风险、生产风险、市场风险和管理风险，并对风险采取一系列的控制措施。企业应该有强烈的风险意识，正确估计在科技创新过程中可能存在的风险，做好风险应对准备，认清风险的本质，明确承担风险的重要性，从而有效地控制风险，使风险最小化，提高科技创新的成功率。技术创新是一个不断的、不确定的过程，需要更有效的机制来传递科学、技术和其他相关信息。在当前瞬息万变的商业环境中，很难准确把握最新的信息，如相关研究成果、市场发展趋势等。技术创新是一种高风险、高收益的活动。因此，我们可以通过多种渠道筹集创新资金，做到创新风险分担和利益共享。

要多渠道获取资金来分担风险，如争取政府的直接金融支持，争取风险投资公司与投行的投资，争取政策资金和商业银行的科技贷款与风险贷款，发行股票和债券以筹集社会资金。此外，企业还可以采取联合创新或共担创新风险的方式，来开展创新活动。为了降低风险，要注重科技创新方案的咨询与论证，要研究技术方案的可行性，将项目计划的风险水平与收入水平进行比较，并预测方案实施后可能的结果。通过严格管理，规避风险。这样可以避免技术创新选择上的盲目性，避免决策中的匆忙，避免项目实施中的混乱，尽可能地控制风险，提高项目的成功率，获得经济效益，从而做到最大输出与较少的输入。

第四节　财税金融体制改革政策与包装企业发展

一、当前我国金融财政政策的主要内容

（一）新的增值税政策

2018 年 3 月 28 日，国务院总理李克强主持召开国务院常务会议，确定深化增值税改革的措施，进一步减轻市场主体税负；决定设立国家融资担保基金，推动缓解小微企业和"三农"等融资难题；听取国务院机构改革进展情况汇报，确保机构重置、职能调整按时到位；讨论通过《国务院工作规则（修订草案）》。会议指出，过去五年通过实施营改增累计减税 2.1 万亿元。按照党中央、国务院部署，为进一步完善税制，支持制造业、小微企业等实体经济发展，持续为市场主体减负，会议决定，从 2018 年 5 月 1 日起，一是将制造业等行业增值税税率从 17% 降至 16%，将交通运输、建筑、基础电信服务等行业及农产品等货物的增值税税率从 11% 降至 10%，预计全年可减税 2400 亿元。二是统一增值税小规模纳税人标准。将工业企业和商业企业小规模纳税人的年销售额标准由 50 万元和 80 万元上调至 500 万元，并在一定期限内允许已登记为一般纳税人的企业转登记为小规模纳税人，让更多企业享受按较低征收率计税的优惠。三是对装备制造等先进制造业、研发等现代服务业符合条件的企业和电网企业在一定时期内未抵扣完的进项税额予以一次性退还。实施上述三项措施，全年将减轻市场主体税负超过 4000 亿元[①]。

---

① 李克强：《推出进一步减税措施》，新华网，2017 年 4 月 19 日。

（二）环境保护税开征

环境保护税又称生态税、绿色税。它是 20 世纪末随着环境治理而兴起的一种税收。制定环境保护税法的目的是保护与改善环境，促进社会节能减排，促进生态文明建设。环境税的引入在一定程度上是中国经济发展的必然要求，是为了解决日益突出的经济发展与生态环境保护之间的矛盾。它通过税收手段将环境污染的社会成本内在化，然后通过市场机制来分配环境资源。企业、事业单位和其他直接向环境排放污染物的生产经营者，应当缴纳环境税。政府征收环境税，不仅为污染治理和环境保护筹集了必要的资金，而且还能淘汰高耗能企业，最终促进企业的绿色环保。《中华人民共和国环境保护税法》于 2018 年 1 月 1 日正式实施，环境税使污染成本内部化，有望成为环境治理的一大武器，将有助于加强污染控制，强化企业减排的责任。

（三）面向中小企业的新三板不断改革与发展

2017 年政府工作报告提出，要深化多层次资本市场改革，完善主板市场基础性制度，积极发展创业板、新三板，规范发展区域性股权市场。这是新三板首次写进政府工作报告，并与创业板并列。在很多业内人士看来，这是新三板市场的重大利好。2018 年政府工作报告又指出要加快金融体制改革，改革完善金融服务体系，支持金融机构扩展普惠金融业务，规范发展地方性中小金融机构，着力解决小微企业融资难、融资贵问题，而规范快速发展新三板能起到重要作用。新三板市场原指自 2006 年起专门为中关村高新技术企业开设的中关村科技园区非上市股份有限公司股份报价转让系统，目前是指全国性的非上市股份有限公司股权交易平台，主要针对的是中小微型企业。因挂牌企业均为高科技企业而不同于原转让系统内的退市企业及原STAQ、NET 系统挂牌公司，故形象地称为"新三板"。与主板市场相比，新三板市场企业挂牌标准较低、风险较高，是一个标准化的场外交易市场。新三板市场不仅是中小企业的融资平台，也是非上市企业的股权私募、股权转移等平台。

二、金融财政政策对包装企业的影响

（一）增值税改革对包装企业的影响

首先，降低税率可以降低企业成本，增加企业的利润。第二，新增值税法下，年销售额低于 500 万元的纳税人可以按照小规模纳税人缴纳增值税，按 3% 的税率征税，不抵扣进项税款金额。这一变化会导致一些年应征增值税销售额在 50 万~500 万元的制造业、批发零售业的纳税人选择由一般纳税人转为小规模纳税人，会导致从上述企业采购的一般纳税人不能就相关采购支出取得标准税率的增值税专用发票。因装备制造等先进制造业、研发等现代服务业符合条件的企业和电网企业在一定时期内未抵扣完的进项税额可以一次性退还，所以符合上述条件的包装制造业和包装服务业的负担也会减轻。此外，企业的 IT 系统也应该升级，以适应现有的税率。

（二）环境保护税开征对企业的影响

1. 影响包装产业规模与产业依存度

环境税费改革后，税收征管力度加大，会影响包装产业规模与产业依存度。以前排污费征收管理中可能存在的协商和支付问题将在税收征管中得到解决。企业必须严格遵守税收征管规定，如实申报污染物的种类、数量和浓度，并对申报的真实性承担更明确的法律责任。征收环境税对污染企业的发展是不利的，这会增加企业的生产成本，压缩企业的利润空间，最终导致污染企业整体工业规模的缩小。一方面，环境税的征收使企业在成本提高和利润降低的压力下，不得不积极调整企业的产品结构，以节能减排，促进产品升级换代，从而降低税收成本。这就鼓励企业向环保产业转移，形成环境保护良性循环。另一方面，环境税的引入也会影响其他产业链中的企业，改变上游企业与下游企业之间密切的相互依存关系。为了保持原有利润水平，上下游企业将持续进行技术创新，寻求新的替代产品，以保持原有利润水平。因此，上游和下游企业的相互依赖将减少。

2. 增加包装企业的成本，给其造成经营压力

征收环境税后，环境税将成为企业成本的一部分，从而导致其成本的增加。为了最大限度地提高企业的价值和市场竞争的态势，企业有可能提高产

品或服务的价格，转移环境税的税负。有些行业竞争激烈，比如汽车行业，由于产品需求弹性大，企业难以通过提高价格的方式转移环境税负，因此，企业可以选择不涨价。然而，企业缴纳环境税会增加其平均成本和边际成本。如果价格保持不变，就会使一些企业损失惨重，导致破产，从而达到淘汰高耗能、高污染企业，促进产业升级和保护环境的目的。因此，企业此时有两种选择：一是主动调整管理，降低其他成本；二是加大新技术的开发和引进，积极寻求降低成本的替代方案，实现节能目标和环境保护。对于生产和生活必需品等缺乏弹性的产品或服务，它们可以通过提高价格来增加消费者的环境税收负担。然而，价格的上涨将导致产品或服务的需求萎缩和收入下降。如果企业不能有效地调整经营，必然会影响到企业的盈利能力，从而削弱企业的竞争力。

3. 影响出口

环境税被认为是调节贸易与环境关系的最重要的经济手段之一。许多经济学家认为，环境税对出口贸易的影响是显著的。这是因为，征收环境税会影响企业的成本（直接提高成本或间接迫使生产商使用更高成本的技术和设备来减少污染排放）。出口产品成本的增加，有可能导致其失去国际竞争优势，从而会降低这些产品的出口份额。根据世贸组织 2013 年 4 月 10 日发布的报告，中国的出口额在 2012 年达到 20490 亿美元，是世界第二大出口国，仅次于美国。然而，中国的出口贸易仍然是以粗放型的外贸增长方式为主，许多产品参与国际市场竞争的主要手段取决于低价格的优势，这些产品的生产企业属于高资源消耗和高污染行业。因此，征收环境税后，必然会增加这些出口产品的成本，使其失去国际竞争优势，从而降低这些产品的出口份额。

4. 调整或改变企业的战略决策

环境税征收后，企业成本增加，必然减少产量，淘汰落后设备，购买先进的环保设备，并升级技术。此外，征收环境税肯定会降低污染企业的利润，这意味着投资者的投资回报率将下降，为了最大限度地提高投资收益，企业将减少对高污染、高耗能行业的投资，将资金投向低污染行业、清洁能源产业和第三产业。

（三）新三板发展对包装企业的影响

新三板市场的建立和发展无疑对科技型中小企业具有重要意义。中小科技企业属于轻资产型企业。在创业初期，其融资渠道主要是内部融资，难以获得外部金融支持。新三板市场可以为科技型中小企业的发展提供良好的融资渠道，使中小企业能够进入资本市场融资。这不仅解决了科技型中小企业融资难的问题，而且改善了公司治理结构，促进了企业的规范化经营，促进了科技进步，使中小企业能够实现可持续发展。具体而言，新三板市场对科技型中小企业的融资效应体现在以下三个主要方面。

1. 有助于引入风险投资

中小企业在新三板市场上市有助于引入风险投资。虽然新三板市场没有主板和创业板市场要求严格，但在选择上市公司时仍较为严格，它关注过去的历史和企业的期望，要依法成立两年，必须有明确业务，有持续经营的能力，有健全的公司治理机制。在新三板市场中，这些制度使得这些挂牌企业更加容易得到市场关注，包括赞助、风险投资和产业资本。这样有助于包装中小企业直接从资本市场上获得资金，而且风险投资与私募股权投资也可以通过资本市场退出企业。为了取得企业控制权，企业也可以回购风险资本与私募的股权。由于资金进退自如，风险资本就会更加愿意投资中小科技型包装企业，企业就更加容易获得投资。

2. 有助于通过私募融资

中小企业在新三板市场上市将有助于通过私募进行融资，也有助于企业私募债券的发行。作为中国资本市场的重要组成部分，在新三板市场中的上市公司，也可以像主板和创业板上市公司一样利用定向发行和私募的方式来实现融资。在主板和创业板上市并不容易，企业的经营与财务状况要满足一定的条件，所需要准备的材料非常多，手续复杂，专业性强，审批周期长，导致融资成本高。而在新三板上市就容易得多，程序简单方便。包装中小企业一旦在新三板上市，就能直接通过资本市场筹集资金。在资本市场，企业既可以让风险投资者和私募来购买股权进行投资，也可以以较高价格发行股票，筹集企业所需要的资金。

3. 有助于企业获得银行贷款

科技型中小包装企业新三板上市后还有助于企业获得银行贷款。银行之所以不愿意贷款给中小包装企业，是因为其用于抵押的资产不多，偿还能力不强，而且企业的无形资产所占比重较高，进一步加剧了风险。而一旦上市，企业的信誉度就会提高很多。尽管由于各种原因可能难以在主板与创业板上市，但是能够在新三板上市，也要具备一系列的条件，而且经过了各种机构的严格审查，各种信息也都真实公开，接受了社会的监督。而且能够上市的企业，其前景一般也是受到各方认可。如此，银行贷款的风险显著降低，银行自然愿意贷款给在新三板上市的企业，这些企业就能更多地获得信贷资金。

三、包装企业的主要应对措施

（一）完善经营决策

增值税的改革与环境保护税的开征对企业的经营与决策产生了重要影响，企业要采取多方面的应对措施。

1. 进行合理的纳税筹划

我国的环境保护税是对达到一定程度的污染才征收的。企业应严格控制和监督污染物的集中，然后结合我国的环保税收政策，减少污染物的排放。在实践中，企业通过对生产过程的分析来确定税收筹划的切入点，结合企业的实际需要，最后做出合理的纳税筹划。例如，应尽量采用对环境无害或危害较小的原料，注意材料的循环利用，减少产生和少排放应税污染物。企业应加强环境税收管理，在规定的时间内申报纳税，维护企业良好的形象和信誉。

2. 加强沟通协调和学习

新税种出台后，企业人员应认真学习与掌握，要第一时间去学习，积极参与各级税务部门和环保部门的培训，提高在新税制下的处理能力。企业要搞好内部沟通和环境税收政策宣传，制定严格的管理制度，树立环保意识。与税务部门沟通时，有必要时可委托第三方环境咨询机构进行纳税申报，并积极遵循环境税的税收规范，促进企业税收工作的有效实施。

3. 采用节能环保设备和先进的生产技术

污染少，税收少，企业对环境保护税的纳税额取决于其污染程度和环境破坏程度。污染物的排放与企业的生产设备密切相关。采用先进的生产技术可以提高清洁生产水平和发展循环经济。引进先进的环保设备，加大对现有生产设施的技术改造，不仅可以提高原材料的利用率，还可以减少应税污染物的排放，严格控制"源头"，减轻负担。因此，企业应采用节能减排技术，在低能耗、节能环保设备上进行更多的投入。

4. 降低人工成本

有条件的包装企业应实现服务智能化，降低人工成本。通过充分运用网络技术，实现服务智能化、自动化。运用电子设备提供人工智能服务，可以大大优化服务的质量，缩短服务时间，提升服务效率，可以节约一部分人工成本，降低成本费用的支出。最后，机器设备属于固定资产，是可以取得专用的增值税发票进行抵扣的，这样也有利于企业降低税负。因此实现服务智能化、自动化是非常有效的方法，能够给企业带来多种不同的效益。

5. 加强对工作人员的业务知识及综合素质培训

由于新的税收政策颁布的时间不长，相关工作人员不太熟悉，导致工作上出现一些失误，所以应当加强对工作人员的业务知识培训，以对环保税及增值税的相关业务知识进行充分的理解与掌握，及时更新对相关理论政策的理解与应用。包装企业要大力规范各项财务管理工作，提升财务人员及其他管理人员的业务知识水平，研究相关对策，有效降低企业的相关成本费用并且合理增加增值税进项税抵扣的数额。只有工作人员的相关业务知识与综合素质得到提升，才能使包装企业的税收负担得到进一步减轻，从而更好地应对新的税收政策。

6. 适当调整产品价格

包装企业被征收环保税后，成本会增加，而增值税减免后，税前成本会降低。包装企业要权衡企业成本的增减情况，及时对价格进行调整，以应对激烈的市场竞争。

（二）包装中小企业要采取多种措施，积极到新三板去上市

为此，企业要搞好内部管理和内部控制制度建设，提高企业竞争力，为企业上市做好充分准备。首先，科技型、创新型中小包装企业要建立规范的现代企业制度。现代企业制度是市场经济发展至今，企业进行管理的最佳选择。企业建立制度不仅能提升效益，还能够让外来投资者对企业有信心，从而有助于企业上市。建立企业制度就要实现所有权与经营权相分离，理清产

权关系，完善治理结构。其次，要建立合理的企业内部组织结构。组织结构是企业竞争优势的来源，它能让企业的经营各方面得到协调。新三板上市有助于企业组织机构与架构的标准化与规范化，企业要以上市为契机，建立完善的企业规章制度，明确各岗位的职责与权限。最后，还要建立科学的财务制度，提高企业信用。企业要整章立制，确保企业的财务运行合理有效。要建立完善的企业内部控制制度，使企业具备较好的抗风险能力。科技型中小企业还需要内部培养与引进相结合，提高财务人员素质。企业要诚信经营，及时偿还债务，提高信用等级，打造企业品牌。

后　　记

　　湖南工业大学以包装教育为特色，是我国第一个被国际包装协会（IA-PRI）接纳的会员单位，是中国包装联合会包装教育委员会的主任单位，也是全国高校中唯一的中国包装联合会副会长单位和中国包装技术培训中心。包装经济研究是湖南工业大学包装研究的重点方向之一。近年来，为了更好地服务包装产业发展，湖南工业大学组织了系列包装产业课题研究。

　　本书是集体研究的成果。唐未兵教授是本书研究的发起人与主持人，拟定了本书的研究主题与研究大纲，全程参与和指导本书的写作，并撰写前言，对全书进行了审阅。本书第一章到第七章分别是湖南工业大学 2017 年度"绿色包装与安全"专项研究基金项目"适应五大发展理念的包装产业生态系统构建模式研究"（项目编号：2017ZBLY04）、"国家战略布局中包装产业的结构调整策略研究"（项目编号：2017ZBLY05）、"我国包装产业两化深度融合集成创新与应用示范研究"（项目编号：2017ZBLY07）、"基于服务型制造理念的包装产业转型路径研究"（项目编号：2017ZBLY08）、"宏观经济背景下我国中小包装企业成长性问题研究"（项目编号：2017ZBLY06）、"我国包装强国建设的指标体系研究"（项目编号：2017ZBLY02）和"国家经济与产业政策在我国包装产业领域的运用策略研究"（项目编号：2017ZBLY03）的阶段性成果，作者分别是罗拥华博士、刘锦芳博士、石华军博士、马永军博士、林常青博士、王前博士和吴日中博士。王前博士具体负责本书写作的组织联络和交流研讨，并协助唐未兵教授完成本书的最终统稿工作。易棉阳教授尽管没有直接参与本书写作，但始终关注本书的写作进程，对各章作者的写作提供了大量富有见地的指导。经济科学出版社的编辑认真负责，从图书出版的专业角度给予了许多有益的建议，为本书的出版提供了有力的支持。在此一并感谢所有为本书付梓付出努力的人们。

作者

2019 年 6 月